Immanuel Kant

Ausgewählte Schriften zur Pädagogik und ihrer Begründung

AUSGEWÄHLTE PÄDAGOGISCHE SCHRIFTEN

Besorgt von Hans-Hermann Groothoff
unter Mitwirkung von
Edgar Reimers

2. unveränderte Auflage 1982

FERDINAND SCHÖNINGH · PADERBORN

Herstellung: Ferdinand Schöningh, Paderborn.

ISBN 3-506-78325-4

I Kant

Immanuel Kant

über

Pädagogik.

Herausgegeben

von

D. Friedrich Theodor Rink.

Königsberg,
bey Friedrich Nicolovius,
1803.

A. ZUR PÄDAGOGIK

1. Vorlesung über „Pädagogik“,

gehalten im W. S. 1776/77, S. S. 1780, W. S. 1783/84 und 1786/87

Vorrede des Herausgebers

Nach einer älteren Verordnung, mußte ehedessen fortwährend auf der Universität Königsberg, und zwar abwechselnd jedes Mal, von einem Professor der Philosophie, den Studierenden die Pädagogik vorgetragen werden. So traf denn zuweilen auch die Reihe dieser Vorlesungen den Herrn Professor Kant, welcher dabei das von seinem ehemaligen Kollegen, dem Konsistorialrat D. Bock herausgegebene Lehrbuch der Erziehungskunst zum Grunde legte, ohne sich indessen, weder im Gange der Untersuchung, noch in den Grundsätzen, genau daran zu halten.[1]

Diesem Umstande verdanken folgende Bemerkungen über die Pädagogik ihr Entstehen. Sie würden wahrscheinlich interessanter noch, und in mancher Hinsicht ausführlicher sein, wenn der Zeitumfang jener Vorlesungen nicht so enge wäre zugemessen gewesen, als er es wirklich war, und Kant in der Art Veranlassung gefunden hätte, sich weiter über diesen Gegenstand auszubreiten, und schriftlich ausführlicher zu sein.

Die Pädagogik hat neuerdings durch die Bemühungen mehrerer verdienter Männer, namentlich eines Pestalozzi und Olivier[2], eine neue interessante Richtung genommen, zu der wir dem kommenden Geschlechte, nicht minder, als zu den Schutzblattern[3] Glück wünschen dürfen, ohngeachtet der mancherlei Einwendungen, die beide noch erfahren müssen, und die sich freilich, bald sehr gelehrt, bald sehr vornehm ausgeben, ohne doch deshalb eben sonderlich solide zu sein. Daß Kant die neuen Ideen damaliger Zeit auch in dieser Hinsicht kannte, über sie nachdachte, und manchen Blick weiter hinaustat, als seine Zeitgenossen, das versteht sich freilich von selbst und ergibt sich auch aus diesen, wenn gleich nicht aus eigener Wahl, hingeworfenen Bemerkungen.

Von meinen beiläufigen Anmerkungen habe ich nichts zu sagen; sie sprechen für sich.

Nach den niedrigen Angriffen, die sich der Buchhändler Vollmer[4] in Beziehung auf meine Ausgabe der Kantischen physischen Geographie erlaubt hat, kann die Herausgabe solcher Handschriften unmöglich mehr ein angenehmes Geschäft für mich sein. Da ich ruhig, zufrieden und tätig in meinem ohnedies nicht engen Wirkungskreise leben kann, warum soll ich mich unberufenen Anforderungen bloßstellen, und unzeitigen Urteilen preisgeben? Besser, ich widme die Augenblicke meiner Muße jenen Studien, in denen ich mit dem Beifalle der Kenner, mir einige Verdienste erworben zu haben, und noch erwerben zu können, glauben darf.

Die Literatur unseres Vaterlandes, mit Ausnahme ihrer eigentlich gelehrten Zweige, bietet ja eben kein reizendes Schauspiel dar, und das überall hervorspringende Parteimachen, verbunden mit den anzüglichen Fehden und durchfallenden Klopffechtereien[5], worauf sich mitunter sogar unsre bessere Köpfe einlassen, ist nicht sonderlich einladend zur Teilnahme. Gar gerne überlasse ich andern das Vergnügen, sich Beulen zu holen, um sie ihren Gegnern mit Zinsen wieder abtragen zu können, und sich dadurch ein gewisses Dreifußrecht zu erwerben, unter dessen Gewaltstreichen sie sich zur literarischen Diktatur zu erheben wähnen. Wehe dieser papiernen Herrlichkeit! Aber wenn wird es anders, wenn besser werden?

Zur Jubilatemesse,
1803. Rink.

Der Mensch ist das einzige Geschöpf, das erzogen werden muß. Unter der Erziehung nämlich verstehen wir die Wartung (Verpflegung, Unterhaltung) Disziplin (Zucht) und Unterweisung nebst der Bildung[6]. Dem zufolge ist der Mensch Säugling, — Zögling, — und Lehrling.

Die Tiere gebrauchen ihre Kräfte, sobald sie deren nur welche haben, regelmäßig, d. h. in der Art, daß sie ihnen selbst nicht schädlich werden. Es ist in der Tat bewundernswürdig, wenn man z. E. die jungen Schwalben wahrnimmt, die kaum aus den Eiern gekrochen, und noch blind sind, wie die es nichtsdestoweniger zu machen wissen, daß sie ihre Exkremente aus dem Neste fallen lassen. Tiere brauchen daher keine Wartung, höchstens Futter, Erwärmung und Anführung, oder einen gewissen Schutz. Ernährung brauchen wohl die meisten Tiere, aber keine Wartung. Unter Wartung nämlich versteht man die Vorsorge der Eltern, daß die Kinder keinen schädlichen Gebrauch von ihren Kräften machen. Sollte ein Tier z. E. gleich wenn es auf die Welt kommt, schreien, wie die Kinder es tun: so würde es unfehlbar der Raub der Wölfe und anderer wilden Tiere werden, die es durch sein Geschrei herbeigelockt.[7]

Disziplin oder Zucht ändert die Tierheit in die Menschheit um. Ein Tier ist schon alles durch seinen Instinkt; eine fremde Vernunft hat bereits alles für dasselbe besorgt. Der Mensch aber braucht eigene Vernunft. Er hat keinen Instinkt, und muß sich selbst den Plan seines Verhaltens machen. Weil er aber nicht sogleich imstande ist, dieses zu tun, sondern roh auf die Welt kommt: so müssen es andere für ihn tun.

Die Menschengattung soll die ganze Naturanlage der Menschheit, durch ihre eigne Bemühung, nach und nach von selbst herausbringen[8]. Eine Generation erzieht die andere. Den ersten Anfang kann man dabei in einem rohen, oder auch in einem vollkommnen, ausgebildeten Zustande suchen. Wenn dieser letztere als vorher und zuerst gewesen angenommen wird; so muß der Mensch doch nachmals wieder verwildert und in Rohigkeit verfallen sein.

Disziplin verhütet, daß der Mensch nicht durch seine tierischen Antriebe von seiner Bestimmung, der Menschheit, abweiche.[9] Sie muß ihn z. E. einschränken, daß er sich nicht wild und unbesonnen in Gefahren begebe. Zucht ist also bloß negativ, nämlich die Handlung, wodurch man dem Menschen die Wildheit benimmt, Unterweisung hingegen ist der positive Teil der Erziehung.

Wildheit ist die Unabhängigkeit von Gesetzen. Disziplin unterwirft den Menschen den Gesetzen der Menschheit, und fängt an, ihm den Zwang der Gesetze fühlen zu lassen. Dieses muß aber frühe geschehen. So schickt man z. E. Kinder anfangs in die Schule, nicht schon in der Absicht, damit sie dort etwas lernen sollen, sondern damit sie sich daran gewöhnen mögen, still zu sitzen, und pünktlich das zu beobachten, was ihnen vorgeschrieben wird, damit sie nicht in Zukunft jeden ihrer Einfälle wirklich auch und augenblicklich in Ausübung bringen mögen.

Der Mensch hat aber von Natur einen so großen Hang zur Freiheit, daß, wenn er erst eine Zeitlang an sie gewöhnt ist, er ihr alles aufopfert.[10] Eben daher muß denn die Disziplin auch, wie gesagt, sehr frühe in Anwendung gebracht werden, denn wenn das nicht geschieht, so ist es schwer, den Menschen nachher zu ändern. Er folgt dann jeder Laune. Man sieht es auch an den wilden Nationen, daß, wenn sie gleich den Europäern längere Zeit hindurch Dienste tun, sie sich doch nie an ihre Lebensart gewöhnen. Bei ihnen ist dieses aber nicht ein edler Hang zur Freiheit, wie Rousseau und andere meinen, sondern eine gewisse Rohigkeit, indem das Tier hier gewissermaßen die Menschheit noch nicht in sich entwickelt hat. Daher muß der Mensch frühe gewöhnt werden, sich den Vorschriften der Vernunft zu unterwerfen. Wenn man ihm in der Jugend seinen Willen gelassen und ihm da nichts widerstanden hat: so behält er eine gewisse Wildheit durch sein ganzes Leben. Und es hilft denen auch nicht, die durch allzugroße mütterliche Zärtlichkeit in der Jugend geschont werden, denn es wird ihnen weiterhin nur desto mehr von allen Seiten her, widerstanden, und überall bekommen sie Stöße, sobald sie sich in die Geschäfte der Welt einlassen.

Dieses ist ein gewöhnlicher Fehler bei der Erziehung der Großen, daß man ihnen, weil sie zum Herrschen bestimmt sind, auch in der Jugend nie eigentlich widersteht. Bei dem Menschen ist, wegen seines Hanges zur Freiheit, eine Abschleifung seiner Rohigkeit nötig; bei dem Tiere hingegen wegen seines Instinktes nicht.[11]

Der Mensch braucht Wartung und Bildung. Bildung begreift unter sich Zucht und Unterweisung.[12] Diese braucht, soviel man weiß, kein Tier. Denn keins derselben lernt etwas von den Alten, außer die Vögel ihren Gesang. Hierin werden sie von den Alten unterrichtet, und es ist rührend anzusehen, wenn, wie in einer Schule, die Alte ihren Jungen aus allen Kräften vorsingt, und diese sich bemühen, aus ihren kleinen Kehlen dieselben Töne herauszubringen. Um sich zu überzeugen, daß die Vögel nicht aus Instinkt singen, sondern es wirklich lernen, lohnt es der Mühe, die Probe zu machen, und etwa die Hälfte von ihren Eiern den Kanarienvögeln wegzunehmen, und ihnen Sperlingseier unterzulegen, oder auch wohl die ganz jungen Sperlinge mit ihren Jungen zu vertauschen. Bringt man diese nun in eine Stube, wo sie die Sperlinge nicht draußen hören können: so lernen sie den Gesang der Kanarienvögel, und man bekommt singende Sperlinge. Es ist auch in der Tat sehr zu bewundern, daß jede Vogelgattung durch alle Generationen einen gewissen Hauptgesang behält, und die Tradition des Gesanges ist wohl die treueste in der Welt*.

Der Mensch kann nur Mensch werden durch Erziehung. Er ist nichts, als was die Erziehung aus ihm macht. Es ist zu bemerken, daß der Mensch nur durch Menschen erzogen wird, durch Menschen, die ebenfalls erzogen sind. Daher macht auch Mangel an Disziplin und Unterweisung bei einigen Menschen sie wieder zu schlechten Erziehern ihrer Zöglinge. Wenn einmal ein Wesen höherer Art sich unserer Erziehung annähme, so würde man doch sehen, was aus dem Menschen werden könne. Da die Erziehung aber, teils den Menschen einiges lehrt, teils einiges auch nur bei ihm entwickelt: so kann man nicht wissen, wie weit bei ihm die Naturanlagen gehen. Würde hier wenigstens ein Experiment durch Unterstützung der Großen, und durch die vereinigten Kräfte vieler gemacht: so würde auch das schon uns Aufschlüsse darüber geben, wie weit es der Mensch etwa zu bringen vermöge. Aber es ist für den spekulativen Kopf eine ebenso wichtige, als für den Menschenfreund eine traurige Bemerkung, zu sehen, wie die Großen meistens nur immer für sich sorgen, und nicht an dem wichtigen Experimente der Erziehung in der Art teilnehmen, daß die Natur einen Schritt näher zur Vollkommenheit tue.

Es ist niemand, der nicht in seiner Jugend verwahrloset wäre, und es im reiferen Alter nicht selbst einsehen sollte, worin, es sei in der Disziplin, oder in der Kultur (so kann man die Unterweisung nennen) er vernachlässigt worden. Derjenige, der nicht kultiviert ist, ist roh, wer nicht diszipliniert ist, ist wild. Verabsäumung der Disziplin ist ein größeres Übel, als Verabsäumung der Kultur, denn diese kann noch weiterhin nachgeholt werden; Wildheit aber läßt sich nicht wegbringen, und ein Versehen in der Disziplin kann nie ersetzt werden. Vielleicht, daß die Erziehung immer besser werden, und daß jede folgende Generation einen Schritt näher tun wird zur Vervollkommnung der Menschheit; denn hinter der Edukation steckt das große Geheimnis der

* Was Kant hier von den Sperlingen sagt, könnte gewissermaßen noch weiter ausgedehnt werden, auch auf andere Tiere. So will man bemerkt haben, daß z. B. Löwen, die sehr jung eingefangen werden, nie ganz in der Art, wie ältere, und später ihrer Freiheit beraubte Löwen, brüllen. Dabei müßte denn aber noch erst ausgemittelt werden, wieviel davon auf Rechnung der veränderten Lebensart kommt, die nicht ohne Wirkung auf eine noch unvollendete Organisation, auf ein noch nicht völlig ausgebildetes Tier bleiben kann. Das hier von den Sperlingen Gesagte gilt auch nur mit Einschränkung. Nie wird man seinen Gesang für den eines wirklichen Kanarienvogels zu nehmen imstande sein. Naturam furca expellas, et tamen usque recurrit.[13] Selbst bei den Blendlingen einer Vogelrasse treten merkliche Verschiedenheiten ein. S. Girtannner S. 341.[14] d. H.

Vollkommenheit der menschlichen Natur. Von jetzt an kann dieses geschehen. Denn nun erst fängt man an, richtig zu urteilen, und deutlich einzusehen, was eigentlich zu einer guten Erziehung gehöre. Es ist entzückend, sich vorzustellen, daß die menschliche Natur immer besser durch Erziehung werde entwickelt werden, und daß man diese in eine Form bringen kann, die der Menschheit angemessen ist. Dies eröffnet uns den Prospekt zu einem künftigen glücklichern Menschengeschlechte.[15] —

Ein Entwurf zu einer Theorie der Erziehung ist ein herrliches Ideal, und es schadet nichts, wenn wir auch nicht gleich imstande sind, es zu realisieren. Man muß nur nicht gleich die Idee für chimärisch halten, und sie als einen schönen Traum verrufen, wenn auch Hindernisse bei ihrer Ausführung eintreten.

Eine Idee ist nichts anderes, als der Begriff von einer Vollkommenheit, die sich in der Erfahrung noch nicht vorfindet. Z. E. die Idee einer vollkommnen, nach Regeln der Gerechtigkeit regierten Republik! Ist s i e deswegen unmöglich? Erst muß unsere Idee nur richtig sein, und dann ist sie bei allen Hindernissen, die ihrer Ausführung noch im Wege stehen, gar nicht unmöglich. Wenn z. E. ein jeder löge, wäre deshalb das Wahrreden eine bloße Grille? Und die Idee einer Erziehung, die alle Naturanlagen im Menschen entwickelt, ist allerdings wahrhaft.

Bei der jetzigen Erziehung erreicht der Mensch nicht ganz den Zweck seines Daseins. Denn wie verschieden leben die Menschen! Eine Gleichförmigkeit unter ihnen kann nur stattfinden, wenn sie nach einerlei Grundsätzen handeln, und diese Grundsätze müßten ihnen zur andern Natur werden. Wir können an dem Plane einer zweckmäßigern Erziehung arbeiten, und eine Anweisung zu ihr der Nachkommenschaft überliefern, die sie nach und nach realisieren kann.[16] Man sieht z. B. an den Aurikeln, daß, wenn man sie aus der Wurzel zieht, man sie alle nur von einer und derselben Farbe bekommt; wenn man dagegen aber ihren Samen aussäet: so bekommt man sie von ganz andern und den verschiedensten Farben. Die Natur hat also doch die Keime in sie gelegt, und es kömmt nur auf das gehörige Säen und Verpflanzen an, um diese in ihnen zu entwickeln. So auch bei dem Menschen!

Es liegen viele Keime in der Menschheit, und nun ist es unsere Sache, die Naturanlagen proportionierlich zu entwickeln, und die Menschheit aus ihren Keimen zu entfalten, und zu machen, daß der Mensch seine Bestimmung erreiche. Die Tiere erfüllen diese von selbst, und ohne daß sie sie kennen. Der Mensch muß erst suchen, sie zu erreichen, dieses kann aber nicht geschehen, wenn er nicht einmal einen Begriff von seiner Bestimmung hat. Bei dem Individuo ist die Erreichung der Bestimmung auch gänzlich unmöglich. Wenn wir ein wirklich ausgebildetes erstes Menschenpaar annehmen, so wollen wir doch sehen, wie es seine Zöglinge erzieht. Die ersten Eltern geben den Kindern schon ein Beispiel, die Kinder ahmen es nach, und so entwickeln sich einige Naturanlagen. Alle können nicht auf diese Art ausgebildet werden, denn es sind meistens alles nur Gelegenheitsumstände, bei denen die Kinder Beispiele sehen. Vormals hatten die Menschen keinen Begriff nicht einmal von der Vollkommenheit, die die menschliche Natur erreichen kann. Wir selbst sind noch nicht einmal mit diesem Begriffe auf dem Reinen. Soviel ist aber gewiß, daß nicht einzelne Menschen bei aller Bildung ihrer Zöglinge, es dahin bringen können, daß dieselben ihre Bestimmung erreichen. Nicht einzelne Menschen, sondern die Menschengattung soll dahin gelangen*.

Die Erziehung ist eine Kunst, deren Ausübung durch viele Generationen vervollkommnet werden muß.[17] Jede Generation, versehen mit den Kenntnissen der vorhergehenden, kann immer mehr eine Erziehung zustande bringen, die alle Naturanlagen des Menschen proportionierlich und zweckmäßig entwickelt, und so die ganze Menschengattung zu ihrer Bestimmung führt. — Die Vorsehung hat gewollt, daß der Mensch das Gute aus sich selbst herausbringen soll, und spricht, so zu sagen, zum Menschen: „Gehe in die Welt“, — so etwa könnte der Schöpfer den Menschen anreden! — „ich habe dich ausgerüstet mit allen Anlagen zum Guten. Dir kömmt es zu, sie zu entwickeln, und so hängt dein eignes Glück und Unglück von dir selbst ab.“ —

Der Mensch soll seine Anlagen zum Guten erst entwickeln; die Vorsehung hat sie nicht schon fertig in ihn gelegt; es sind bloße Anlagen und ohne den Unterschied der Moralität.[18] Sich selbst besser machen, sich selbst kultivieren, und wenn er böse ist, Moralität bei sich hervorbringen, das soll der Mensch. Wenn man das aber reiflich überdenkt, so findet man, daß dieses sehr schwer sei. Daher ist die Erziehung das größeste Problem, und das schwerste, was dem Menschen kann aufgegeben werden. Denn Einsicht hängt von der Erziehung, und Erziehung hängt wieder von der Einsicht ab. Daher kann die Erziehung auch nur nach und nach einen Schritt vorwärts tun, und nur dadurch, daß eine Generation ihre Erfahrungen und Kenntnisse der folgenden überliefert, diese wieder etwas hinzu tut, und es so der folgenden übergibt, kann ein richtiger Begriff von der Erziehungsart entspringen. Welche große Kultur und Erfahrung setzt also nicht dieser Begriff voraus? Er konnte demnach auch nur spät entstehen, und wir selbst haben ihn noch nicht ganz ins Reine gebracht. Ob die

* Der einzelne Mensch wird nie ganz frei werden von Schwächen, wird selbst seine Fehler nicht ganz ablegen, aber dabei kann es mit ihm und mit der Menschheit insbesondere, doch immer besser werden. Selbst die gewöhnliche Klage über eine vermeinte Verschlimmerung der Menschen, ist ein Beweis des Fortschreitens der Menschheit im Guten, indem sie nur die Folge rechtlich- und -sittlich-strengerer Grundsätze sein kann. d. H.

Erziehung im einzelnen wohl der Ausbildung der Menschheit im allgemeinen, durch ihre verschiedenen Generationen, nachahmen soll?

Zwei Erfindungen der Menschen kann man wohl als die schweresten ansehen; die der Regierungs- und die der Erziehungskunst nämlich, und doch ist man selbst in ihrer Idee noch streitig.

Von wo fangen wir nun aber an, die menschlichen Anlagen zu entwickeln? Sollen wir von dem rohen, oder von einem schon ausgebildeten Zustande anfangen! Es ist schwer, sich eine Entwicklung aus der Roheit zu denken, (daher ist auch der Begriff des ersten Menschen so schwer) und wir sehen, daß bei einer Entwicklung aus einem solchen Zustande, man doch immer wieder in Rohigkeit zurückgefallen ist, und dann erst sich wieder aufs neue aus demselben emporgehoben hat. Auch bei sehr gesitteten Völkern finden wir in den frühesten Nachrichten, die sie uns aufgezeichnet hinterlassen haben, — und wie viele Kultur gehört nicht schon zum Schreiben? so daß man in Rücksicht auf gesittete Menschen, den Anfang der Schreibekunst den Anfang der Welt nennen könnte — ein starkes Angrenzen an Rohigkeit.

Weil die Entwicklung der Naturanlagen bei dem Menschen nicht von selbst geschieht, so ist alle Erziehung — eine Kunst. — Die Natur hat dazu keinen Instinkt in ihn gelegt. — Der Ursprung sowohl, als der Fortgang dieser Kunst ist entweder m e c h a n i s c h , ohne Plan, nach gegebenen Umständen geordnet, oder j u d i z i ö s. Mechanisch entspringt die Erziehungskunst bloß bei vorkommenden Gelegenheiten, wo wir erfahren, ob etwas dem Menschen schädlich oder nützlich sei. Alle Erziehungskunst, die bloß mechanisch entspringt, muß sehr viele Fehler und Mängel an sich tragen, weil sie keinen Plan zum Grunde hat. Die Erziehungskunst oder Pädagogik muß also judiziös werden, wenn sie die menschliche Natur so entwickeln soll, daß sie ihre Bestimmung erreiche. Schon erzogene Eltern sind Beispiele, nach denen sich die Kinder bilden, zur Nachachtung. Aber wenn diese besser werden sollen: so muß die Pädagogik ein Studium werden, sonst ist nichts von ihr zu hoffen, und ein in der Erziehung Verdorbener erzieht sonst den Andern. Der Mechanismus in der Erziehungskunst muß in Wissenschaft verwandelt werden, sonst wird sie nie ein zusammenhängendes Bestreben werden, und eine Generation möchte niederreißen, was die andere schon aufgebaut hätte.

Ein Prinzip der Erziehungskunst, das besonders solche Männer, die Pläne zur Erziehung machen, vor Augen haben sollten, ist: Kinder sollen nicht dem gegenwärtigen, sondern dem zukünftig möglich bessern Zustande des menschlichen Geschlechts, das ist: der Idee der Menschheit, und deren ganzer Bestimmung angemessen, erzogen werden. Dieses Prinzip ist von großer Wichtigkeit. Eltern erziehen gemeiniglich ihre Kinder nur so, daß sie in die gegenwärtige Welt, sei sie auch verderbt, passen. Sie sollten sie aber besser erziehen, damit ein zukünftiger besserer Zustand dadurch hervorgebracht werde. Es finden sich hier aber zwei Hindernisse:

1. die Eltern nämlich sorgen gemeiniglich nur dafür, daß ihre Kinder gut in der Welt fortkommen, und 2. die Fürsten betrachten ihre Untertanen nur wie Instrumente zu ihren Absichten.

Eltern sorgen für das Haus, Fürsten für den Staat. Beide haben nicht das Weltbeste und die Vollkommenheit, dazu die Menschheit bestimmt ist, und wozu sie auch die Anlage hat, zum Endzwecke. Die Anlage zu einem Erziehungsplane muß aber kosmopolitisch gemacht werden. Und ist denn das Weltbeste eine Idee, die uns in unserm Privatbesten kann schädlich sein? Niemals! denn wenn es gleich scheint, daß man bei ihr etwas aufopfern müsse, so befördert man doch nichtsdestoweniger durch sie immer auch das Beste seines gegenwärtigen Zustandes. Und dann, welche herrliche Folgen begleiten sie! Gute Erziehung gerade ist das, woraus alles Gute in der Welt entspringt. Die Keime, die im Menschen liegen, müssen nur immer mehr entwickelt werden. Denn die Gründe zum Bösen findet man nicht in den Naturanlagen des Menschen. Das nur ist die Ursache des Bösen, daß die Natur nicht unter Regeln gebracht wird. Im Menschen liegen nur Keime zum Guten*.

Wo soll der bessere Zustand der Welt nun aber herkommen? Von den Fürsten, oder von den Untertanen? daß diese nämlich sich erst selbst bessern, und einer guten Regierung auf dem halben Wege entgegen kommen? Soll er von den Fürsten begründet werden: so muß erst die Erziehung der Prinzen besser werden, die geraume Zeit hindurch noch immer den großen Fehler hatte, daß man ihnen in der Jugend nicht widerstand. Ein Baum aber, der auf dem Felde allein steht, wächst krumm, und breitet seine Äste weit aus; ein Baum hingegen, der mitten im Walde stehet, wächst, weil die Bäume neben ihm, ihm widerstehen, gerade auf, und sucht Luft und Sonne über sich. So ist es auch mit den Fürsten. Doch ist es noch immer besser, daß sie von jemand aus der Zahl der Untertanen erzogen werden, als wenn sie von ihresgleichen erzogen würden: Das Gute dürfen wir also von oben her nur in dem Falle erwarten, daß die Erziehung dort die vorzüglichere ist! Daher kommt es hier denn hauptsächlich auf Privatbemühungen an, und nicht sowohl auf das Zutun der Fürsten, wie Basedow und andere meinten, denn die Erfahrung lehrt es, daß sie zunächst nicht sowohl das Weltbeste, als vielmehr nur das Wohl ihres Staates zur Absicht haben, damit sie ihre Zwecke erreichen. Geben sie aber das Geld dazu her: so muß es ja ihnen auch anheimgestellt

---

* S. weiter unten, und Kant von der Einwohnung des bösen Prinzips neben dem guten, oder über das radikale Böse in der menschl. Vernunft, in seiner Religion innerhalb der Grenzen der bloßen Vernunft, S. 3 u. f. d. H.

bleiben, dazu den Plan vorzuzeichnen. So ist es in allem, was die Ausbildung des menschlichen Geistes, die Erweiterung menschlicher Erkenntnisse betrifft. Macht und Geld schaffen es nicht, erleichtern es höchstens. Aber sie könnten es schaffen, wenn die Staatsökonomie nicht für die Reichskasse nur im voraus die Zinsen berechnete. Auch Akademien taten es bisher nicht, und daß sie es noch tun werden, dazu war der Anschein nie geringer, als jetzt.

Demnach sollte auch die Einrichtung der Schulen bloß von dem Urteile der aufgeklärtesten Kenner abhängen. Alle Kultur fängt von dem Privatmanne an, und breitet von daher sich aus. Bloß durch die Bemühung der Personen von extendierteren Neigungen, die Anteil an dem Weltbesten nehmen, und der Idee eines zukünftigen bessern Zustandes fähig sind, ist die allmähliche Annäherung der menschlichen Natur zu ihrem Zwecke möglich. Siehet hin und wieder doch noch mancher Große sein Volk gleichsam nur für einen Teil des Naturreiches an, und richtet also auch nur darauf sein Augenmerk, daß es fortgepflanzt werde. Höchstens verlangt man dann auch noch Geschicklichkeit, aber bloß um die Untertanen desto besser als Werkzeug zu seinen Absichten gebrauchen zu können. Privatmänner müssen freilich auch zuerst den Naturzweck vor Augen haben, aber dann auch besonders auf die Entwicklung der Menschheit und dahin sehn, daß sie nicht nur geschickt, sondern auch gesittet werde, und, welches das schwerste ist, daß sie suchen, die Nachkommenschaft weiter zu bringen, als sie selbst gekommen sind.

Bei der Erziehung muß der Mensch also:

1. D i s z i p l i n i e r t werden. Disziplinieren heißt suchen zu verhüten, daß die Tierheit nicht der Menschheit, in dem einzelnen sowohl, als gesellschaftlichen Menschen, zum Schaden gereiche. Disziplin ist also bloß Bezähmung der Wildheit.

2. Muß der Mensch k u l t i v i e r t werden. Kultur begreift unter sich die Belehrung und die Unterweisung. Sie ist die Verschaffung der Geschicklichkeit. Diese ist der Besitz eines Vermögens, welches zu allen beliebigen Zwecken zureichend ist. Sie bestimmt also gar keine Zwecke, sondern überläßt das nachher den Umständen.

Einige Geschicklichkeiten sind in allen Fällen gut, z. E. das Lesen und Schreiben; andere nur zu einigen Zwecken, z. E. die Musik, um uns beliebt zu machen. Wegen der Menge der Zwecke wird die Geschicklichkeit gewissermaßen unendlich.

3. Muß man darauf sehen, daß der Mensch auch k l u g werde, in die menschliche Gesellschaft passe, daß er beliebt sei, und Einfluß habe. Hiezu gehört eine gewisse Art von Kultur, die man Z i v i l i s i e r u n g nennet. Zu derselben sind Manieren, Artigkeit und eine gewisse Klugheit erforderlich, der zufolge man alle Menschen zu seinen Endzwecken gebrauchen kann. Sie richtet sich nach dem wandelbaren

Geschmacke jedes Zeitalters. So liebte man noch vor wenigen Jahrzehenden Zeremonien im Umgange.

4. Muß man auf die Moralisierung sehen. Der Mensch soll nicht bloß zu allerlei Zwecken geschickt sein, sondern auch die Gesinnung bekommen, daß er nur lauter gute Zwecke erwähle. Gute Zwecke sind diejenigen, die notwendigerweise von jedermann gebilligt werden; und die auch zu gleicher Zeit jedermanns Zwecke sein können.[19]

*

Der Mensch kann entweder bloß dressiert, abgerichtet, mechanisch unterwiesen, oder wirklich aufgeklärt werden. Man dressiert Hunde, Pferde, und man kann auch Menschen dressieren. (Dieses Wort kommt aus dem Englischen her, von to dress, kleiden. Daher auch Dreßkammer, der Ort, wo die Prediger sich umkleiden, und nicht Trostkammer[20].)

Mit dem Dressieren aber ist es noch nicht ausgerichtet, sondern es kommt vorzüglich darauf an, daß Kinder denken lernen. Das geht auf die Prinzipien hinaus, aus denen alle Handlungen entspringen. Man sieht also, daß bei einer echten Erziehung sehr vieles zu tun ist. Gewöhnlich wird aber bei der Privaterziehung das vierte wichtigste Stück noch wenig in Ausübung gebracht, denn man erzieht die Kinder im wesentlichen so, daß man die Moralisierung dem Prediger überlässet. Wie unendlich wichtig ist es aber nicht, die Kinder von Jugend auf das Laster verabscheuen zu lehren, nicht gerade allein aus dem Grunde, weil es Gott verboten hat, sondern weil es in sich selbst verabscheuungswürdig ist*. Sonst nämlich kommen sie leicht auf die Gedanken, daß sie es wohl immer würden ausüben können, und daß es übrigens wohl würde erlaubt sein, wenn Gott es nur nicht verboten hätte, und daß Gott daher wohl einmal eine Ausnahme machen könne. Gott ist das heiligste Wesen, und will nur das, was gut ist, und verlangt, daß wir die Tugend ihres innern Wertes wegen, ausüben sollen, und nicht deswegen, weil er es verlangt.

Wir leben im Zeitpunkte der Disziplinierung, Kultur und Zivilisierung, aber noch lange nicht in dem Zeitpunkte der Moralisierung. Bei dem jetzigen Zustande der Menschen kann man sagen, daß das Glück der Staaten zugleich mit dem Elende der Menschen wachse. Und es ist noch die Frage, ob wir im rohen Zustande, da alle diese Kultur bei uns nicht stattfände, nicht glücklicher, als in unserm jetzigen Zustande sein würden? Denn wie kann man Menschen glücklich machen, wenn man sie nicht sittlich und weise macht? Die Quantität des Bösen wird dann nicht vermindert.

Erst muß man Experimentalschulen errichten, ehe man Normalschulen errichten kann. Die Erziehung und Unterweisung muß nicht

* S. weiter unten. d. H.

bloß mechanisch sein, sondern auf Prinzipien beruhen. Doch darf sie auch nicht bloß räsonnierend, sondern gleich, in gewisser Weise, Mechanismus sein. In Österreich gab es meistens nur Normalschulen, die nach einem Plan errichtet waren, wider den vieles mit Grunde gesagt wurde, und dem man besonders blinden Mechanismus vorwerfen konnte. Nach diesen Normalschulen mußten sich denn alle andere richten, und man weigerte sich sogar, Leute zu befördern, die nicht in diesen Schulen gewesen waren. Solche Vorschriften zeigen, wie sehr die Regierung sich hiermit befasse, und bei einem dergleichen Zwange kann wohl unmöglich etwas Gutes gedeihen.[21]

Man bildet sich zwar insgemein ein, daß Experimente bei der Erziehung nicht nötig wären, und daß man schon aus der Vernunft urteilen könne, ob etwas gut, oder nicht gut sein werde. Man irret hierin aber sehr, und die Erfahrung lehrt, daß sich oft bei unsern Versuchen ganz entgegengesetzte Wirkungen zeigen, von denen, die man erwartete. Man sieht also, daß, da es auf Experimente ankommt, kein Menschenalter einen völligen Erziehungsplan darstellen kann. Die einzige Experimentalschule, die hier gewissermaßen den Anfang machte, die Bahn zu brechen, war das Dessauische Institut. Man muß ihm diesen Ruhm lassen, ohngeachtet der vielen Fehler, die man ihm zum Vorwurfe machen könnte; Fehler, die sich bei allen Schlüssen, die man aus Versuchen macht, vorfinden, daß nämlich noch immer neue Versuche dazu gehören. Es war in gewisser Weise die einzige Schule, bei der die Lehrer die Freiheit hatten, nach eigenen Methoden und Planen zu arbeiten, und wo sie unter sich sowohl, als auch mit allen Gelehrten in Deutschland in Verbindung standen.[22]

*

Die Erziehung schließt Versorgung und Bildung in sich. Diese ist 1. negativ, die Disziplin, die bloß Fehler abhält, 2. positiv, die Unterweisung und Anführung, und gehört insoferne zur Kultur. Anführung ist die Leitung in der Ausübung desjenigen, was man gelehrt hat. Daher entsteht der Unterschied zwischen Informator, der bloß ein Lehrer, und Hofmeister, der ein Führer ist. Jener erzieht bloß für die Schule, dieser für das Leben.

Die erste Epoche bei dem Zöglinge ist die, da er Unterwürfigkeit und einen passiven Gehorsam beweisen muß; die andere, da man ihm schon einen Gebrauch von der Überlegung und seiner Freiheit, doch unter Gesetzen, machen läßt. In der ersten ist ein mechanischer, in der andern ein moralischer Zwang.

Die Erziehung ist entweder eine Privat- oder eine öffentliche Erziehung. Letztere betrifft nur die Information, und diese kann immer öffentlich bleiben. Die Ausübung der Vorschriften wird der erstern überlassen. Eine vollständige öffentliche Erziehung ist diejenige, die beides, Unterweisung und moralische Bildung, vereiniget.

Ihr Zweck ist: Beförderung einer guten Privaterziehung. Eine Schule, in der dieses geschieht, nennt man ein Erziehungsinstitut. Solcher Institute können nicht viele, und die Anzahl der Zöglinge in denselben, kann nicht groß sein, weil sie sehr kostbar sind, und ihre bloße Einrichtung schon sehr vieles Geld erfordert. Es verhält sich mit ihnen, wie mit den Armenhäusern und Hospitälern. Die Gebäude, die dazu erfordert werden, die Besoldung der Direktoren, Aufseher und Bedienten, nehmen schon die Hälfte von dem dazu ausgesetzten Gelde weg, und es ist ausgemacht, daß, wenn man dieses Geld den Armen in ihre Häuser schickte, sie viel besser verpflegt werden würden. Daher ist es auch schwer, daß andere, als bloß reicher Leute Kinder, an solchen Instituten teilnehmen können.

Der Zweck solcher öffentlicher Institute ist: die Vervollkommnung der häuslichen Erziehung. Wenn erst nur die Eltern, oder andere, die ihre Mitgehilfen in der Erziehung sind, gut erzogen wären: so könnte der Aufwand der öffentlichen Institute wegfallen. In ihnen sollen Versuche gemacht, und Subjekte gebildet werden, und so soll aus ihnen dann eine gute häusliche Erziehung entspringen.

Die Privaterziehung besorgen entweder die Eltern selbst, oder, da diese bisweilen nicht Zeit, Fähigkeit, oder auch wohl gar nicht Lust dazu haben, andere Personen, die besoldete Mitgehülfen sind. Bei der Erziehung durch diese Mitgehülfen findet sich aber der sehr schwierige Umstand, daß die Auctorität zwischen den Eltern und diesen Hofmeistern geteilt ist. Das Kind soll sich nach den Vorschriften der Hofmeister richten, und dann auch wieder den Grillen der Eltern folgen. Es ist bei einer solchen Erziehung notwendig, daß die Eltern ihre ganze Auctorität an die Hofmeister abtreten.

Inwieferne dürfte aber die Privaterziehung vor der öffentlichen, oder diese vor jener, Vorzüge haben? Im allgemeinen scheint doch, nicht bloß von seiten der Geschicklichkeit, sondern auch in betreff des Charakters eines Bürgers, die öffentliche Erziehung vorteilhafter, als die häusliche zu sein. Die letztere bringt gar oft nicht nur Familienfehler hervor, sondern pflanzt dieselben auch fort.

Wie lange aber soll die Erziehung denn dauern? Bis zu der Zeit, da die Natur selbst den Menschen bestimmt hat, sich selbst zu führen; da der Instinkt zum Geschlechte sich bei ihm entwickelt; da er selbst Vater werden kann, und selbst erziehen soll, ohngefähr bis zu dem sechzehnten Jahre. Nach dieser Zeit kann man wohl noch Hilfsmittel der Kultur gebrauchen, und eine versteckte Disziplin ausüben, aber keine ordentliche Erziehung mehr.

Die Unterwürfigkeit des Zöglinges ist entweder positiv, da er tun muß, was ihm vorgeschrieben wird, weil er nicht selbst urteilen kann, und die bloße Fähigkeit der Nachahmung noch in ihm fortdauert, oder negativ, da er tun muß, was andere wollen, wenn er will, daß andere ihm wieder etwas zu Gefallen tun sollen. Bei der ersten tritt Strafe ein, bei der andern dies, daß man nicht tut, was er will; er ist hier, obwohl er bereits denken kann, dennoch in seinem Vergnügen abhängig.

Eines der größesten Probleme der Erziehung ist, wie man die Unterwerfung unter den gesetzlichen Zwang mit der Fähigkeit, sich seiner Freiheit zu bedienen, vereinigen könne. Denn Zwang ist nötig! Wie kultiviere ich die Freiheit bei dem Zwange? Ich soll meinen Zögling gewöhnen, einen Zwang seiner Freiheit zu dulden, und soll ihn selbst zugleich anführen, seine Freiheit gut zu gebrauchen. Ohne dies ist alles bloßer Mechanism und der der Erziehung Entlassene weiß sich seiner Freiheit nicht zu bedienen. Er muß früh den unvermeidlichen Widerstand der Gesellschaft fühlen, um die Schwierigkeit, sich selbst zu erhalten, zu entbehren, und zu erwerben, um unabhängig zu sein, kennen zu lernen.

Hier muß man folgendes beobachten: 1. daß man das Kind von der ersten Kindheit an, in allen Stücken frei sein lasse (ausgenommen in den Dingen, wo es sich selbst schadet, z. E. wenn es nach einem blanken Messer greift), wenn es nur nicht auf die Art geschieht, daß es anderer Freiheit im Wege ist, z. E. wenn es schreiet, oder auf eine allzulaute Art lustig ist, so beschwert es andere schon. 2. Muß man ihm zeigen, daß es seine Zwecke nicht anders erreichen könne, als nur dadurch, daß es andere ihre Zwecke auch erreichen lasse, z. E. daß man ihm kein Vergnügen mache, wenn es nicht tut, was man will, daß es lernen soll etc. 3. Muß man ihm beweisen, daß man ihm einen Zwang auflegt, der es zum Gebrauche seiner eigenen Freiheit führt, daß man es kultiviere, damit es einst frei sein könne, d. h. nicht von der Vorsorge anderer abhängen dürfe. Dieses letzte ist das späteste. Denn bei den Kindern kommt die Betrachtung erst spät, daß man sich z. E. nachher selbst um seinen Unterhalt bekümmern müsse. Sie meinen, das werde immer so sein, wie in dem Hause der Eltern, daß sie Essen und Trinken bekommen, ohne daß sie dafür sorgen dürfen. Ohne jene Behandlung sind Kinder, besonders reicher Eltern, und Fürstensöhne, so wie die Einwohner von Otaheite[23], das ganze Leben hindurch Kinder. Hier hat die öffentliche Erziehung ihre augenscheinlichsten Vorzüge, denn bei ihr lernet man seine Kräfte messen, man lernet Einschränkung, durch das Recht anderer. Hier genießt keiner Vorzüge, weil man überall Widerstand fühlt, weil man sich nur dadurch bemerklich macht, daß man sich durch Verdienst hervortut. Sie gibt das beste Vorbild des künftigen Bürgers.

Aber noch einer Schwierigkeit muß hier gedacht werden, die darin besteht, die Geschlechtskenntnis zu antizipieren, um schon vor dem Eintritte der Mannbarkeit Laster zu verhüten. Doch davon soll noch weiter unten gehandelt werden.

ABHANDLUNG

Die Pädagogik oder Erziehungslehre ist entweder physisch oder praktisch.[24] Die physische Erziehung ist diejenige, die der Mensch mit den Tieren gemein hat, oder die Verpflegung. Die praktische oder moralische ist diejenige, durch die der Mensch soll gebildet werden, damit er wie ein frei handelndes Wesen leben könne. (Praktisch nennt man alles dasjenige, was Beziehung auf Freiheit hat.) Sie ist Erziehung zur Persönlichkeit, Erziehung eines frei handelnden Wesens, das sich selbst erhalten, und in der Gesellschaft ein Glied ausmachen, für sich selbst aber einen innern Wert haben kann.[25]

Sie besteht demnach 1. aus der scholastisch-mechanischen Bildung; in Ansehung der Geschicklichkeit, ist also didaktisch (Informator); 2. aus der pragmatischen, in Ansehung der Klugheit (Hofmeister), 3. aus der moralischen, in Ansehung der Sittlichkeit.

Der scholastischen Bildung oder der Unterweisung bedarf der Mensch, um zur Erreichung aller seiner Zwecke geschickt zu werden. Sie gibt ihm einen Wert in Ansehung seiner selbst als Individuum. Durch die Bildung zur Klugheit aber wird er zum Bürger gebildet, da bekommt er einen öffentlichen Wert. Da lernt er sowohl die bürgerliche Gesellschaft zu seiner Absicht lenken, als sich auch in die bürgerliche Gesellschaft schicken. Durch die moralische Bildung endlich bekommt er einen Wert, in Ansehung des ganzen menschlichen Geschlechts.

Die scholastische Bildung ist die früheste und erste. Denn alle Klugheit setzt Geschicklichkeit voraus. Klugheit ist das Vermögen, seine Geschicklichkeit gut an den Mann zu bringen. Die moralische Bildung, insoferne sie auf Grundsätzen beruhet, die der Mensch selbst einsehen soll, ist die späteste; insoferne sie aber nur auf dem gemeinen Menschenverstande beruht, muß sie gleich von Anfang, auch gleich bei der physischen Erziehung beobachtet werden, denn sonst wurzeln sich leicht Fehler ein, bei denen nachher alle Erziehungskunst vergebens arbeitet. In Ansehung der Geschicklichkeit und Klugheit muß alles nach den Jahren gehen. Kindisch geschickt, kindisch klug, und gutartig, nicht listig, auf männliche Art; das taugt eben so wenig, als eine kindische Sinnesart des Erwachsenen.

Von der physischen Erziehung

Ob auch gleich derjenige, der eine Erziehung als Hofmeister übernimmt, die Kinder nicht so früh unter seine Aufsicht bekommt, daß er auch für die physische Erziehung derselben Sorge tragen kann: so ist es doch nützlich zu wissen, was alles bei der Erziehung von ihrem Anfange ab, bis zu ihrem Ende zu beobachten, nötig ist. Wenn man es auch als Hofmeister, nur mit größern Kindern zu tun hat, so geschieht es doch wohl, daß in dem Hause neue Kinder geboren werden, und, wenn man sich gut führt, so hat man immer Ansprüche darauf, der Vertraute der Eltern zu sein, und auch bei der physischen Erziehung von ihnen zu Rate gezogen zu werden, da man ohnedem oft nur der einzige Gelehrte im Hause ist. Daher sind einem Hofmeister auch Kenntnisse hievon nötig.

Die physische Erziehung ist eigentlich nur Verpflegung, entweder durch Eltern, oder Ammen, oder Wärterinnen. Die Nahrung, die die Natur dem Kinde bestimmt hat, ist die Muttermilch. Daß das Kind mit ihr Gesinnungen einsauge, wie man oft sagen hört: du hast das schon mit der Muttermilch eingesogen! ist ein bloßes Vorurteil*. Es ist der Mutter und dem Kinde am zuträglichsten, wenn die Mutter selbst säuget. Doch finden auch hier im äußersten Falle, wegen kränklicher Umstände, Ausnahmen statt. Man glaubte vor Zeiten, daß die erste Milch, die sich nach der Geburt bei der Mutter findet und molkicht ist, dem Kinde schädlich sei, und daß die Mutter sie erst fortschaffen müsse, ehe sie das Kind säugen könne. Rousseau machte aber zuerst die Ärzte aufmerksam darauf, ob diese erste Milch nicht auch dem Kinde zuträglich sein könne, indem doch die Natur nichts umsonst veranstaltet habe. Und, man hat auch wirklich gefunden, daß diese Milch am besten den Unrat, der sich bei neugebornen Kindern vorfindet, und den die Ärzte Miconium[26] nennen, fortschaffe, und also den Kindern höchst zuträglich sei.

Man hat die Frage aufgeworfen: ob man nicht das Kind eben so wohl mit tierischer Milch nähren könne? Menschenmilch ist sehr von der tierischen verschieden. Die Milch aller grasfressenden, von Vegetabilien lebenden Tiere, gerinnet sehr bald, wenn man etwas Säure hinzutut, z. E. Weinsäure, Zitronensäure, oder besonders die Säure im Kälbermagen, die man Lab oder Laff nennet. Menschenmilch gerinnt aber gar nicht. Wenn aber die Mütter oder Ammen einige Tage hindurch nur vegetabilische Kost genießen: so gerinnt ihre Milch so gut, wie die Kuhmilch etc., wenn sie dann aber nur einige Zeit hindurch wieder Fleisch essen: so ist die Milch auch wieder eben so gut, wie vorhin. Man hat hieraus geschlossen, daß es am besten, und dem Kinde am zuträglichsten sei, wenn Mütter oder Ammen unter der Zeit, daß sie säugen, Fleisch äßen. Denn wenn Kinder die Milch wieder von sich geben, so sieht man, daß sie geronnen ist. Die Säure im Kindermagen muß also noch mehr, als alle andere Säuren, das Ge-

---

* Spezielle Laster dürften sich vielleicht ebenso wenig, als spezielle Krankheiten auf Kinder vererben, obwohl auch darüber die Meinungen noch sehr geteilet sind; aber eine größere Empfänglichkeit für jene, wie für diese, auf dem Wege der Fortpflanzung und ersten Nahrung, scheint denn doch nichts der Vernunft Widersprechendes zu enthalten. A. d. H.

rinnen der Milch befördern, weil Menschenmilch sonst auf keine Weise zum Gerinnen gebracht werden kann. Wie viel schlimmer wäre es also, wenn man dem Kinde Milch gäbe, die schon von selbst gerinnet. Daß es aber auch nicht bloß hierauf ankomme, sieht man an andern Nationen. Die Waldtongusen z. E. essen fast nichts als Fleisch, und sind starke und gesunde Leute. Alle solche Völker leben aber auch nicht lang, und man kann einen großen erwachsenen Jungen, dem man es nicht ansehen sollte, daß er leicht sei, mit geringer Mühe aufheben. Die Schweden hingegen, vorzüglich aber die Nationen in Indien, essen fast gar kein Fleisch, und doch werden die Menschen bei ihnen ganz wohl aufgezogen. Es scheint also, daß es bloß auf das Gedeihen der Amme ankomme, und daß die Kost die beste sei, bei der sie sich am besten befindet.

Es fragt sich hier, was man nachher habe, um das Kind zu ernähren, wenn die Muttermilch nun aufhört. Man hat es seit einiger Zeit mit allerlei Mehlbreien versucht. Aber von Anfang an das Kind mit solchen Speisen zu ernähren, ist nicht gut. Besonders muß man merken, daß man den Kindern nichts Pikantes gebe, als Wein, Gewürz, Salz etc. Es ist aber doch sonderbar, daß Kinder eine so große Begierde nach dergleichen allem haben! Die Ursache ist, weil es ihren noch stumpfen Empfindungen einen Reiz und eine Belebung verschafft, die ihnen angenehm sind. Die Kinder in Rußland erhalten freilich von ihren Müttern, die selbst fleißig Branntwein trinken, auch dergleichen, und man bemerkt dabei, daß die Russen gesunde, starke Leute sind. Freilich müssen diejenigen, die das aushalten, von guter Leibeskonstitution sein; aber es sterben auch viele daran, die doch hätten erhalten werden können. Denn ein solcher früher Reiz der Nerven bringt viele Unordnungen hervor*. Sogar schon für zu warme Speisen oder Getränke muß man die Kinder sorgfältig hüten, denn auch diese verursachen Schwäche.

Ferner ist zu bemerken, daß Kinder nicht sehr warm gehalten werden müssen, denn ihr Blut ist an sich schon viel wärmer, als das der Erwachsenen. Die Wärme des Blutes bei Kindern beträgt nach dem Fahrenheit'schen Thermometer 110 Grad, und das Blut der Erwachsenen nur 96 Grade. Das Kind erstickt in der Wärme, in der sich Ältere recht wohl befinden. Die kühle Gewöhnung macht überhaupt den Menschen stark. Und es ist auch bei Erwachsenen nicht gut, sich zu warm zu kleiden, zu bedecken, und sich an zu warme Getränke zu gewöhnen. Daher bekomme denn das Kind auch ein kühles und hartes Lager. Auch kalte Bäder sind gut*. Kein Reizmittel darf ein-

* Herr Schlözer hat bereits sehr gründlich dargetan, welcher schrecklichen Wirkung Rußland, bei dem übermäßigen Gebrauche des Branntweines, entgegenzusehen habe.[27] A. d. H.

* Daß das hier Gesagte von Bedingungen abhänge, und cum grano salis verstanden und angewendet werden müsse, erhellet aus dem, was die sachkundigsten Ärzte neuerdings darüber gesagt haben. A. d. H.

treten, um Hunger bei dem Kinde zu erregen, dieser vielmehr muß immer nur die Folge der Tätigkeit und Beschäftigung sein. Nichts indessen darf man das Kind sich angewöhnen lassen, so daß es ihm zum Bedürfnisse werde. Auch bei dem Guten sogar, muß man ihm nicht alles durch die Kunst zur Angewohnheit machen.

Das Windeln findet bei rohen Völkern gar nicht statt. Die wilden Nationen in Amerika z. E. machen für ihre jungen Kinder Gruben in die Erde, streuen sie mit dem Staube von faulen Bäumen aus, damit der Urin und die Unreinigkeiten der Kinder sich darein ziehen, und die Kinder also trocken liegen mögen, und bedecken sie mit Blättern; übrigens aber lassen sie ihnen den freien Gebrauch ihrer Glieder. Es ist auch bloß Bequemlichkeit von uns, daß wir die Kinder wie Mumien einwickeln, damit wir nur nicht acht geben dürfen darauf, daß sich die Kinder nicht verbiegen, und oft geschieht es dennoch eben durch das Windeln. Auch ist es den Kindern selbst ängstlich, und sie geraten dabei in eine Art von Verzweiflung, da sie ihre Glieder gar nicht brauchen können. Da meint man denn ihr Schreien durch bloßes Zurufen stillen zu können. Man wickle aber nur einmal einen großen Menschen ein, und sehe doch, ob er nicht auch schreien, und in Angst und Verzweiflung geraten werde.

Überhaupt muß man merken, daß die erste Erziehung nur negativ sein müsse, d. h. daß man nicht über die Vorsorge der Natur, noch eine neue hinzutun müsse, sondern die Natur nur nicht stören dürfe. Ist je die Kunst in der Erziehung erlaubt, so ist es allein die der Abhärtung. — Auch daher ist denn das Windeln zu verwerfen. Wenn man indessen einige Vorsicht beobachten will, so ist eine Art von Schachtel, die oben mit Riemen bezogen ist, hiezu das Zweckmäßigste. Die Italiener gebrauchen sie, und nennen sie *arcuccio*. Das Kind bleibt immer in dieser Schachtel, und wird auch in ihr zum Säugen angelegt. Dadurch wird selbst verhütet, daß die Mutter, wenn sie auch des Nachts, während des Säugens, einschläft, das Kind doch nicht tot drücken kann*. Bei uns kommen aber auf diese Art viele Kinder ums Leben. Diese Vorsorge ist also besser, als das Windeln, denn die Kinder haben hier doch mehrere Freiheit, und das Verbiegen wird verhütet; da hingegen die Kinder oft durch das Windeln selbst, schief werden.

Eine andere Gewohnheit bei der ersten Erziehung ist das Wiegen. Die leichteste Art desselben ist die, die einige Bauern haben. Sie hängen nämlich die Wiege an einem Seile an den Balken, dürfen also nur anstoßen, so schaukelt die Wiege von selbst von einer Seite zur andern. Das Wiegen taugt aber überhaupt nicht. Denn das Hin- und Herschaukeln ist dem Kinde schädlich. Man sieht es ja selbst an großen

* Irre ich nicht sehr, so findet man in den ältern Ausgaben von Fausts Gesundheitskatechism, der, besonders nach der letzten Auflage, in jedem Hause sein sollte, eine Abbildung dieses Gestelles.[28] A. d. H.

Leuten, daß das Schaukeln eine Bewegung zum Erbrechen und einen Schwindel hervorbringt. Man will das Kind dadurch betäuben, daß es nicht schreie. Das Schreien ist aber den Kindern heilsam. Sobald sie aus dem Mutterleibe kommen, wo sie keine Luft genossen haben, atmen sie die erste Luft ein. Der dadurch veränderte Gang des Blutes bringt in ihnen eine schmerzhafte Empfindung hervor. Durch das Schreien aber entfaltet das Kind die innern Bestandteile und Kanäle seines Körpers desto mehr. Daß man dem Kinde, wenn es schreit, gleich zu Hilfe kommt, ihm etwas vorsingt, wie dies die Gewohnheit der Amme ist, oder dergl.: das ist sehr schädlich. Dies ist gewöhnlich das erste Verderben des Kindes, denn wenn es sieht, daß auf seinen Ruf alles herbeikommt: so wiederholt es sein Schreien öfter.

Man kann wohl mit Wahrheit sagen, daß die Kinder der gemeinen Leute vielmehr verzogen werden, als die Kinder der Vornehmen. Denn die gemeinen Leute spielen mit ihren Kindern, wie die Affen. Sie singen ihnen vor, herzen, küssen sie, tanzen mit ihnen. Sie denken also dem Kinde etwas zu gute zu tun, wenn sie, sobald es schreit hinlaufen, und mit ihm spielen u. s. w. Desto öfter schreien sie aber. Wenn man sich dagegen an ihr Schreien nicht kehrt, so hören sie zuletzt damit auf. Denn kein Geschöpf macht sich gerne eine vergebliche Arbeit. Man gewöhne sie aber nur daran, alle ihre Launen erfüllt zu sehen; so kömmt das Brechen des Willens nachher zu spät.[29] Läßt man sie aber schreien, so werden sie selbst desselben überdrüssig. Wenn man ihnen aber in der ersten Jugend alle Launen erfüllt, so verdirbt man dadurch ihr Herz und ihre Sitten.

Das Kind hat freilich noch keinen Begriff von Sitten, es wird aber dadurch seine Naturanlage in der Art verdorben, daß man nachher sehr harte Strafen anwenden muß, um das Verdorbene wieder gut zu machen. Die Kinder äußern nachher, wenn man es ihnen abgewöhnen will, daß man immer auf ihr Verlangen hinzueile, bei ihrem Schreien eine so große Wut, als nur immer große Leute deren fähig sind, nur daß ihnen die Kräfte fehlen, sie in Tätigkeit zu setzen. So lange haben sie nur rufen dürfen, und alles kam herbei, sie herrschten also ganz despotisch. Wenn diese Herrschaft nun aufhört, so verdrießt sie das ganz natürlich. Denn wenn auch große Menschen eine Zeitlang im Besitze einer Macht gewesen sind: so fällt es ihnen sehr schwer, sich geschwinde derselben zu entwöhnen.

Kinder können in der ersten Zeit, ohngefähr in den ersten drei Monaten, nicht recht sehen. Sie haben zwar die Empfindung vom Lichte, können aber die Gegenstände nicht von einander unterscheiden. Man kann sich davon überzeugen, wenn man ihnen etwas Glänzendes vorhält, so verfolgen sie es nicht mit den Augen*. Mit dem Gesichte

* Das Gehör scheint stärker bei Kindern zu wirken, und tätiger, daß ich so sage, zu sein, als das Gesicht. Selbst der beste Gebrauch der Sinne, setzt

findet sich auch das Vermögen zu lachen und zu weinen. Wenn das Kind nun in diesem Zustande ist, so schreit es mit Reflexion, sie sei auch noch so dunkel, als sie wolle. Es meint dann immer, es sei ihm etwas zu Leide getan. Rousseau sagt: wenn man einem Kinde, das nur ohngefähr sechs Monate alt ist, auf die Hand schlägt: so schreit es in der Art, als wenn ihm ein Feuerbrand auf die Hand gefallen wäre. Es verbindet hier schon wirklich den Begriff einer Beleidigung. Die Eltern reden gemeiniglich sehr viel von dem Brechen des Willens bei den Kindern. Man darf ihren Willen nicht brechen, wenn man ihn nicht erst verdorben hat. Dies ist aber das erste Verderben, wenn man dem despotischem Willen der Kinder willfahret, indem sie durch ihr Schreien alles erzwingen können. Äußerst schwer ist es noch nachher, dies wieder gut zu machen, und es wird kaum je gelingen*. Man kann wohl machen, daß das Kind stille sei, es frißt aber die Galle in sich, und hegt destomehr innerliche Wut. Man gewöhnt es dadurch zur Verstellung und innern Gemütsbewegungen. So ist es z. E. sehr sonderbar, wenn Eltern verlangen, daß die Kinder, nachdem sie sie mit der Rute geschlagen haben, ihnen die Hände küssen sollen. Man gewöhnt sie dadurch zur Verstellung und Falschheit, denn die Rute ist doch eben nicht so ein schönes Geschenk, für das man sich noch bedanken darf, und man kann leicht denken, mit welchem Herzen das Kind dann die Hand küßt.

Man bedient sich gewöhnlich, um die Kinder gehen zu lehren, des Leitbandes und Gängelwagens. Es ist doch auffallend, daß man die Kinder das Gehen lehren will, als wenn irgend ein Mensch aus Mangel des Unterrichtes nicht hätte gehen können. Die Leitbänder sind besonders sehr schädlich. Ein Schriftsteller klagte einst über Engbrüstigkeit, die er bloß dem Leitbande zuschrieb. Denn da ein Kind nach allem greift, und alles von der Erde aufhebt, so legt es sich mit der Brust in das Leitband. Da die Brust aber noch weich ist, so wird sie platt gedrückt, und behält nachher auch diese Form. Die Kinder lernen bei dergleichen Hülfsmitteln auch nicht so sicher gehen, als wenn sie dies von selbst lernen. Am besten ist es, wenn man sie auf der Erde herumkriechen läßt, bis sie nach und nach von selbst anfangen zu gehen. Zur Vorsicht kann man die Stube mit wollenen Decken ausschlagen, damit sie sich nicht Splitter einreißen, auch nicht so hart fallen.

---

eine gewisse Kultur voraus, und daher kömmt es denn wohl, daß so viele, selbst erwachsene Leute, zwar Augen haben, aber nicht sehen, Ohren, aber nicht hören, u. s. w. Die Ursache liegt wohl nur im Mangel an Achtsamkeit, und dieser ist immer größer, je geringer die Kultur ist. Mit der ersten Weckung jener, wird der Grund zu dieser gelegt, aber die letztere wird dann die Bedingung der erstern. Es wäre dies ein Thema, der weitern Ausführung wert; nur hier läßt sich diese nicht geben. A. d. H.

* Vergl. Horstig, Soll man die Kinder schreien lassen? Gotha 1798.

Man sagt gemeinhin, daß Kinder sehr schwer fallen. Außerdem aber, daß Kinder nicht einmal schwer fallen können, so schadet es ihnen auch nicht, wenn sie einmal fallen. Sie lernen nur, sich desto besser das Gleichgewicht geben, und sich so zu wenden, daß ihnen der Fall nicht schadet. Man setzt ihnen gewöhnlich die sogenannten Butzmützen auf, die so weit vorstehen, daß das Kind nie auf das Gesicht fallen kann. Das ist aber eben eine negative Erziehung, wenn man künstliche Instrumente anwendet, da, wo das Kind natürliche hat. Hier sind die natürlichen Werkzeuge die Hände, die sich das Kind bei dem Fallen schon vorhalten wird. Je mehrere künstliche Werkzeuge man gebraucht, desto abhängiger wird der Mensch von Instrumenten.

Überhaupt wäre es besser, wenn man im Anfange weniger Instrumente gebrauchte, und die Kinder mehr von selbst lernen ließe, sie möchten dann manches viel gründlicher lernen. So wäre es z. B. wohl möglich, daß das Kind von selbst schreiben lernte. Denn jemand hat es doch einmal erfunden, und die Erfindung ist auch nicht so sehr groß. Man dürfte nur z. E., wenn das Kind Brot will, sagen: Kannst du es auch wohl malen? Das Kind würde dann eine ovale Figur malen. Man dürfte ihm dann nur sagen, daß man nun doch nicht wisse, ob es Brot oder einen Stein vorstellen solle: so würde es nachher versuchen, das B zu bezeichnen u. s. w. und so würde sich das Kind mit der Zeit sein eigenes A B C erfinden, das es nachher nur mit andern Zeichen vertauschen dürfte*.

Es gibt gewisse Gebrechen, mit denen einige Kinder auf die Welt kommen. Hat man denn nicht Mittel, diese fehlerhafte, gleichsam verpfuschte Gestalt wieder zu verbessern? Es ist durch die Bemühung vieler und kenntnisreicher Schriftsteller ausgemacht, daß Schnürbrüste hier nichts helfen, sondern das Übel nur noch ärger machen, indem sie den Umlauf des Blutes und der Säfte, sowie die höchst nötige Ausdehnung der äußern und innerlichen Teile des Körpers hindern. Wenn das Kind frei gelassen wird, so exerziert es noch seinen Leib, und ein Mensch, der eine Schnürbrust trägt, ist, wenn er sie ablegt, viel schwächer, als einer, der sie nie angelegt hat. Man könnte denen, die schief geboren sind, vielleicht helfen, wenn man auf die Seite, wo die Muskeln stärker sind, mehr Gewicht legte. Dies ist aber auch sehr gefährlich: denn welcher Mensch kann das Gleichgewicht ausmachen? Am besten ist, daß das Kind sich selbst übe, und eine Stellung an-

---

* Man versteht, was große Männer sagen, nur zu leicht falsch, und oft mit Vorsatz. Das ist besonders Kant begegnet. Und daher bemerke ich hier nur, daß er hier keineswegs will, man solle jedes Kind sich sein eigenes Alphabet erst selbst erfinden lassen, sondern es soll dadurch nur angedeutet werden, wie bei dem Lesen und Schreiben Kinder wirklich, und zwar analytisch verfahren, ohne sich dessen selbst, sogar in höheren Jahren, bewußt zu sein, oder zu werden, und wie sie, unter gewissen Umständen, dabei verfahren würden. Übrigens wünschte ich, hier nicht erst an Pestalozzi und Olivier erinnern zu dürfen. A. d. H.

nehme, wenn sie ihm gleich beschwerlich wird, denn alle Maschinen richten hier nichts aus.

Alle dergleichen künstliche Vorrichtungen sind um so nachteiliger, da sie dem Zwecke der Natur in einem organisierten, vernünftigen Wesen gerade zuwider laufen, dem zufolge ihm die Freiheit bleiben muß, seine Kräfte brauchen zu lernen. Man soll bei der Erziehung nur verhindern, daß Kinder nicht weichlich werden. Abhärtung aber ist das Gegenteil von Weichlichkeit. Man wagt zuviel, wenn man Kinder an alles gewöhnen will. Die Erziehung der Russen geht hierin sehr weit. Es stirbt dabei aber auch eine unglaubliche Zahl von Kindern. Die Angewohnheit ist ein durch öftere Wiederholung desselben Genusses, oder derselben Handlung, zur Notwendigkeit gewordener Genuß, oder Handlung. Nichts können sich Kinder leichter angewöhnen, und nichts muß man ihnen also weniger geben, als pikante Sachen, z. E. Toback, Branntwein, und warme Getränke. Die Entwöhnung dessen ist nachher sehr schwer, und anfänglich mit Beschwerden verbunden, weil durch den öftern Genuß eine Veränderung in den Funktionen unsers Körpers vorgegangen ist.

Je mehr aber der Angewohnheiten sind, die ein Mensch hat, desto weniger ist er frei und unabhängig. Bei dem Menschen ist es, wie bei allen andern Tieren: wie es frühe gewöhnt wird, so bleibt auch nachher ein gewisser Hang bei ihm. Man muß also verhindern, daß sich das Kind an nichts gewöhne; man muß keine Angewohnheit bei ihm entstehen lassen.

Viele Eltern wollen ihre Kinder an alles gewöhnen. Dieses taugt aber nicht. Denn die menschliche Natur überhaupt, teils auch die Natur der einzelnen Subjekte, läßt sich nicht an alles gewöhnen, und es bleiben viele Kinder in der Lehre. So wollen sie z. E. , daß die Kinder zu aller Zeit sollen schlafen gehen und aufstehen können, oder daß sie essen sollen, wenn sie es verlangen. Es gehört aber eine besondere Lebensart dazu, wenn man dieses aushalten soll, eine Lebensart, die den Leib roboriert[30], und das also wieder gut macht, was jenes verdorben hat. Finden wir doch auch in der Natur manches Periodische. Die Tiere haben auch ihre bestimmte Zeit zum Schlafen. Der Mensch sollte sich auch an eine gewisse Zeit gewöhnen, damit der Körper nicht in seinen Funktionen gestört werde*. Was das andere anbetrifft, daß die Kinder zu allen Zeiten sollen essen können, so kann man hier wohl nicht die Tiere zum Beispiele anführen. Denn, weil

* Diese Gewohnheit hat unfehlbar für den Menschen, als Maschine, ihr großes Gutes, aber wir müssen nicht vergessen, daß zuweilen auch Ausnahmen nötig sind. Schon in Beziehung auf das physische Leben haben diese ihren Nutzen, wie Hufeland sehr schön dargetan hat, aber gesetzt auch, wir lebten bei strenger Gewohnheit länger: so dürfte dieses längere Leben am Ende doch nur, ein Leben der Ordnung wegen, d. h. ein bloßes Vegetieren zu sein scheinen. A. d. H.

z. E. alle Gras fressende Tiere wenig Nahrhaftes zu sich nehmen, so ist das Fressen bei ihnen ein ordentliches Geschäft. Es ist aber dem Menschen sehr zuträglich, wenn er immer zu einer bestimmten Zeit isset. So wollen manche Eltern, daß ihre Kinder große Kälte, Gestank, alles und jedes Geräusche und dergl. sollen ertragen können. Dies ist aber gar nicht nötig, wenn sie sich nur nichts angewöhnen. Und dazu ist es sehr dienlich, daß man die Kinder in verschiedene Zustände versetze.

Ein hartes Lager ist viel gesünder, als ein weiches. Überhaupt dient eine harte Erziehung sehr zur Stärkung des Körpers. Durch harte Erziehung verstehen wir aber bloß Verhinderung der Gemächlichkeit. An merkwürdigen Beispielen zur Bestätigung dieser Behauptung mangelt es nicht, nur daß man sie nicht beachtet, oder, richtiger gesagt, nicht beachten will.

Was die Gemütsbildung betrifft, die man wirklich auch in gewisser Weise physisch nennen kann, so ist hauptsächlich zu merken, daß die Disziplin nicht sklavisch sei, sondern das Kind muß immer seine Freiheit fühlen, doch so, daß es nicht die Freiheit anderer hindere; es muß daher Widerstand finden. Manche Eltern schlagen ihren Kindern alles ab, um dadurch die Geduld der Kinder zu exerzieren, und fordern demnach mehr Geduld von den Kindern, als sie deren selbst haben. Dies ist aber grausam. Man gebe dem Kinde, soviel ihm dienet, und nachher sage man ihm: du hast genug! Aber daß dies dann auch unwiderruflich sei, ist schlechterdings nötig. Man merke nur nicht auf das Schreien der Kinder, und willfahre ihnen nur nicht, wenn sie etwas durch Geschrei erzwingen wollen: was sie aber mit Freundlichkeit bitten, das gebe man ihnen, wenn es ihnen dient. Das Kind wird dadurch auch gewöhnt, freimütig zu sein, und da es keinem durch sein Schreien lästig fällt, so ist auch hinwieder gegen dasselbe jeder freundlich. Die Vorsehung scheint wahrlich den Kindern freundliche Mienen gegeben zu haben, damit sie die Leute zu ihrem Vorteile einnehmen möchten. Nichts ist schädlicher, als eine neckende, sklavische Disziplin, um den Eigenwillen zu brechen.

Gemeinhin ruft man den Kindern ein: Pfui, schäme dich, wie schickt sich das! u. s. w. zu. Dergleichen sollte aber bei der ersten Erziehung gar nicht vorkommen. Das Kind hat noch keine Begriffe von Scham und vom Schicklichen, es hat sich nicht zu schämen, soll sich nicht schämen, und wird dadurch nur schüchtern. Es wird verlegen bei dem Anblicke anderer, und verbirgt sich gerne vor andern Leuten. Dadurch entsteht Zurückhaltung, und ein nachteiliges Verheimlichen. Es wagt nichts mehr zu bitten, und sollte doch um alles bitten können; es verheimlicht seine Gesinnung, und scheint immer anders, als es ist, statt daß es freimütig alles müßte sagen dürfen. Statt immer um die Eltern zu sein, meidet es sie, und wirft sich dem willfährigern Hausgesinde in die Arme.

Um nichts besser aber, als jene neckende Erziehung, ist das Vertändeln und ununterbrochene Liebkosen. Dieses bestärkt das Kind im eigenen Willen, macht es falsch, und indem es ihm eine Schwachheit der Eltern verrät, raubt es ihnen die nötige Achtung in den Augen des Kindes. Wenn man es aber so erzieht, daß es nichts durch Schreien ausrichten kann, so wird es frei, ohne dummdreist, und bescheiden, ohne schüchtern zu sein. Dreist sollte man eigentlich dräust schreiben, denn es kömmt von dräuen, drohen her.[31] Einen dräusten Menschen kann man nicht wohl leiden. Manche Menschen haben solche dreiste Gesichter, daß man sich immer vor einer Grobheit von ihnen fürchten muß, so wie man andern Gesichtern es gleich ansehen kann, daß sie nicht imstande sind, jemanden eine Grobheit zu sagen. Man kann immer freimütig aussehen, wenn es nur mit einer gewissen Güte verbunden ist. Die Leute sagen oft von vornehmen Männern, sie sähen recht königlich aus. Dies ist aber weiter nichts, als ein gewisser dreister Blick, den sie sich von Jugend auf angewöhnt haben, weil man da ihnen nicht widerstanden hat.

Alles dieses kann man noch zur negativen Bildung rechnen. Denn viele Schwächen des Menschen kommen oft nicht davon her, weil man ihn nichts gelehrt, sondern weil ihm noch falsche Eindrücke beigebracht sind. So z. E. bringen die Ammen den Kindern eine Furcht vor Spinnen, Kröten u. s. w. bei. Die Kinder möchten gewiß nach den Spinnen ebenso, wie nach andern Dingen greifen. Weil aber die Ammen, sobald sie eine Spinne sehen, ihren Abscheu durch Mienen bezeigen: so wirkt dies durch eine gewisse Sympathie auf das Kind. Viele behalten diese Furcht ihr ganzes Leben hindurch, und bleiben darin immer kindisch. Denn Spinnen sind zwar den Fliegen gefährlich, und ihr Biß ist für sie giftig, dem Menschen schaden sie aber nicht. Und eine Kröte ist ein eben so unschuldiges Tier, als ein schöner grüner Frosch, oder irgend ein anderes Tier.

*

Der positive Teil der physischen Erziehung ist die Kultur. Der Mensch ist, in Beziehung auf dieselbe, von dem Tiere verschieden. Sie besteht vorzüglich in der Übung seiner Gemütskräfte. Deswegen müssen Eltern ihrem Kinde dazu Gelegenheit geben. Die erste und vornehmste Regel hiebei ist, daß man, so viel als möglich, aller Werkzeuge entbehre. So entbehrt man gleich anfänglich des Leitbandes und Gängelwagens, und läßt das Kind auf der Erde herumkriechen, bis es von selbst gehen lernet, und dann wird es desto sicherer gehen. Werkzeuge nämlich ruinieren nur die natürliche Fertigkeit. So braucht man eine Schnur, um eine Weite zu messen; man kann dies aber eben so gut durch das Augenmaß bewerkstelligen; eine Uhr, um die Zeit zu bestimmen, man kann es durch den Stand der Sonne; einen Kompaß, um im Walde die Gegend zu wissen, man kann es auch aus dem

Stande der Sonne am Tage, und aus dem Stande der Sterne in der Nacht. Ja man kann sogar sagen, anstatt einen Kahn zu brauchen, um auf dem Wasser fortzukommen, kann man schwimmen. Der berühmte Franklin wundert sich[32], daß nicht jedermann dieses lernt, da es doch so angenehm und nützlich ist. Er führt auch eine leichte Art an, wie man es von selbst lernen kann. Man lasse in einen Bach, wo, wenn man auf dem Grunde steht, der Kopf wenigstens außer dem Wasser ist, ein Ei herunter. Nun suche man das Ei zu greifen. Indem man sich bückt, kommen die Füße in die Höhe, und, damit das Wasser nicht in den Mund komme, wird man den Kopf schon in den Nacken legen, und so hat man die rechte Stellung, die zum Schwimmen nötig ist. Nun darf man nur mit den Händen arbeiten, so schwimmt man. — Es kommt nur darauf an, daß die natürliche Geschicklichkeit kultiviert werde. Oft gehört Information dazu, oft ist das Kind selbst erfindungsreich genug, oder erfindet sich selbst Instrumente.

Was bei der physischen Erziehung, also in Absicht des Körpers, zu beobachten ist, bezieht sich entweder auf den Gebrauch der willkürlichen Bewegung, oder der Organe der Sinne. Bei dem erstern kommt es darauf an, daß sich das Kind immer selbst helfe. Dazu gehört Stärke, Geschicklichkeit, Hurtigkeit, Sicherheit; z. E. daß man auf schmalen Stegen, auf steilen Höhen, wo man eine Tiefe vor sich sieht, auf einer schwankenden Unterlage, gehen könne. Wenn ein Mensch das nicht kann, so ist er auch nicht völlig das, was er sein könnte. Seit das Dessauische Philanthropin hierin mit seinem Muster voranging, werden nun auch in andern Instituten mit den Kindern viele Versuche der Art gemacht. Es ist sehr bewunderungswürdig, wenn man lieset, wie die Schweizer sich schon von Jugend auf gewöhnen, auf den Gebirgen zu gehen, und zu welcher Fertigkeit sie es darin bringen, sodaß sie auf den schmalsten Stegen mit völliger Sicherheit gehen, und über Klüfte springen, bei denen sie es schon nach dem Augenmaße wissen, daß sie gut darüber wegkommen werden. Die meisten Menschen aber fürchten sich vor einem eingebildeten Falle, und diese Furcht lähmt ihnen gleichsam die Glieder, so daß alsdann ein solches Gehen für sie mit Gefahr verknüpft ist. Diese Furcht nimmt gemeiniglich mit dem Alter zu, und man findet, daß sie vorzüglich bei Männern gewöhnlich ist, die viel mit dem Kopfe arbeiten.

Solche Versuche mit Kindern sind wirklich nicht sehr gefährlich. Denn Kinder haben ein, im Verhältnisse zu ihrer Stärke weit geringeres Gewicht, als andere Menschen, und fallen also auch nicht so schwer. Überdies sind die Knochen bei ihnen auch nicht so spröde und brüchig, als sie es im Alter werden. Die Kinder versuchen auch selbst ihre Kräfte. So sieht man sie z. E. oft klettern, ohne daß sie dabei irgend eine Absicht haben. Das Laufen ist eine gesunde Bewegung, und roboriert den Körper. Das Springen, Heben, Tragen, die Schleuder, das Werfen nach dem Ziele, das Ringen, der Wettlauf, und alle dergleichen

Übungen sind sehr gut. Das Tanzen, insoferne es kunstmäßig ist, scheint für eigentliche Kinder noch zu früh zu sein.

Die Übung im Werfen, teils weit zu werfen, teils auch zu treffen, hat auch die Übung der Sinne, besonders des Augenmaßes, mit zur Absicht. Das Ballspiel ist eines der besten Kinderspiele, weil auch noch das gesunde Laufen dazu kömmt. Überhaupt sind diejenigen Spiele die besten, bei welchen neben den Exerzitien der Geschicklichkeit auch Übungen der Sinne hinzukommen, z. E. die Übung des Augenmaßes, über Weite, Größe und Proportion richtig zu urteilen, die Lage der Örter nach den Weltgegenden zu finden, wozu die Sonne behülflich sein muß, u. s. w. das alles sind gute Übungen. So ist auch die lokale Einbildungskraft, unter der man die Fertigkeit versteht, sich alles an den Örtern vorzustellen, an denen man es wirklich gesehen hat, etwas sehr Vorteilhaftes, z. E. das Vermögen, sich aus einem Walde herauszufinden, und zwar dadurch, daß man sich die Bäume merket,an denen man vorher vorbeigegangen ist. So auch die memoria localis, daß man z. E. nicht nur wisse, in welchem Buche man etwas gelesen habe, sondern auch, wo es in demselben stehe. So hat der Musiker die Tasten im Kopfe, daß er nicht mehr erst nach ihnen sehen darf. Die Kultur des Gehörs der Kinder ist eben so erforderlich, um durch dasselbe zu wissen, ob etwas weit oder nahe, und auf welcher Seite es sei.

Das Blindekuhspiel der Kinder war schon bei den Griechen bekannt, sie nannten es μυΐνδα. Überhaupt sind Kinderspiele sehr allgemein. Diejenigen, die man in Deutschland hat, findet man auch in Engelland, Frankreich u. s. w. Es liegt bei ihnen ein gewisser Naturtrieb der Kinder zum Grunde; bei dem Blindekuhspiele z. E. zu sehen, wie sie sich helfen könnten, wenn sie eines Sinnes entbehren müßten. Der Kreisel ist ein besonderes Spiel; doch geben solche Kinderspiele Männern Stoff zum weitern Nachdenken, und bisweilen auch Anlaß zu wichtigen Erfindungen. So hat Segner[33] eine Disputation vom Kreisel geschrieben, und einem englischen Schiffskapitän hat der Kreisel Gelegenheit gegeben, einen Spiegel zu erfinden, durch den man auf dem Schiffe die Höhe der Sterne messen kann.

Kinder haben gerne Instrumente, die Lärm machen, z. E. Trompetchen, Trommelchen u. dergl. Solch taugen aber nichts, weil sie andern dadurch lästig werden. Dergleichen wäre indessen schon besser, wenn sie sich selbst ein Rohr so schneiden lernten, daß sie darauf blasen könnten. —

Die Schaukel ist auch eine gute Bewegung; selbst Erwachsene brauchen sie zur Gesundheit, nur bedürfen die Kinder dabei der Aufsicht, weil die Bewegung sehr geschwinde werden kann. Der Papierdrache ist ebenfalls ein tadelloses Spiel. Es kultiviert die Geschicklichkeit, indem es auf eine gewisse Stellung dabei in Absicht des Windes ankömmt, wenn er recht hoch steigen soll.

Diesen Spielen zu gut, versagt sich der Knabe andere Bedürfnisse, und lernet so allmählich auch etwas anderes und mehr entbehren. Zudem wird er dadurch an fortdauernde Beschäftigung gewöhnt, aber eben daher darf es hier auch nicht bloßes Spiel, sondern es muß Spiel mit Absicht und Endzweck sein. Denn, jemehr auf diese Weise sein Körper gestärkt und abgehärtet wird, um so sicherer ist er vor den verderblichen Folgen der Verzärtelung. Auch die Gymnastik soll die Natur nur lenken, darf also nicht gezwungene Zierlichkeit veranlassen. Disziplin muß zuerst eintreten, nicht aber Information. Hier ist nun aber darauf zu sehen, daß man die Kinder bei der Kultur ihres Körpers, auch für die Gesellschaft bilde. Rousseau sagt: „Ihr werdet niemals einen tüchtigen Mann bilden, wenn ihr nicht vorher einen Gassenjungen habt!“ Es kann eher aus einem muntern Knaben ein guter Mann werden, als aus einem naseweisen, klug tuenden Burschen. Das Kind muß in Gesellschaften nur nicht lästig sein, es muß sich aber auch nicht einschmeicheln. Es muß auf die Einladung anderer zutraulich sein, ohne Zudringlichkeit; freimütig, ohne Dummdreistigkeit. Das Mittel dazu ist: man verderbe nur nichts, man bringe ihm nicht Begriffe von Anstand bei, durch die es nur schüchtern und menschenscheu gemacht, oder, auf der andern Seite, auf die Idee gebracht wird, sich geltend machen zu wollen. Nichts ist lächerlicher, als altkluge Sittsamkeit, oder naseweiser Eigendünkel des Kindes. Im letztern Falle müssen wir um so mehr das Kind seine Schwächen, aber doch auch nicht zu sehr unsre Überlegenheit und Herrschaft empfinden lassen, damit es sich zwar aus sich selbst ausbilde, aber nur als in der Gesellschaft, wo die Welt zwar groß genug für dasselbe, aber auch für andre sein muß.

Toby sagt im Tristram Shandy zu einer Fliege, die ihn lange beunruhigt hatte, indem er sie zum Fenster hinausläßt: „Gehe, du böses Tier, die Welt ist groß genug für mich und dich!“[34] Und dies könnte jeder zu seinem Wahlspruche machen. Wir dürfen uns nicht einander lästig werden; die Welt ist groß genug für uns alle.

Wir kommen jetzt zur Kultur der Seele, die man gewissermaßen auch physisch nennen kann. Man muß aber Natur und Freiheit von einander unterscheiden. Der Freiheit Gesetze geben, ist ganz etwas anderes, als die Natur bilden. Die Natur des Körpers und der Seele kommt doch darin überein, daß man ein Verderbnis bei ihrer beiderseitigen Bildung abzuhalten sucht, und daß die Kunst dann noch etwas bei jenem, wie bei dieser hinzusetzt. Man kann die Bildung der Seele also gewissermaßen eben so gut physisch nennen, als die Bildung des Körpers.

Diese physische Bildung des Geistes unterscheidet sich aber von der moralischen darin, daß diese nur auf die Freiheit, jene nur auf die Natur abzielt. Ein Mensch kann physisch sehr kultiviert sein; er kann einen sehr ausgebildeten Geist haben, aber dabei schlecht moralisch kultiviert, doch dabei ein böses Geschöpf sein.

Die physische Kultur aber muß von der praktischen unterschieden werden, welche letztere pragmatisch oder moralisch ist. Im letztern Falle ist es die Moralisierung, nicht Kultivierung[35].

Die physische Kultur des Geistes teilen wir ein in die freie und die scholastische. Die freie ist gleichsam nur ein Spiel, die scholastische dagegen macht ein Geschäfte aus; die freie ist die, die immer bei dem Zöglinge beobachtet werden muß; bei der scholastischen aber wird der Zögling wie unter dem Zwange betrachtet. Man kann beschäftigt sein im Spiele, das nennt man in der Muße beschäftiget sein; aber man kann auch beschäftiget sein im Zwange, und das nennet man arbeiten. Die scholastische Bildung soll für das Kind Arbeit, die freie soll Spiel sein.

Man hat verschiedene Erziehungsplane entworfen, um, welches auch sehr löblich ist, zu versuchen, welche Methode bei der Erziehung die beste sei. Man ist unter andern auch darauf verfallen, die Kinder alles wie im Spiele lernen zu lassen. Lichtenberg hält sich in einem Stücke des Göttingischen Magazins[36] über den Wahn auf, nach welchem man aus den Knaben, die doch schon frühzeitig zu Geschäften gewöhnt werden sollten, weil sie einmal in ein geschäftiges Leben eintreten müssen, alles spielweise zu machen sucht. Dies tut eine ganz verkehrte Wirkung. Das Kind soll spielen, es soll Erholungsstunden haben, aber es muß auch arbeiten lernen.[37] Die Kultur seiner Geschicklichkeit ist freilich aber auch gut, wie die Kultur des Geistes, aber beide Arten der Kultur müssen zu verschiedenen Zeiten ausgeübt werden. Es ist ohnedies schon ein besonderes Unglück für den Menschen, daß er so sehr zur Untätigkeit geneigt ist. Je mehr ein Mensch gefaulenzt hat, desto schwerer entschließt er sich dazu, zu arbeiten.

Bei der Arbeit ist die Beschäftigung nicht an sich selbst angenehm, sondern man unternimmt sie einer andern Absicht wegen. Die Beschäftigung bei dem Spiele dagegen ist an sich angenehm, ohne weiter irgend einen Zweck dabei zu beabsichtigen. Wenn man spazieren geht: so ist das Spazierengehen selbst die Absicht, und je länger also der Gang ist, desto angenehmer ist er uns. Wenn wir aber irgend wohin gehen, so ist die Gesellschaft, die sich an dem Orte befindet, oder sonst etwas, die Absicht unsers Ganges, und wir wählen gerne den kürzesten Weg. So ist es auch mit dem Kartenspiele. Es ist wirklich besonders, wenn man sieht, wie vernünftige Männer oft stundenlang zu sitzen und Karten zu mischen imstande sind. Da ergibt es sich, daß die Menschen nicht so leicht aufhören, Kinder zu sein. Denn was ist jenes Spiel besser, als das Ballspiel der Kinder? Nicht, daß die Erwachsenen gerade auf dem Stocke reiten, aber sie reiten doch auf andern Steckenpferden.

Es ist von der größesten Wichtigkeit, daß Kinder arbeiten lernen. Der Mensch ist das einzige Tier, das arbeiten muß. Durch viele Vorbereitungen muß er erst dahin kommen, daß er etwas zu seinem Unterhalte genießen kann. Die Frage, ob der Himmel nicht gütiger für uns würde gesorgt haben, wenn er uns alles, schon bereitet, hätte vorfinden lassen, so, daß wir gar nicht arbeiten dürften? ist gewiß mit nein zu beantworten: denn der Mensch verlangt Geschäfte, auch solche, die einen gewissen Zwang mit sich führen*. Eben so falsch ist die Vorstellung, daß wenn Adam und Eva nur im Paradiese geblieben wären, sie da nichts würden getan, als zusammengesessen, arkadische Lieder gesungen, und die Schönheit der Natur betrachtet haben. Die Langeweile würde sie gewiß eben so gut, als andere Menschen, in einer ähnlichen Lage, gemartert haben.

Der Mensch muß auf eine solche Weise occupieret sein, daß er mit dem Zwecke, den er vor Augen hat, in der Art erfüllt ist, daß er sich gar nicht fühlt, und die beste Ruhe für ihn, ist die nach der Arbeit. Das Kind muß also zum Arbeiten gewöhnt werden. Und wo anders soll die Neigung zur Arbeit kultiviert werden, als in der Schule? Die Schule ist eine zwangmäßige Kultur. Es ist äußerst schädlich, wenn man das Kind dazu gewöhnt, alles als Spiel zu betrachten. Es muß Zeit haben, sich zu erholen, aber es muß auch eine Zeit für dasselbe sein, in der es arbeitet. Wenn auch das Kind es nicht gleich einsieht, wozu dieser Zwang nütze: so wird es doch in Zukunft den großen Nutzen davon gewahr werden. Es würde überhaupt nur den Vorwitz der Kinder sehr verwöhnen, wenn man ihre Frage: Wozu ist das? und wozu das? immer beantworten wollte. Zwangmäßig muß die Erziehung sein, aber sklavisch darf sie deshalb nicht sein.

Was die freie Kultur der Gemütskräfte anbetrifft, so ist zu bemer-

---

* Den meisten Menschen tut ohnfehlbar die bestimmte Beschäftigung eines Gewerbes oder Amtes sehr not, und es fehlt nicht an Beispielen, daß Menschen, die, wie man zu sagen pflegt, sich zur Ruhe setzten, eben so unzufrieden, ja, wohl gar kränklich wurden, als sie vorher, bei ihrer bestimmten Arbeit, zufrieden und gesund waren, und das, nicht aus Mangel an Geschäften, sondern weil, was sie nun zu tun hatten, keine bestimmte Arbeit mehr war, indem alles bloß von ihrem Belieben abhängt. Der Grund davon scheint mir darin zu liegen, daß eine bestimmte Amts- oder Gewerbearbeit uns in mehrere Verhältnisse setzt, also auch in unser Leben mehrere Abwechselung bringt, die, sei sie angenehm, oder unangenehm, — wenn sie das letztere nur nicht in einem überwiegenden Grade ist! — unsre Kräfte stärkt, und dadurch unsre Munterkeit, wie unsern guten Willen, mehr aufrecht erhält. Zudem leistet man gemeinhin auch mehr, wenn man etwas leisten muß; da kann man am Ende jedes Tages dann die Rechnung mit sich abschließen, daß man nicht untätig und unnütz gelebt habe, und dieser Gedanke hat etwas überaus Ermunterndes, und, daß ich so sage, Roborierendes. Wer kein eigentliches Gewerbe oder Amt hat, kann freilich alles tun, wozu er Kräfte und Willen hat; aber eben daher wird ihm die Wahl so schwer, und der Tag ist oft dahingegangen, bevor er sich für diese oder jene Arbeit entschieden hat. A. d. H.

ken, daß sie immer fortgeht. Sie muß eigentlich die obern Kräfte betreffen. Die untern werden immer nebenbei kultivieret, aber nur in Rücksicht auf die obern; der Witz z. E. in Rücksicht auf den Verstand. Die Hauptregel hiebei ist, daß keine Gemütskraft einzeln für sich, sondern jede nur in Beziehung auf die andere müsse kultiviert werden; z. E. die Einbildungskraft nur zum Vorteile des Verstandes.[38]

Die untern Kräfte haben für sich allein keinen Wert, z. E. ein Mensch, der viel Gedächtnis, aber keine Beurteilungskraft hat. Ein solcher ist dann ein lebendiges Lexikon. Auch solche Lastesel des Parnasses sind nötig, die, wenn sie gleich selbst nichts Gescheutes leisten können, doch Materialien herbeischleppen, damit andere etwas Gutes daraus zustande bringen können. — Witz gibt lauter Albernheiten, wenn die Urteilskraft nicht hinzu kömmt. Verstand ist die Erkenntnis des Allgemeinen. Urteilskraft ist die Anwendung des Allgemeinen auf das Besondere. Vernunft ist das Vermögen, die Verknüpfung des Allgemeinen mit dem Besondern einzusehen. Diese freie Kultur geht ihren Gang fort von Kindheit auf, bis zu der Zeit, da der Jüngling aller Erziehung entlassen wird. Wenn ein Jüngling z. E. eine allgemeine Regel anführt, so kann man ihn Fälle aus der Geschichte, Fabeln, in die diese Regel verkleidet ist, Stellen aus Dichtern, wo sie schon ausgedrückt ist, anführen lassen, und so ihm Anlaß geben, seinen Witz, sein Gedächtnis u. s. w. zu üben.

Der Ausspruch tantum scimus, quantum memoria tenemus[39], hat freilich seine Richtigkeit, und daher ist die Kultur des Gedächtnisses sehr notwendig. Alle Dinge sind so beschaffen, daß der Verstand erst den sinnlichen Eindrücken folgt, und das Gedächtnis diese aufbehalten muß. So z. E. verhält es sich bei den Sprachen. Man kann sie entweder durch förmliches Memorieren, oder durch den Umgang lernen, und diese letztere ist bei lebenden Sprachen die beste Methode. Das Vokabelnlernen ist wirklich nötig, aber am besten tut man wohl, wenn man diejenigen Wörter lernen läßt, die bei dem Autor, den man mit der Jugend gerade lieset, vorkommen. Die Jugend muß ihr gewisses und bestimmtes Pensum haben. So lernt man auch die Geographie durch einen gewissen Mechanism am besten. Das Gedächtnis vorzüglich liebt diesen Mechanism und in einer Menge von Fällen ist er auch sehr nützlich. Für die Geschichte ist bis jetzt noch kein recht geschickter Mechanism erfunden worden; man hat es zwar mit Tabellen versucht, doch scheint es auch mit denen nicht recht gehen zu wollen*. Geschichte aber ist ein treffliches Mittel, den Verstand in der Beurteilung zu üben. Das Memorieren ist sehr nötig, aber das zur bloßen Übung taugt gar nichts, z. E. daß man Reden auswendig lernen läßt. Allenfalls hilft es bloß zur Beförderung der Dreistigkeit,

---

* Diesen Endzweck hat auch Schlözers Geschichtstafel. Selbst Pestalozzi's Idee und Verfahren scheint auf einen solchen Mechanism gewissermaßen herauszugehen. A. d. H.

und das Deklamieren ist überdem nur eine Sache für Männer*. Hieher gehören auch alle Dinge, die man bloß zu einem künftigen Examen oder in Rücksicht auf die futuram oblivionem[40] lernt. Man muß das Gedächtnis nur mit solchen Dingen beschäftigen, an denen uns gelegen ist, daß wir sie behalten, und die auf das wirkliche Leben Beziehung haben. Am schädlichsten ist das Romanlesen der Kinder, da sie nämlich weiter keinen Gebrauch davon machen, als daß sie ihnen in dem Augenblicke, in dem sie sie lesen, zur Unterhaltung dienen. Das Romanlesen schwächt das Gedächtnis. Denn es wäre lächerlich, Romane behalten, und sie andern wieder erzählen zu wollen. Man muß daher Kindern alle Romane aus den Händen nehmen. Indem sie sie lesen, bilden sie sich in dem Romane wieder einen neuen Roman, da sie die Umstände sich selbst anders ausbilden, herumschwärmen, und gedankenlos da sitzen.[41]

Zerstreuungen müssen nie, am wenigsten in der Schule gelitten werden, denn sie bringen endlich einen gewissen Hang dazu, eine gewisse Gewohnheit hervor. Auch die schönsten Talente gehen bei einem, der der Zerstreuung ergeben ist, zu Grunde. Wenn Kinder sich gleich bei Vergnügungen zerstreuen: so sammeln sie sich doch bald wieder; man sieht sie aber am meisten zerstreut, wenn sie schlimme Streiche im Kopfe haben, denn da sinnen sie, wie sie sie verbergen, oder wieder gut machen können. Sie hören dann alles nur halb, antworten verkehrt, wissen nicht, was sie lesen u. s. w.

Das Gedächtnis muß man frühe, aber auch nebenher sogleich den Verstand kultivieren.

Das Gedächtnis wird kultiviert 1) durch das Behalten der Namen in Erzählungen; 2) durch das Lesen und Schreiben; jenes aber muß aus dem Kopfe geübt werden und nicht durch das Buchstabieren; 3) durch Sprachen, die den Kindern zuerst durchs Hören, bevor sie noch etwas lesen, müssen beigebracht werden. Dann tut ein zweckmäßig eingerichteter, sogenannter *Orbis pictus* seine guten Dienste, und man kann mit dem Botanisieren, mit der Mineralogie, und der Naturbeschreibung überhaupt den Anfang machen. Von diesen Gegenständen einen Abriß zu machen, das gibt dann Veranlassung zum Zeichnen und Modellieren, wozu es der Mathematik bedarf. Der erste wissenschaftliche Unterricht bezieht sich am vorteilhaftesten auf die Geographie, die mathematische sowohl, als die physikalische. Reiseerzählungen, durch Kupfer und Karten erläutert, führen dann zu der

* Freilich gibt es sehr verständige und einsichtsvolle Männer, die keiner Deklamation fähig sind, wie es scheint; aber gewiß ist es, daß man leichter behält, was man mit erforderlichem Ausdrucke lieset, oder wenigstens lesen könnte, und daß sich der Grund dazu schon frühzeitig und mit Erfolg legen lasse, ist durch die neueste Lesemethode bewiesen. S. Olivier über Charakter und Wert guter Unterrichtsmethoden, Leipzig 1802, und dessen Kunst, lesen und recht schreiben zu lehren, Dessau 1801.

politischen Geographie. Von dem gegenwärtigen Zustande der Erdoberfläche geht man dann auf den ehemaligen zurück, gelangt zur alten Erdbeschreibung, alten Geschichte u. s. w.

Bei dem Kinde aber muß man im Unterrichte allmählich das Wissen und Können zu verbinden suchen. Unter allen Wissenschaften scheint die Mathematik die einzige der Art zu sein, die diesen Endzweck am besten befriedigt. Ferner muß das Wissen und Sprechen verbunden werden (Beredtheit, Wohlredenheit und Beredsamkeit). Aber es muß auch das Kind das Wissen sehr wohl vom bloßen Meinen und Glauben unterscheiden lernen. In der Art bereitet man einen richtigen Verstand vor, und einen richtigen, nicht feinen oder zarten Geschmack. Dieser muß zuerst Geschmack der Sinne, namentlich der Augen, zuletzt aber Geschmack der Ideen sein. —

Regeln müssen in alle dem vorkommen, was den Verstand kultivieren soll. Es ist sehr nützlich, die Regeln auch zu abstrahieren, damit der Verstand nicht bloß mechanisch, sondern mit dem Bewußtsein einer Regel verfahre.[42]

Es ist auch sehr gut, die Regeln in eine gewisse Formel zu bringen, und so dem Gedächtnisse anzuvertrauen. Haben wir die Regel im Gedächtnisse, und vergessen auch den Gebrauch: so finden wir uns doch bald wieder zurecht. Es ist hier die Frage: sollen die Regeln erst *in abstracto* vorangehen, und sollen Regeln erst nachher gelernt werden, wenn man den Gebrauch vollendet hat? oder soll Regel und Gebrauch gleichen Schrittes gehen? Dies letzte ist allein ratsam. In dem andern Falle ist der Gebrauch so lange, bis man zu den Regeln gelangt, sehr unsicher. Die Regeln müssen gelegentlich, aber auch in Klassen gebracht werden, denn man behält sie nicht, wenn sie nicht in Verbindung mit sich selbst stehen. Die Grammatik muß also bei Sprachen immer in etwas vorausgehen.

*

Wir müssen nun aber auch einen systematischen Begriff von dem ganzen Zwecke der Erziehung, und der Art, wie er zu erreichen ist, geben.

1) Die allgemeine Kultur der Gemütskräfte, unterschieden von der besondern. Sie geht auf Geschicklichkeit und Vervollkommnung, nicht daß man den Zögling besonders worin informiere, sondern seine Gemütskräfte stärke. Sie ist

a) entweder physisch. Hier beruht alles auf Übung und Disziplin, ohne daß die Kinder Maximen kennen dürfen. Sie ist passiv für den Lehrling, er muß der Leitung eines andern folgsam sein. Andere denken für ihn.

b) oder moralisch. Sie beruht dann nicht auf Disziplin, sondern auf Maximen. Alles wird verdorben, wenn man sie auf Exempel, Drohungen, Strafen u. s. w. gründen will. Sie wäre dann bloß Disziplin. Man muß dahin sehen, daß der Zögling aus eignen Maximen, nicht aus Gewohnheit, gut handle, daß er nicht bloß das Gute tue, sondern es darum tue, weil es gut ist. Denn der ganze moralische Wert der Handlungen besteht in den Maximen des Guten. Die physische Erziehung unterscheidet sich darin von der moralischen, daß jene passiv für den Zögling, diese aber tätig ist. Er muß jederzeit den Grund und die Ableitung der Handlung von den Begriffen der Pflicht einsehen.

2) Die besondere Kultur der Gemütskräfte. Hier kommt vor: die Kultur des Erkenntnisvermögens, der Sinne, der Einbildungskraft, des Gedächtnisses, der Stärke der Aufmerksamkeit, und des Witzes, was also die untern Kräfte des Verstandes betrifft. Von der Kultur der Sinne, z. E. des Augenmaßes, ist schon oben geredet worden. Was die Kultur der Einbildungskraft anlangt: so ist folgendes zu merken. Kinder haben eine ungemein starke Einbildungskraft, und sie braucht gar nicht erst durch Märchen mehr gespannt, und extendiert zu werden. Sie muß vielmehr gezügelt, und unter Regeln gebracht werden, aber doch muß man sie auch nicht ganz unbeschäftigt lassen.

Landkarten haben etwas an sich, das alle, auch die kleinsten Kinder reizet. Wenn sie alles andere überdrüssig sind, so lernen sie doch noch etwas, wobei man Landkarten braucht. Und dieses ist eine gute Unterhaltung für Kinder, wobei ihre Einbildungskraft nicht schwärmen kann, sondern sich gleichsam an eine gewisse Figur halten muß. Man könnte bei den Kindern wirklich mit der Geographie den Anfang machen. Figuren von Tieren, Gewächsen u. s. w. können damit zu gleicher Zeit verbunden werden; diese müssen die Geographie beleben. Die Geschichte aber müßte wohl erst später eintreten.[43]

Was die Stärkung der Aufmerksamkeit anbetrifft; so ist zu bemerken, daß diese allgemein gestärkt werden muß. Eine starre Anheftung unserer Gedanken an ein Objekt ist nicht sowohl ein Talent, als vielmehr eine Schwäche unsers innern Sinnes, da er in diesem Falle unbiegsam ist, und sich nicht nach Gefallen anwenden läßt. Zerstreuung ist der Feind aller Erziehung. Das Gedächtnis aber beruht auf der Aufmerksamkeit.

Was aber die obern Verstandeskräfte betrifft: so kommt hier vor: die Kultur des Verstandes, der Urteilskraft und der Vernunft. Den Verstand kann man im Anfange gewissermaßen auch passiv bilden, durch Anführung von Beispielen für die Regel, oder umgekehrt, durch Auffindung der Regel für die einzelnen Fälle. Die Urteilskraft zeigt, welcher Gebrauch von dem Verstande zu machen ist. Er ist erforderlich, um, was man lernt, oder spricht, zu verstehen, und um nichts, ohne es zu verstehen, nachzusagen. Wie mancher lieset und hört etwas, ohne es, wenn er es auch glaubt, zu verstehen. Dazu gehören Bilder und Sachen.

Durch die Vernunft sieht man die Gründe ein. Aber man muß bedenken, daß hier von einer Vernunft die Rede ist, die noch geleitet wird. Sie muß also nicht immer räsonnieren wollen, aber es muß auch ihr, über das, was die Begriffe übersteigt, nicht viel vorräsonniert werden. Noch gilt es hier nicht die spekulative Vernunft, sondern die Reflexion über das, was vorgeht, nach seinen Ursachen und Wirkungen. Es ist eine in ihrer Wirtschaft und Einrichtung praktische Vernunft.

Die Gemütskräfte werden am besten dadurch kultiviert, wenn man das alles selbst tut, was man leisten will, z. E. wenn man die grammatische Regel, die man gelernt hat, gleich in Ausübung bringt. Man versteht eine Landkarte am besten, wenn man sie selbst verfertigen kann. Das Verstehen hat zum größesten Hülfsmittel das Hervorbringen. Man lernt das am gründlichsten, und behält das am besten, was man gleichsam aus sich selbst lernet. Nur wenige Menschen indessen sind das imstande. Man nennt sie (αὐτοδίδακτοι) Autodidakten.

Bei der Ausbildung der Vernunft muß man sokratisch verfahren. Sokrates nämlich, der sich die Hebamme der Kenntnisse seiner Zuhörer nannte, gibt in seinen Dialogen, die uns Plato gewissermaßen aufbehalten hat, Beispiele, wie man selbst bei alten Leuten, manches aus ihrer eigenen Vernunft hervorziehen kann. Vernunft braucht in vielen Stücken nicht von Kindern ausgeübt zu werden. Sie müssen nicht über alles vernünfteln. Von dem, was sie wohlgezogen machen soll, brauchen sie nicht die Gründe zu wissen, sobald es aber die Pflicht betrifft, so müssen ihnen dieselben bekannt gemacht werden. Doch muß man überhaupt dahin sehen, daß man nicht Vernunfterkenntnisse in sie hineintrage, sondern dieselben aus ihnen heraushole. Die sokratische Methode sollte bei der katechetischen die Regel ausmachen. Sie ist freilich etwas langsam, und es ist schwer, es so einzurichten, daß, indem man aus dem Einen die Erkenntnisse herausholt, die Andern auch etwas dabei lernen. Die mechanisch-katechetische Methode ist bei manchen Wissenschaften auch gut; z. E. bei dem Vortrage der geoffenbarten Religion. Bei der allgemeinen Religion hingegen muß man die sokratische Methode benutzen. In Ansehung dessen nämlich, was historisch gelernt werden muß, empfiehlt sich die mechanisch-katechetische Methode vorzüglich.

Es gehöret hieher auch die Bildung des Gefühls der Lust oder Unlust. Sie muß negativ sein, das Gefühl selbst aber nicht verzärtelt werden. Hang zur Gemächlichkeit ist für den Menschen schlimmer als alle Übel des Lebens. Es ist daher äußerst wichtig, daß Kinder von Jugend auf arbeiten lernen. Kinder, wenn sie nur nicht schon verzärtelt sind, lieben wirklich Vergnügungen, die mit Strapazen verknüpft, Beschäftigungen, zu denen Kräfte erforderlich sind. In Ansehung dessen, was sie genießen, muß man sie nicht leckerhaft machen, und sie nicht wählen lassen. Gemeinhin verziehen die Mütter ihre

Kinder hierin, und verzärteln sie überhaupt. Und doch bemerkt man, daß die Kinder, vorzüglich die Söhne, die Väter mehr als die Mütter lieben. Dies kömmt wohl daher, die Mütter lassen sie gar nicht herumspringen, herumlaufen, und dergl., aus Furcht, daß sie Schaden nehmen möchten. Der Vater, der sie schilt, auch wohl schlägt, wenn sie ungezogen gewesen sind, führt sie dagegen auch bisweilen ins Feld, und läßt sie da recht jungenmäßig herumlaufen, spielen und fröhlich sein*.

Man glaubt, die Geduld der Kinder dadurch zu üben, daß man sie lange auf etwas warten läßt. Dies dürfte indessen eben nicht nötig sein. Wohl aber brauchen sie Geduld in Krankheiten und dergl. Die Geduld ist zwiefach. Sie besteht entweder darin, daß man alle Hoffnung aufgibt, oder darin, daß man neuen Mut fasset. Das erstere ist nicht nötig, wenn man immer nur das Mögliche verlangt, und das letztere darf man immer, wenn man nur, was recht ist, begehrt. In Krankheiten aber verschlimmert die Hoffnungslosigkeit eben so viel, als der gute Mut zu verbessern imstande ist. Wer diesen aber, in Beziehung auf seinen physischen oder moralischen Zustand noch zu fassen vermag, der gibt auch die Hoffnung nicht auf.

Kinder müssen auch nicht schüchtern gemacht werden. Das geschieht vornehmlich dadurch, wenn man gegen sie mit Scheltworten ausfährt, und sie öfter beschämet. Hierher gehört besonders der Zuruf vieler Eltern: Pfui, schäme dich! Es ist gar nicht abzusehen, worüber die Kinder sich eigentlich sollten zu schämen haben, wenn sie z. E. den Finger in den Mund stecken und dergl. Es ist nicht Gebrauch, nicht Sitte! Das kann man ihnen sagen, aber nie muß man ihnen ein „Pfui, schäme dich!“ zurufen, als nur in dem Falle, daß sie lügen. Die Natur hat dem Menschen die Schamhaftigkeit gegeben, damit er sich, sobald er lügt, verrate. Reden daher Eltern nie den Kindern von Scham vor, als wenn sie lügen, so behalten sie diese Schamröte in betreff des Lügens für ihre Lebenszeit. Wenn sie aber ohne Aufhören beschämt werden: so gründet das eine Schüchternheit, die ihnen weiterhin unabänderlich anklebt.

Der Wille der Kinder muß, wie schon oben gesagt, nicht gebrochen, sondern nur in der Art gelenkt werden, daß er den natürlichen Hindernissen nachgebe. Im Anfange muß das Kind freilich blindlings gehorchen. Es ist unnatürlich, daß das Kind durch sein Geschrei kommandiere, und der Starke einem Schwachen gehorche. Man muß daher

* Ein näherer Grund liegt meiner Meinung nach darin, daß die Väter seltener mit ihren Kindern tändeln, daher die Beweise ihrer Liebe auch einen größern Wert erhalten. Zudem halten Väter auch meistens mehr auf die Befolgung ihrer Gebote, zeigen weniger Schwäche in der Nachgiebigkeit, und so entsteht eine gewisse Achtung, die die festeste Grundlage des Zutrauens und der Liebe ist. Dies setzt aber schon ein gewisses Aufmerken voraus, und eben daher hängen denn auch die Kinder in den allerersten Jahren, und namentlich die Söhne, mehr an der Mutter. A. d. H.

nie den Kindern, auch in der ersten Jugend, auf ihr Geschrei willfahren, und sie dadurch etwas erzwingen lassen. Gemeinhin versehen es die Eltern hierin, und wollen es dadurch nachher wieder gut machen, daß sie den Kindern in späterer Zeit wieder alles, um das sie bitten, abschlagen. Dies ist aber sehr verkehrt, ihnen ohne Ursache abzuschlagen, was sie von der Güte der Eltern erwarten, bloß um ihnen Widerstand zu tun, und sie, die Schwächeren, die Übermacht der Eltern fühlen lassen.

Kinder werden verzogen, wenn man ihren Willen erfüllt, und ganz falsch erzogen, wenn man ihrem Willen und ihren Wünschen gerade entgegen handelt. Jenes geschieht gemeinhin so lange, als sie ein Spielwerk der Eltern sind, vornehmlich in der Zeit, wenn sie zu sprechen beginnen. Aus dem Verziehen aber entspringt ein gar großer Schade für das ganze Leben. Bei dem Entgegenhandeln gegen den Willen der Kinder verhindert man sie zugleich zwar daran, ihren Unwillen zu zeigen, was freilich geschehen muß, destomehr aber toben sie innerlich. Die Art, nach der sie sich jetzt verhalten sollen, haben sie noch nicht kennen gelernt. — Die Regel, die man also bei Kindern von Jugend auf beobachten muß, ist diese, daß man, wenn sie schreien, und man glaubt, daß ihnen etwas schade, ihnen zu Hülfe komme, daß man aber, wenn sie es aus bloßem Unwillen tun, sie liegen lasse. Und ein gleiches Verfahren muß auch nachher unablässig eintreten. Der Widerstand, den das Kind in diesem Falle findet, ist ganz natürlich, und ist eigentlich negativ, indem man ihm nur nicht willfahrt. Manche Kinder erhalten dagegen wieder alles von den Eltern, was sie nur verlangen, wenn sie sich aufs Bitten legen. Wenn man die Kinder alles durch Schreien erhalten läßt, so werden sie boshaft, erhalten sie aber alles durch Bitten, so werden sie weichlich. Findet daher keine erhebliche Ursache des Gegenteils statt: so muß man die Bitte des Kindes erfüllen. Findet man aber Ursache, sie nicht zu erfüllen: so muß man sich auch nicht durch vieles Bitten bewegen lassen. Eine jede abschlägige Antwort muß unwiderruflich sein. Sie hat dann zunächst den Effekt, daß man nicht öfter abschlagen darf*.

Gesetzt, es wäre, was man doch nur äußerst selten annehmen kann, bei dem Kinde natürliche Anlage zum Eigensinne vorhanden: so ist

* Es gibt wenige eigentlich schlechte Menschen in der Welt, d. h. solche, die es aus Grundsatz sind. Dagegen aber gibt es viele, die den Charakter verloren haben, oder richtiger, die nie Charakter hatten, und daraus geht das meiste Übel hervor. Die Hauptaufgabe aller Pädagogik ist demnach die Bildung der Kinder zu einem Charakter nach Begriffen des Rechtes, nicht der Ehre, denn diese letztere schließen den Charakter aus. Die Grundlage dieser Bildung ist das Beispiel, und welches Beispiel kann hier wohl schädlicher wirken, als das des Mangels an eigner Haltung, an eignem Charakter, der auch dem Kinde schon in der schwachen Nachgiebigkeit der Eltern einleuchtet? In dieser eben liegt die Quelle der Charakterlosigkeit der Kinder. A. d. H.

es am besten, in der Art zu verfahren, daß, wenn es uns nichts zu Gefallen tut, wir auch ihm wieder nichts zu Gefallen tun. — Brechung des Willens bringt eine sklavische Denkungsart, natürlicher Widerstand dagegen, Lenksamkeit zuwege.

Die moralische Kultur muß sich gründen auf Maximen, nicht auf Disziplin. Diese vermindert die Unarten, jene bildet die Denkungsart. Man muß dahin sehen, daß das Kind sich gewöhne, nach Maximen, und nicht nach gewissen Triebfedern zu handeln.[44] Durch Disziplin bleibt nur eine Angewohnheit übrig, die doch auch mit den Jahren verlöscht. Nach Maximen soll das Kind handeln lernen, deren Billigkeit es selbst einsieht. Daß dies bei jungen Kindern schwer zu bewirken, und die moralische Bildung daher auch die meisten Einsichten von seiten der Eltern und der Lehrer erfordert, sieht man leicht ein*.

Wenn das Kind z. E. lügt, muß man es nicht bestrafen, sondern ihm mit Verachtung begegnen, ihm sagen, daß man ihm in Zukunft nicht glauben werde, und dergl.[45] Bestraft man das Kind aber, wenn es Böses tut, und belohnt es, wenn es Gutes tut, so tut es Gutes, um es gut zu haben. Kommt es nachher in die Welt, wo es nicht so zugeht, wo es Gutes tun kann, ohne eine Belohnung, und Böses, ohne Strafe zu empfangen: so wird aus ihm ein Mensch, der nur sieht, wie er gut in der Welt fortkommen kann, und gut oder böse ist, je nachdem er es am zuträglichsten findet. —

Die Maximen müssen aus dem Menschen selbst entstehen. Bei der moralischen Kultur soll man schon frühe den Kindern Begriffe beizubringen suchen von dem, was gut oder böse ist. Wenn man Moralität gründen will: so muß man nicht strafen. Moralität ist etwas so Heiliges und Erhabenes, daß man sie nicht so wegwerfen und mit Disziplin in einen Rang setzen darf. Die erste Bemühung bei der moralischen Erziehung ist, einen Charakter zu gründen. Der Charakter besteht in der Fertigkeit, nach Maximen zu handeln. Im Anfange sind es Schulmaximen, und nachher Maximen der Menschheit. Im Anfange gehorcht das Kind Gesetzen. Maximen sind auch Gesetze, aber subjektive; sie entspringen aus dem eignen Verstande des Menschen. Keine Übertretung des Schulgesetzes aber muß ungestraft hingehen, obwohl die Strafe immer der Übertretung angemessen sein muß.

---

* Schon vorhin habe ich angedeutet, daß diese Maximen, nicht Maximen der Ehre sein können, sondern die des Rechtes sein müssen, indem jene sehr wohl, aber nicht diese, mit Charakterlosigkeit bestehen können. Dazu kommt, daß Ehre etwas ganz Konventionelles ist, was erst gewissermaßen erlernt werden muß, und wozu es der Erfahrung bedarf. Auf diesem Wege läßt sich daher erst spät an die Bildung des Charakters denken, oder vielmehr, sie wird erst spät möglich. Dagegen liegt die Vorstellung von Recht tief in der Seele jedes, auch des zartesten Kindes, und man täte daher sehr wohl, statt dem Kinde zuzurufen: *Ei, so schäme dich doch!* es immer auf die Frage zurückzuführen: *Ist das auch recht?* A. d. H.

Wenn man bei Kindern einen Charakter bilden will, so kömmt es viel darauf an, daß man ihnen in allen Dingen einen gewissen Plan, gewisse Gesetze bemerkbar mache, die auf das genaueste befolgt werden müssen. So setzt man ihnen z. E. eine Zeit zum Schlafe, zur Arbeit, zur Ergötzung fest, und diese muß man dann auch nicht verlängern oder verkürzen. Bei gleichgültigen Dingen kann man Kindern die Wahl lassen, nur müssen sie das, was sie sich einmal zum Gesetze gemacht haben, nachher immer befolgen. — Man muß bei Kindern aber nicht den Charakter eines Bürgers, sondern den Charakter eines Kindes bilden.

Menschen, die sich nicht gewisse Regeln vorgesetzt haben, sind unzuverlässig, man weiß sich oft nicht in sie zu finden, und man kann nie recht wissen, wie man mit ihnen dran ist. Zwar tadelt man Leute häufig, die immer nach Regeln handeln, z. E. den Mann, der, nach der Uhr, jeder Handlung eine gewisse Zeit festgesetzt hat, aber oft ist dieser Tadel unbillig, und diese Abgemessenheit, ob sie gleich nach Peinlichkeit aussieht, eine Disposition zum Charakter.

Zum Charakter eines Kindes, besonders eines Schülers, gehört vor allen Dingen Gehorsam.[46] Dieser ist zwiefach, erstens: ein Gehorsam gegen den *absoluten*, dann zweitens aber auch gegen den *für vernünftig und gut erkannten Willen* eines Führers. Der Gehorsam kann abgeleitet werden: aus dem Zwange, und dann ist er *absolut*, oder aus dem Zutrauen, und dann ist er von der andern Art. Dieser *freiwillige* Gehorsam ist sehr wichtig; jener aber auch äußerst notwendig, indem er das Kind zur Erfüllung solcher Gesetze vorbereitet, die es künftighin, als Bürger, erfüllen muß, wenn sie ihm auch gleich nicht gefallen.

Kinder müssen daher unter einem gewissen Gesetze der Notwendigkeit stehen. Dieses Gesetz aber muß ein allgemeines sein, worauf man besonders in Schulen zu sehen hat. Der Lehrer muß unter mehreren Kindern keine Prädilektion, keine Liebe des Vorzuges gegen ein Kind besonders zeigen. Denn das Gesetz hört sonst auf, allgemein zu sein. Sobald das Kind sieht, daß sich nicht alle übrige auch demselben Gesetze unterwerfen müssen, so wird es aufsätzig.

Man redet immer soviel davon, alles müsse den Kindern in der Art vorgestellt werden, daß sie es aus Neigung täten. In manchen Fällen ist das freilich gut, aber vieles muß man ihnen auch als Pflicht vorschreiben. Dieses hat nachher großen Nutzen für das ganze Leben. Denn bei öffentlichen Abgaben, bei Arbeiten des Amtes, und in vielen andern Fällen, kann uns nur die Pflicht, nicht die Neigung leiten. Gesetzt das Kind sähe die Pflicht auch nicht ein, so ist es doch so besser, und, daß etwas seine Pflicht als Kind sei, sieht es doch wohl ein, schwerer aber, daß etwas seine Pflicht als Mensch sei. Könnte es dieses auch einsehen, welches aber erst bei zunehmenden Jahren möglich ist: so wäre der Gehorsam noch vollkommner.

Alle Übertretung eines Gebotes bei einem Kinde ist eine Ermangelung des Gehorsams, und diese zieht Strafe nach sich. Auch bei einer unachtsamen Übertretung des Gebotes ist Strafe nicht unnötig. Diese Strafe ist entweder physisch oder moralisch.

Moralisch straft man, wenn man der Neigung, geehrt und geliebt zu werden, die Hülfsmittel der Moralität sind, Abbruch tut, z. E. wenn man das Kind beschämt, ihm frostig und kalt begegnet. Diese Neigungen müssen so viel als möglich erhalten werden. Daher ist diese Art zu strafen die beste, weil sie der Moralität zu Hilfe kommt, z. E. wenn ein Kind lügt, so ist ein Blick der Verachtung Strafe genug, und die zweckmäßigste Strafe.

Physische Strafen bestehen entweder in Verweigerungen des Begehrten, oder in Zufügung der Strafen. Die erstere Art derselben ist mit der moralischen verwandt, und ist negativ. Die andern Strafen müssen mit Behutsamkeit ausgeübt werden, damit nicht eine *indoles servilis*[47] entspringe. Daß man Kindern Belohnungen erteilt, taugt nicht, sie werden dadurch eigennützig, und es entspringt daraus eine *indoles mercenaria*[47a].

Der Gehorsam ist ferner: entweder Gehorsam des Kindes, oder des angehenden Jünglinges. Bei der Übertretung desselben erfolgt Strafe. Diese ist entweder eine wirklich natürliche Strafe, die sich der Mensch selbst durch sein Betragen zuzieht, z. E. daß das Kind, wenn es zuviel isset, krank wird, und diese Strafen sind die besten, denn der Mensch erfährt sie sein ganzes Leben hindurch, und nicht bloß als Kind; oder aber die Strafe ist künstlich. Die Neigung, geachtet und geliebt zu werden, ist ein sicheres Mittel, die Züchtigungen in der Art einzurichten, daß sie dauerhaft sind. Physische Strafen müssen bloß Ergänzungen der Unzulänglichkeit der moralischen sein. Wenn moralische Strafen gar nicht mehr helfen, und man schreitet dann zu physischen fort, so wird durch diese doch kein guter Charakter mehr gebildet werden. Anfänglich aber muß der physische Zwang den Mangel der Überlegung der Kinder ersetzen.

Strafen, die mit dem Merkmale des Zornes verrichtet werden, wirken falsch. Kinder sehen sie dann nur als Folgen, sich selbst aber als Gegenstände des Affektes eines andern an. Überhaupt müssen Strafen den Kindern immer mit der Behutsamkeit zugefügt werden, daß sie sehen, daß bloß ihre Besserung der Endzweck derselben sei. Die Kinder, wenn sie gestraft sind, sich bedanken, sie die Hände küssen lassen und dergl. ist töricht, und macht die Kinder sklavisch. Wenn physische Strafen oft wiederholt werden, bilden sie einen Starrkopf, und strafen Eltern ihre Kinder des Eigensinnes wegen, so machen sie sie nur noch immer eigensinniger. — Das sind auch nicht immer die schlechtesten Menschen, die störrisch sind, sondern sie geben gütigen Vorstellungen öfters leicht nach.

Der Gehorsam des angehenden Jünglinges ist unterschieden von dem Gehorsam des Kindes. Er besteht in der Unterwerfung unter die Regeln der Pflicht. Aus Pflicht etwas tun, heißt: der Vernunft gehorchen. Kindern etwas von Pflicht zu sagen, ist vergebliche Arbeit. Zuletzt sehen sie dieselbe als etwas an, auf dessen Übertretung die Rute folgt*. Das Kind könnte durch bloße Instinkte geleitet werden, sobald es aber erwächst, muß der Begriff der Pflicht dazutreten. Auch die Scham muß nicht gebraucht werden bei Kindern, sondern erst in den Jünglingsjahren. Sie kann nämlich nur dann erst stattfinden, wenn der Ehrbegriff bereits Wurzel gefaßt hat.

Ein zweiter Hauptzug in der Gründung des Charakters der Kinder ist Wahrhaftigkeit. Sie ist der Grundzug und das Wesentliche eines Charakters. Ein Mensch, der lügt, hat gar keinen Charakter, und hat er etwas Gutes an sich, so rührt dies bloß von seinem Temperamente her. Manche Kinder haben einen Hang zum Lügen, der gar oft von einer lebhaften Einbildungskraft muß hergeleitet werden. Des Vaters Sache ist es, darauf zu sehen, daß sich die Kinder dessen entwöhnen; denn die Mütter achten es gemeiniglich für eine Sache von keiner, oder doch nur geringer Bedeutung; ja sie finden darin oft einen, ihnen selbst schmeichelhaften Beweis, der vorzüglichen Anlagen und Fähigkeiten ihrer Kinder. Hier nun ist der Ort, von der Scham Gebrauch zu machen, denn hier begreift es das Kind wohl. Die Schamröte verrät uns, wenn wir lügen, aber ist nicht immer ein Beweis davon. Oft errötet man über die Unverschämtheit eines andern, uns einer Schuld zu zeihen. Unter keiner Bedingung muß man durch Strafen die Wahrheit von Kindern zu erzwingen suchen, ihre Lüge müßte denn gleich Nachteil nach sich ziehen, und dann werden sie des Nachteils wegen gestraft. Entziehung der Achtung ist die einzig zweckmäßige Strafe der Lüge.[49]

Auch lassen sich die Strafen in *negative* und *positive* Strafen abteilen, deren erstere bei Faulheit oder Unsittlichkeit eintreten würden, z. E. bei der Lüge, bei Unwillfährigkeit und Unver-

---

* Frage ich das Kind, ob dies oder jenes, was es selbst eben tat, recht war, oder nicht: so wird es mir, und zwar meistens richtig, antworten. War es etwas Unrechtes, und frage ich nun weiter: *Hättest du es also wohl tun sollen?* so wird es unfehlbar mit *Nein!* antworten. Bauet man auf dieses Bewußtsein weiter fort: so bildet das Kind sich allmählich gewissermaßen selbst den Pflichtbegriff, ohne ihm von demselben viel vorschwatzen zu dürfen. Wer aber in solchem Falle noch der Rute nötig hat, ist entweder ein schlechter Erzieher, oder er hat es mit einem schon verdorbenen Kinde, das er vielleicht selbst, und gerade durch seine Schläge verdarb, zu tun. Wenn man aber das Kind in der Art erzieht: so muß man es hauptsächlich nur auf seine eignen Handlungen, und deren Rechtmäßigkeit zurückführen, und sich höchstens bei sehr auffallenden, dem Kinde selbst bemerkbar gewordenen Handlungen seiner Gespielen oder Anderer, eine Ausnahme erlauben, weil ein entgegengesetztes Verfahren leicht zur Tadelsucht und Medisance[48] führen könnte. A. d. H.

tragsamkeit. Die positiven Strafen aber gelten für boshaften Unwillen. Vor allen Dingen aber muß man sich hüten, ja den Kindern nichts nachzutragen.

Ein dritter Zug im Charakter eines Kindes muß Geselligkeit sein. Es muß auch mit andern Freundschaft halten, und nicht immer für sich alleine sein. Manche Lehrer sind zwar in Schulen dawider; das aber ist sehr unrecht. Kinder sollen sich vorbereiten zu dem süßesten Genusse des Lebens. Lehrer müssen aber keines derselben seiner Talente, sondern nur seines Charakters wegen vorziehen, denn sonst entsteht eine Mißgunst, die der Freundschaft zuwider ist.

Kinder müssen auch offenherzig sein, und so heiter in ihren Blicken, wie die Sonne. Das fröhliche Herz allein ist fähig, Wohlgefallen am Guten zu empfinden. Eine Religion, die den Menschen finster macht, ist falsch, denn er muß Gott mit frohem Herzen, und nicht aus Zwang dienen. Das fröhliche Herz muß nicht immer strenge im Schulzwange gehalten werden, denn in diesem Falle wird es bald niedergeschlagen. Wenn es Freiheit hat, so erholt es sich wieder. Dazu dienen gewisse Spiele, bei denen es Freiheit hat, und wo das Kind sich bemüht, immer dem andern etwas zuvor zu tun. Alsdann wird die Seele wieder heiter.

Viele Leute denken, ihre Jugendjahre seien die besten, und die angenehmsten ihres Lebens gewesen. Aber dem ist wohl nicht so. Es sind die beschwerlichsten Jahre, weil man da sehr unter der Zucht ist, selten einen eigentlichen Freund, und noch seltener Freiheit haben kann. Schon Horaz sagt: *Multa tulit, fecitque puer, sudavit et alsit.*[50] —

*

Kinder müssen nur in solchen Dingen unterrichtet werden, die sich für ihr Alter schicken. Manche Eltern freuen sich, wenn ihre Kinder frühzeitig altklug reden können. Aus solchen Kindern wird aber gemeiniglich nichts. Ein Kind muß nur klug sein, wie ein Kind. Es muß kein blinder Nachäffer werden. Ein Kind aber, das mit altklugen Sittensprüchen versehen ist, ist ganz außer der Bestimmung seiner Jahre, und es äffet nach.[51] Es soll nur den Verstand eines Kindes haben, und sich nicht zu frühe sehen lassen. Ein solches Kind wird nie ein Mann von Einsichten, und von aufgeheitertem Verstande werden. Eben so unausstehlich ist es, wenn ein Kind schon alle Moden mitmachen will, z. E. wenn es frisiert sein, Handkrausen, auch wohl gar eine Tabaksdose bei sich tragen will. Es bekommt dadurch ein affektiertes Wesen, das einem Kinde nicht ansteht. Eine gesittete Gesellschaft ist ihm eine Last, und das Wackere eines Mannes fehlt ihm am Ende gänzlich. Eben daher muß man denn aber auch der Eitelkeit frühzeitig in ihm entgegenarbeiten, oder richtiger gesagt, ihm nicht Veranlassung geben, eitel zu werden. Das geschieht aber, wenn man Kindern schon frühe davon vorschwatzt, wie schön sie sind, wie allerliebst ihnen dieser oder jener Putz stehe, oder wenn man ihnen diesen als Belohnung verspricht und erteilt. Putz taugt für Kinder nicht. Ihre reinliche und schlechte Bekleidung müssen sie nur als Notdurft erhalten. Aber auch die Eltern müssen für sich keinen Wert darauf setzen, sich nicht spiegeln, denn hier, wie überall, ist das Beispiel allmächtig, und befestigt oder vernichtet die gute Lehre.

Von der praktischen Erziehung[52].

Zu der praktischen Erziehung gehört 1. Geschicklichkeit, 2. Weltklugheit, 3. Sittlichkeit. Was die Geschicklichkeit anbetrifft, so muß man darauf sehen, daß sie gründlich, und nicht flüchtig sei. Man muß nicht den Schein annehmen, als hätte man Kenntnisse von Dingen, die man doch nachher nicht zustande bringen kann. Die Gründlichkeit muß in der Geschicklichkeit stattfinden, und allmählich zur Gewohnheit in der Denkungsart werden. Sie ist das Wesentliche zu dem Charakter eines Mannes. Geschicklichkeit gehört für das Talent.

Was die Weltklugheit betrifft, so besteht sie in der Kunst, unsere Geschicklichkeit an den Mann zu bringen, d. h. wie man die Menschen zu seiner Absicht gebrauchen kann. Dazu ist mancherlei nötig. Eigentlich ist es das letzte am Menschen; dem Werte nach aber nimmt es die zweite Stelle ein.

Wenn das Kind der Weltklugheit überlassen werden soll: so muß es sich verhehlen und undurchdringlich machen, den andern aber durchforschen können. Vorzüglich muß es sich in Ansehung seines Charakters verhehlen. Die Kunst des äußern Scheines ist der Anstand. Und diese Kunst muß man besitzen. Andere zu durchforschen ist schwer, aber man muß diese Kunst notwendig verstehen, sich selbst dagegen undurchdringlich machen. Dazu gehört das Dissimulieren, d. h. die Zurückhaltung seiner Fehler, und jener äußere Schein. Das Dissimulieren ist nicht allemal Verstellung, und kann bisweilen erlaubt sein, aber es grenzt doch nahe an Unlauterkeit. Die Verhehlung ist ein trostloses Mittel. Zur Weltklugheit gehört, daß man nicht gleich auffahre; man muß aber auch nicht gar zu lässig sein. Man muß also nicht heftig, aber doch wacker sein. Wacker ist noch unterschieden von heftig. Ein Wackerer *(strenuus)* ist der, der Lust zum Wollen hat. Dies gehört zur Mäßigung des Affektes. Die Weltklugheit ist für das Temperament.

Sittlichkeit ist für den Charakter. *Sustine et abstine*[53] ist die Vorbereitung zu einer weisen Mäßigkeit. Wenn man einen guten Charakter bilden will: so muß man erst die Leidenschaften wegräumen. Der Mensch muß sich in betreff seiner Neigungen so gewöhnen, daß sie nicht zu Leidenschaften werden, sondern er muß lernen, etwas zu entbehren, wenn es ihm abgeschlagen wird. *Sustine* heißt, erdulde, und gewöhne dich zu ertragen!

Es wird Mut und Neigung erfordert, wenn man etwas entbehren lernen will. Man muß abschlägige Antworten, Widerstand u. s. w. gewohnt werden.

Zum Temperamente gehört Sympathie. Eine sehnsuchtsvolle, schmachtende Teilnehmung muß bei Kindern verhütet werden. Teilnehmung ist wirklich Empfindsamkeit; sie stimmt nur mit einem solchen Charakter überein, der empfindsam ist. Sie ist noch vom Mitleiden unterschieden, und ein Übel, das darin besteht, eine Sache bloß zu bejammern.[54] Man sollte den Kindern ein Taschengeld geben, von dem sie Notleidenden Gutes tun könnten, da würde man sehen, ob sie mitleidig sind, oder nicht; wenn sie aber immer nur von dem Gelde ihrer Eltern freigebig sind, so fällt dies weg.

Der Ausspruch: *festina lente*[55] deutet eine immerwährende Tätigkeit an, bei der man sehr eilen muß, damit man viel lerne, d. h. *festina.* Man muß aber auch mit Grund lernen, und also Zeit bei jedem gebrauchen, d. h. *lente.* Es ist nun die Frage, welches vorzuziehen sei, ob man einen großen Umfang von Kenntnissen haben soll, oder nur einen kleineren, der aber gründlich ist? Es ist besser wenig, aber dieses Wenige gründlich zu wissen, als viel und obenhin, denn endlich wird man doch das Seichte in diesem letztern Falle gewahr. Aber das Kind weiß ja nicht, in welche Umstände es kommen kann, um diese oder jene Kenntnisse zu brauchen, und daher ist es wohl am besten, daß es von allem etwas Gründliches wisse, denn sonst betrügt und verblendet es andere mit seinen obenhin gelernten Kenntnissen.

Das letzte ist die Gründung des Charakters. Dieser besteht in dem festen Vorsatze, etwas tun zu wollen, und dann auch in der wirklichen Ausübung desselben. *Vir propositi tenax,* sagt Horaz, und das ist ein guter Charakter![56] z. E. wenn ich jemandem etwas versprochen habe, so muß ich es auch halten, gesetzt gleich, daß es mir Schaden brächte. Denn ein Mann, der sich etwas vorsetzt, es aber nicht tut, kann sich selbst nicht mehr trauen, z. E. wenn jemand es sich vornimmt, immer frühe aufzustehen, um zu studieren, oder dies oder jenes zu tun, oder um einen Spaziergang zu machen, und sich im Frühlinge nun damit entschuldiget, daß es noch des Morgens zu kalt sei, und es ihm schaden könne; im Sommer aber, daß es sich so gut schlafen lasse, und der Schlaf ihm angenehm sei, und so seinen Vorsatz immer von einem Tage zum andern verschiebt: so traut er sich am Ende selbst nicht mehr.

Das, was wider die Moral ist, wird von solchen Vorsätzen ausgenommen. Bei einem bösen Menschen ist der Charakter sehr schlimm, aber hier heißt er auch schon Hartnäckigkeit, obgleich es doch gefällt, wenn er seine Vorsätze ausführt, und standhaft ist, wenn es gleich besser wäre, daß er sich so im Guten zeigte.

Von jemand, der die Ausübung seiner Vorsätze immer verschiebt, ist nicht viel zu halten. Die sogenannte künftige Bekehrung ist von der Art. Denn der Mensch, der immer lasterhaft gelebt hat, und in einem Augenblicke bekehrt werden will, kann unmöglich dahin gelangen, indem doch nicht sogleich ein Wunder geschehen kann, daß er auf einmal das werde, was jener ist, der sein ganzes Leben gut angewandt, und immer rechtschaffen gedacht hat. Eben daher ist denn auch nichts von Wallfahrten, Kasteiungen und Fasten zu erwarten; denn es läßt sich nicht absehen, was Wallfahrten und andere Gebräuche dazu beitragen können, um aus einem lasterhaften, auf der Stelle einen edeln Menschen zu machen.

Was soll es zur Rechtschaffenheit und Besserung, wenn man am Tage fastet, und in der Nacht noch einmal soviel dafür genießet, oder seinem Körper eine Büßung auflegt, die zur Veränderung der Seele nichts beitragen kann.

Um in den Kindern einen moralischen Charakter zu begründen, müssen wir folgendes merken:

Man muß ihnen die Pflichten, die sie zu erfüllen haben, soviel als möglich, durch Beispiele und Anordnungen beibringen. Die Pflichten, die das Kind zu tun hat, sind doch nur gewöhnliche Pflichten, gegen sich selbst, und gegen andere. Diese Pflichten müssen also aus der Natur der Sache gezogen werden. Wir haben hier daher näher zu betrachten[57]:

a) die Pflichten gegen sich selbst. Diese bestehen nicht darin, daß man sich eine herrliche Kleidung anschaffe, prächtige Mahlzeiten halte, u. s. w., obgleich alles reinlich sein muß. Nicht darin, daß man seine Begierden und Neigungen zu befriedigen suche, denn man muß im Gegenteile sehr mäßig und enthaltsam sein, sondern, daß der Mensch in seinem Innern eine gewisse Würde habe, die ihn vor allen Geschöpfen adelt, und seine Pflicht ist es, diese Würde der Menschheit in seiner eignen Person nicht zu verleugnen.

Die Würde der Menschheit aber verleugnen wir, wenn wir z. E. uns dem Trunke ergeben, unnatürliche Sünden begehen, alle Arten von Unmäßigkeit ausüben, u. s. w., welches alles den Menschen weit unter die Tiere erniedriget. Ferner, wenn ein Mensch sich kriechend gegen andere beträgt, immer Komplimente macht, um sich durch ein so unwürdiges Benehmen, wie er wähnt, einzuschmeicheln, so ist auch dieses wider die Würde der Menschheit.

Die Würde des Menschen würde sich auch dem Kinde schon an ihm selbst bemerkbar machen lassen, z. E. im Falle der Unreinlichkeit, die wenigstens doch der Menschheit unanständig ist. Das Kind kann sich aber wirklich auch unter die Würde der Menschheit durch die Lüge erniedrigen, indem es doch schon zu denken, und seine Gedanken andern mitzuteilen vermag. Das Lügen macht den Menschen zum Gegenstand der allgemeinen Verachtung, und ist ein Mittel, ihm bei sich selbst die Achtung und Glaubwürdigkeit zu rauben, die jeder für sich haben sollte.

b) Die Pflichten gegen andere. Die Ehrfurcht und Achtung für das Recht der Menschen muß dem Kinde schon sehr frühe beigebracht werden, und man muß sehr darauf sehen, daß es dieselben in Ausübung bringe; z. E. wenn ein Kind einem andern ärmeren Kinde begegnet, und es dieses stolz aus dem Wege, oder von sich stößet, ihm einen Schlag gibt u. s. w., so muß man nicht sagen: tue das nicht, es tut dem andern wehe; sei doch mitleidig! es ist ja ein armes Kind u. s. w., sondern man muß ihm selbst wieder eben so stolz und fühlbar begegnen, weil sein Benehmen dem Rechte der Menschheit zuwider war. Großmut aber haben die Kinder eigentlich noch gar nicht. Das kann man z. E. daraus ersehen, daß, wenn Eltern ihrem Kinde befehlen, es solle von seinem Butterbrote einem andern die Hälfte abgeben, ohne daß es aber deshalb nachher um so mehr wieder von ihnen erhält, so tut es dieses entweder gar nicht, oder doch sehr selten und ungerne. Auch kann man ja dem Kinde ohnedem nicht viel von Großmut vorsagen, weil es noch nichts in seiner Gewalt hat.

Viele haben den Abschnitt der Moral, der die Lehre von den Pflichten gegen sich selbst enthält, ganz übersehen, oder falsch erklärt, wie Crugott[58]. Die Pflicht gegen sich selbst aber besteht, wie gesagt, darin, daß der Mensch die Würde der Menschheit in seiner eigenen Person bewahre. Er tadelt sich, wenn er die Idee der Menschheit vor Augen hat. Er hat ein Original in seiner Idee, mit dem er sich vergleicht. Wenn die Zahl der Jahre anwächset, wenn die Neigung zum Geschlechte sich zu regen beginnt, dann ist der kritische Zeitpunkt, in dem die Würde des Menschen allein imstande ist, den Jüngling in Schranken zu halten. Frühe muß man aber dem Jünglinge Winke geben, wie er sich vor diesem oder jenem zu bewahren habe*.

Unsern Schulen fehlet fast durchgängig etwas, was doch sehr die Bildung der Kinder zur Rechtschaffenheit befördern würde, nämlich ein Katechismus des Rechts. Er müßte Fälle enthalten, die populär wären, sich im gemeinen Leben zutragen, und bei denen immer die Frage ungesucht einträte, ob etwas recht sei oder nicht? z. E. wenn jemand, der heute seinem Kreditor bezahlen soll, durch den Anblick eines Notleidenden gerührt wird, und ihm die Summe, die er schuldig ist, und nun bezahlen sollte, hingibt: ist das recht oder nicht? Nein! es ist unrecht, denn ich muß frei sein, wenn ich Wohltaten tun will. Und wenn ich das Geld dem Armen gebe, so tue ich ein verdienstliches Werk; bezahle ich aber meine Schuld, so tue ich ein schuldiges Werk. Ferner, ob wohl eine Notlüge erlaubt sei? Nein! es ist kein einziger Fall gedenkbar, in dem sie Entschuldigung verdiente, am wenigsten vor Kindern, die sonst jede Kleinigkeit für eine Not ansehen, und sich öfters Lügen erlauben würden. Gäbe es nun ein solches

* Das früheste Gefühl dieser Würde, ist die Scham, daher Pudor primus virtutis honos[59], Vergl. Horat. Sat. 1. 6. 82. A. d. H.

Buch schon, so könnte man mit vielem Nutzen, täglich eine Stunde dazu aussetzen, die Kinder das Recht der Menschen, diesen Augapfel Gottes auf Erden, kennen, und zu Herzen nehmen zu lehren*. —

Was die Verbindlichkeit zum Wohltun betrifft: so ist sie nur eine unvollkommene Verbindlichkeit.[60] Man muß nicht sowohl das Herz der Kinder weich machen, daß es von dem Schicksale des andern affiziert werde, als vielmehr wacker. Es sei nicht voll Gefühl, sondern voll von der Idee der Pflicht. Viele Personen wurden in der Tat hartherzig, weil sie, da sie vorher mitleidig gewesen waren, sich oft betrogen sahen. Einem Kinde das Verdienstliche der Handlungen begreiflich machen zu wollen, ist umsonst. Geistliche fehlen sehr oft darin, daß sie die Werke des Wohltuns als etwas Verdienstliches vorstellen**. Ohne daran zu denken, daß wir in Rücksicht auf Gott nie mehr, als unsere Schuldigkeit tun können, so ist es auch nur unsere Pflicht, dem Armen Gutes zu tun. Denn die Ungleichheit des Wohlstandes der Menschen kommt doch nur von gelegentlichen Umständen her. Besitze ich also ein Vermögen, so habe ich es auch nur dem Ergreifen dieser Umstände, das entweder mir selbst oder meinem Vorgänger geglückt ist, zu danken, und die Rücksicht auf das Ganze bleibt doch immer dieselbe.

Der Neid wird erregt, wenn man ein Kind aufmerksam darauf macht, sich nach dem Werte anderer zu schätzen.[61] Es soll sich vielmehr nach den Begriffen seiner Vernunft schätzen. Daher ist die Demut eigentlich nichts anders, als eine Vergleichung seines Wertes mit der moralischen Vollkommenheit. So lehrt z. E. die christliche Religion nicht sowohl die Demut, als sie vielmehr den Menschen demütig macht, weil er sich ihr zufolge, mit dem höchsten Muster der Vollkommenheit vergleichen muß. Sehr verkehrt ist es, die Demut darein zu setzen, daß man sich geringer schätze, als andere — Sieh, wie das und das Kind sich aufführt! u. dergl. Ein Zuruf der Art bringt eine nur sehr unedle Denkungsart hervor. Wenn der Mensch seinen Wert nach andern schätzt, so sucht er entweder sich über den andern zu erheben, oder den Wert des andern zu verringern. Dieses letztere aber ist Neid. Man sucht dann immer nur dem andern eine Vergehung anzudichten; denn wäre der nicht da, so könnte man auch nicht mit ihm verglichen werden, so wäre man der beste. Durch den übel angebrachten Geist der Ämulation[62] wird nur Neid erregt. Der Fall, in dem die Ämulation noch zu etwas dienen könnte, wäre der,

* Es fehlt uns nun nicht mehr an Katechismen der Rechte und Pflichten, und unter diesen sind manche sehr brauchbar. Auch wird in manchen Schulen wirklich schon auf diesen notwendigen Teil des Unterrichtes Rücksicht genommen. Aber es ist noch vieles zu tun übrig, um Kant's schöne Idee ganz zu realisieren. A. d. H.

** Und noch ärger machen sie diesen Fehler, wenn sie dieses, wie alles übrige sogenannte Verdienstliche, als einen Grund zu Ansprüchen auf Belohnung darstellen. A. d. H.

jemand von der Tunlichkeit einer Sache zu überzeugen, z. E. wenn ich von dem Kinde eine gewisses Pensum gelernt fordre, und ihm zeige, daß andere es leisten können.

Man muß auf keine Weise ein Kind das andre beschämen lassen. Allen Stolz, der sich auf Vorzüge des Glückes gründet, muß man zu vermeiden suchen. Zu gleicher Zeit muß man aber suchen, Freimütigkeit bei den Kindern zu begründen. Sie ist ein bescheidenes Zutrauen zu sich selbst. Durch sie wird der Mensch in den Stand gesetzt, alle seine Talente geziemend zu zeigen. Sie ist wohl zu unterscheiden von der Dummdreistigkeit, die in der Gleichgültigkeit gegen das Urteil anderer besteht.

Alle Begierden des Menschen sind entweder formal, (Freiheit und Vermögen) oder material (auf ein Objekt bezogen), Begierden des Wahnes oder des Genusses, oder endlich sie beziehen sich auf die bloße Fortdauer von beiden, als Elemente der Glückseligkeit.

Begierden der ersten Art sind: Ehrsucht, Herrschsucht und Habsucht.[63] Die der zweiten: Genuß des Geschlechtes (Wollust), der Sache (Wohlleben), oder der Gesellschaft (Geschmack an Unterhaltung). Begierden der dritten Art endlich sind: Liebe zum Leben, zur Gesundheit, zur Gemächlichkeit (in der Zukunft: Sorgenfreiheit).

Laster aber sind entweder: die der Bosheit, oder der Niederträchtigkeit, oder der Eingeschränktheit. Zu den erstern gehören: Neid, Undankbarkeit und Schadenfreude; zu denen der zweiten Art: Ungerechtigkeit, Untreue (Falschheit), Lüderlichkeit, sowohl im Verschwenden der Güter, als der Gesundheit (Unmäßigkeit), und der Ehre. Laster der dritten Art sind: Lieblosigkeit, Kargheit, Trägheit (Weichlichkeit).

Die Tugenden sind entweder Tugenden des Verdienstes, oder bloß der Schuldigkeit, oder der Unschuld. Zu den erstern gehört: Großmut (in Selbstüberwindung, sowohl der Rache, als der Gemächlichkeit und der Habsucht), Wohltätigkeit, Selbstbeherrschung; zu den zweiten: Redlichkeit, Anständigkeit und Friedfertigkeit; zu den dritten endlich: Ehrlichkeit, Sittsamkeit und Genügsamkeit.

Ob aber der Mensch nun von Natur moralisch gut oder böse ist?[64] Keines von beiden, denn er ist von Natur gar kein moralisches Wesen; er wird dieses nur, wenn seine Vernunft sich bis zu den Begriffen der Pflicht und des Gesetzes erhebt. Man kann indessen sagen, daß er ursprünglich Anreize zu allen Lastern in sich habe, denn er hat Neigungen und Instinkte, die ihn anregen, ob ihn gleich die Vernunft zum Gegenteile treibt. Er kann daher nur moralisch gut werden durch Tugend, also aus Selbstzwang, ob er gleich ohne Anreize unschuldig sein kann.

Laster entspringen meistens daraus, daß der gesittete Zustand der Natur Gewalt tut, und unsre Bestimmung als Menschen ist doch, aus dem rohen Naturstande als Tier, herauszutreten. Vollkommne Kunst wird wieder zur Natur.

Es beruht alles bei der Erziehung darauf, daß man überall die richtigen Gründe aufstelle, und den Kindern begreiflich und annehmlich mache.[65] Sie müssen lernen, die Verabscheuung des Ekels und der Ungereimtheit an die Stelle der des Hasses zu setzen; innern Abscheu, statt des äußern vor Menschen und der göttlichen Strafen, Selbstschätzung und innere Würde, statt der Meinung der Menschen, — innern Wert der Handlung und des Tun, statt der Worte und Gemütsbewegung, — Verstand statt des Gefühles, — und Fröhlichkeit und Frömmigkeit bei guter Laune, statt der grämischen, schüchternen, und finstern Andacht eintreten zu lassen.

Vor allen Dingen aber muß man sie auch dafür bewahren, daß sie die *merita fortunae*[66] nie zu hoch anschlagen.

Was die Erziehung der Kinder in Absicht der Religion anbetrifft, so ist zuerst die Frage: ob es tunlich sei, frühe den Kindern Religionsbegriffe beizubringen? Hierüber ist sehr viel in der Pädagogik gestritten worden. Religionsbegriffe setzen allemal einige Theologie voraus. Sollte nun der Jugend, die die Welt, die sich selbst noch nicht kennt, wohl eine Theologie können beigebracht werden? Sollte die Jugend, die die Pflicht noch nicht kennt, eine unmittelbare Pflicht gegen Gott zu begreifen imstande sein? So viel ist gewiß, daß, wenn es tunlich wäre, daß Kinder keine Handlungen der Verehrung des höchsten Wesens mit ansehen, selbst nicht einmal den Namen Gottes hörten, es der Ordnung der Dinge angemessen wäre, sie erst auf die Zwecke, und auf das, was dem Menschen ziemt, zu führen, ihre Beurteilungskraft zu schärfen, sie von der Ordnung und Schönheit der Naturwerke zu unterrichten, dann noch eine erweiterte Kenntnis des Weltgebäudes hinzuzufügen, und hierauf erst den Begriff eines höchsten Wesens, eines Gesetzgebers, ihnen zu eröffnen. Weil dies aber nach unserer jetzigen Lage nicht möglich ist, so würde, wenn man ihnen erst spät von Gott etwas beibringen wollte, sie ihn aber doch nennen hörten, und sogenannte Diensterweisungen gegen ihn mit ansähen, dieses entweder Gleichgültigkeit, oder verkehrte Begriffe bei ihnen hervorbringen, z. E. eine Furcht vor der Macht desselben. Da es nun aber zu besorgen ist, daß sich diese in die Phantasie der Kinder einnisten möchte: so muß man, um sie zu vermeiden, ihnen frühe Religionsbegriffe beizubringen suchen. Doch muß dies nicht Gedächtniswerk, bloße Nachahmung und alleiniges Affenwerk sein, sondern der Weg, den man wählt, muß immer der Natur angemessen sein. Kinder werden, auch ohne abstrakte Begriffe von Pflicht, von Verbindlichkeiten, von Wohl- oder Übelverhalten zu haben, einsehen, daß ein Gesetz der Pflicht vorhanden sei, daß nicht die Behaglichkeit, der Nutzen und dergl. sie bestimmen solle, sondern etwas

Allgemeines, das sich nicht nach den Launen der Menschen richtet. Der Lehrer selbst aber muß sich diesen Begriff machen.

Zuvörderst muß man alles der Natur, nachher diese selbst aber, Gott zuschreiben, wie z. E. erstlich alles auf Erhaltung der Arten und deren Gleichgewicht angelegt worden, aber von weitem zugleich auch auf den Menschen, damit er sich selbst glücklich mache.

Der Begriff von Gott dürfte am besten zuerst analogisch mit dem des Vaters, unter dessen Pflege wir sind, deutlich gemacht werden, wobei sich dann sehr vorteilhaft auf die Einigkeit der Menschen, als in einer Familie, hinweisen läßt.

Was ist denn aber Religion? Religion ist das Gesetz in uns, insoferne es durch einen Gesetzgeber und Richter über uns Nachdruck erhält; sie ist eine auf die Erkenntnis Gottes angewandte Moral. Verbindet man Religion nicht mit Moralität, so wird Religion bloß zur Gunstbewerbung. Lobpreisungen, Gebete, Kirchengehen sollen nur dem Menschen neue Stärke, neuen Mut zur Besserung geben, oder der Ausdruck eines von der Pflichtvorstellung beseelten Herzens sein. Sie sind nur Vorbereitungen zu guten Werken, nicht aber selbst gute Werke, und man kann dem höchsten Wesen nicht anders gefällig werden, als dadurch, daß man ein besserer Mensch werde.[67]

Zuerst muß man bei dem Kinde von dem Gesetze, das es in sich hat, anfangen. Der Mensch ist sich selbst verachtenswürdig, wenn er lasterhaft ist. Dieses ist in ihm selbst gegründet, und er ist es nicht deswegen erst, weil Gott das Böse verboten hat. Denn es ist nicht nötig, daß der Gesetzgeber zugleich auch der Urheber des Gesetzes sei. So kann ein Fürst in seinem Lande das Stehlen verbieten, ohne deswegen der Urheber des Verbotes des Diebstahles genannt werden zu können. Hieraus lernt der Mensch einsehen, daß sein Wohlverhalten allein ihn der Glückseligkeit würdig mache. Das göttliche Gesetz muß zugleich als Naturgesetz erscheinen, denn es ist nicht willkürlich. Daher gehört Religion zu aller Moralität.

Man muß aber nicht von der Theologie anfangen. Die Religion, die bloß auf Theologie gebaut ist, kann niemals etwas Moralisches enthalten. Man wird bei ihr nur Furcht auf der einen, und lohnsüchtige Absichten und Gesinnungen auf der andern Seite haben, und dies gibt dann bloß einen abergläubischen Kultus ab. Moralität muß also vorhergehen, die Theologie ihr dann folgen, und das heißt Religion.

Das Gesetz in uns heißt Gewissen.[68] Das Gewissen ist eigentlich die Applikation unserer Handlungen auf dieses Gesetz. Die Vorwürfe desselben werden ohne Effekt sein, wenn man es sich nicht als den Repräsentanten Gottes denkt, der seinen erhabenen Stuhl über uns, aber auch in uns einen Richterstuhl aufgeschlagen hat. Wenn die Religion nicht zur moralischen Gewissenhaftigkeit hinzukommt: so ist sie ohne Wirkung. Religion, ohne moralische Gewissenhaftigkeit, ist ein abergläubischer Dienst. Man will Gott dienen, wenn man z. E. ihn lobt, seine Macht, seine Weisheit preiset, ohne darauf zu denken, wie man die göttlichen Gesetze erfülle, ja, ohne einmal seine Macht, Weisheit u. s. w. zu kennen, und denselben nachzuspüren. Diese Lobpreisungen sind ein Opiat für das Gewissen solcher Leute, und ein Polster, auf dem es ruhig schlafen soll.

Kinder können nicht alle Religionsbegriffe fassen, einige aber muß man ihnen demohngeachtet beibringen; nur müssen diese mehr negativ als positiv sein. — Formeln von Kindern herbeten zu lassen, das dient zu nichts, und bringt nur einen verkehrten Begriff von Frömmigkeit hervor. Die wahre Gottesverehrung besteht darin, daß man nach Gottes Willen handelt, und dies muß man den Kindern beibringen. Man muß bei Kindern, wie auch bei sich selbst, darauf sehen, daß der Name Gottes nicht so oft gemißbraucht werde. Wenn man ihn bei Glückwünschungen, ja selbst in frommer Absicht braucht: so ist dies eben auch ein Mißbrauch. Der Begriff von Gott sollte den Menschen, bei dem jedesmaligen Aussprechen seines Namens, mit Ehrfurcht durchdringen, und er sollte ihn daher selten, und nie leichtsinnig gebrauchen. Das Kind muß Ehrfurcht vor Gott empfinden lernen, als vor dem Herrn des Lebens und der ganzen Welt; ferner, als vor dem Vorsorger der Menschen, und drittens endlich, als vor dem Richter derselben. Man sagt, daß Newton immer, wenn er den Namen Gottes ausgesprochen, eine Weile innegehalten, und nachgedacht habe.

Durch eine vereinigte Deutlichmachung des Begriffes von Gott und der Pflicht lernt das Kind um so besser die göttliche Vorsorge für die Geschöpfe respektieren, und wird dadurch vor dem Hange zur Zerstörung und Grausamkeit bewahrt, der sich so vielfach in der Marter kleiner Tiere äußert. Zugleich sollte man die Jugend auch anweisen, das Gute in dem Bösen zu entdecken, z. E. Raubtiere, Insekten sind Muster der Reinlichkeit und des Fleißes. Böse Menschen ermuntern zum Gesetze. Vögel, die den Würmern nachstellen, sind Beschützer des Gartens u. s. w.

Man muß den Kindern also einige Begriffe von dem höchsten Wesen beibringen, damit sie, wenn sie andere beten sehen u. s. w. wissen mögen, gegen wen und warum dies geschieht. Diese Begriffe müssen aber nur wenige an der Zahl, und, wie gesagt, nur negativ sein. Man muß sie ihnen aber schon von früher Jugend an beizubringen anfangen, dabei aber ja dahin sehen, daß sie die Menschen, nicht nach ihrer Religionsobservanz schätzen, denn ohngeachtet der Verschiedenheit der Religionen, gibt es doch überall Einheit der Religion.

Wir wollen hier nun noch zum Schlusse einige Bemerkungen beibringen, die vorzüglich von der Jugend, bei ihrem Eintritte in die Jünglingsjahre, sollten beobachtet werden. Der Jüngling fängt um diese Zeit an, gewisse Unterschiede zu machen, die er vorher nicht machte. Nämlich erstens den Unterschied des Geschlechtes.

Die Natur hat hierüber eine gewisse Decke des Geheimnisses verbreitet, als wäre diese Sache etwas, das dem Menschen nicht ganz anständig, und bloß Bedürfnis der Tierheit in dem Menschen ist. Die Natur hat aber gesucht, diese Angelegenheit mit aller Art von Sittlichkeit zu verbinden, die nur möglich ist*. Selbst die wilden Nationen betragen sich dabei mit einer Art von Scham und Zurückhaltung. Kinder legen den Erwachsenen bisweilen hierüber vorwitzige Fragen vor, z. E. wo die Kinder herkämen? sie lassen sich aber leicht befriedigen, wenn man ihnen entweder unvernünftige Antworten, die nichts bedeuten, gibt, oder sie mit der Antwort, daß dieses Kinderfrage sei, abweiset.

Die Entwicklung dieser Neigungen bei dem Jünglinge ist mechanisch, und es verhält sich dabei, wie bei allen Instinkten, daß sie sich entwickeln, auch ohne einen Gegenstand zu kennen. Es ist also unmöglich, den Jüngling hier in der Unwissenheit, und in der Unschuld, die mit ihr verbunden ist, zu bewahren. Durch Schweigen macht man das Übel aber nur noch ärger. Dieses sieht man in der Erziehung unserer Vorfahren. Bei der Erziehung in neuern Zeiten nimmt man richtig an, daß man unverhohlen, deutlich und bestimmt mit dem Jünglinge davon reden müsse. Es ist dies freilich ein delikater Punkt, weil man ihn nicht gern als den Gegenstand eines öffentlichen Gespräches ansieht. Alles wird aber dadurch gut gemacht, daß man mit würdigem Ernste davon redet, und daß man in seine Neigungen entriert**.

Das 13. oder 14. Jahr ist gewöhnlich der Zeitpunkt, in dem sich bei dem Jünglinge die Neigung zu dem Geschlechte entwickelt, (es müßten denn Kinder verführt und durch böse Beispiele verdorben sein, wenn es früher geschähe). Ihre Urteilskraft ist dann auch schon ausgebildet, und die Natur hat sie um die Zeit bereits präpariert, daß man mit ihnen reden kann.

Nichts schwächet den Geist wie den Leib des Menschen mehr, als die Art der Wollust, die auf sich selbst gerichtet ist, und sie streitet ganz wider die Natur des Menschen. Aber auch diese muß man dem Jünglinge nicht verhehlen. Man muß sie ihm in ihrer ganzen Abscheulichkeit darstellen, ihm sagen, daß er sich dadurch für die Fortpflan-

---

* Schön ist, was Cicero schon in Beziehung hierauf bemerkt: Principio, corporis nostri magnam natura ipsa videtur habuisse rationem: quae formam nostram, reliquamque figuram, in qua esset species honesta, eam posuit in promtu: quae partes autem corporis, ad naturae necessitatem datae, adspectum essent deformem habiturae, atque turpem, eas contexit atque abdidit. Hanc naturae tam diligentem fabricam imitata est hominum verecundia,[69] u. s. w. Gerne schriebe ich diese ganze schöne Stelle hier ab, aber der Raum verbietet es mir, und sonach muß ich bitten, daß ein jeder sie de officiis Lib. I e. 35. selbst nachlese. A. d. H.

** Siehe hierüber besonders: Salzmann über die heimlichen Sünden der Jugend. A. d. H.

zung des Geschlechtes unnütz mache, daß die Leibeskräfte dadurch am allermeisten zu Grunde gerichtet werden, daß er sich dadurch ein frühes Alter zuziehe, und sein Geist sehr dabei leide* u. s. w.

Man kann den Anreizen dazu entgehen, durch anhaltende Beschäftigung, dadurch, daß man dem Bette und Schlafe nicht mehr Zeit widmet, als nötig ist. Die Gedanken daran muß man sich durch jene Beschäftigungen aus dem Sinne schlagen, denn, wenn der Gegenstand auch nur bloß in der Imagination bleibt, so nagt er doch an der Lebenskraft. Richtet man seine Neigung auf das andere Geschlecht, so findet man doch noch immer einigen Widerstand, richtet man sie aber auf sich selbst, so kann man sie zu jeder Zeit befriedigen. Der physische Effekt ist überaus schädlich, aber die Folgen, in Absicht der Moralität, sind noch weit übler. Man überschreitet hier die Grenzen der Natur, und die Neigung wütet ohne Aufhalt fort, weil keine wirkliche Befriedigung stattfindet. Lehrer bei erwachsenen Jünglingen haben die Frage aufgeworfen: ob es erlaubt sei, daß ein Jüngling sich mit dem andern Geschlechte einlasse? Wenn eines von beiden gewählt werden muß: so ist dies allerdings besser. Bei jenem handelt er wider die Natur, hier aber nicht. Die Natur hat ihn zum Manne berufen, sobald er mündig wird, und also auch seine Art fortzupflanzen; die Bedürfnisse aber, die der Mensch in einem kultivierten Staate notwendig hat, machen, daß er dann noch nicht immer seine Kinder erziehen kann. Er fehlt hier also wider die bürgerliche Ordnung. Am besten ist es also, ja, es ist Pflicht, daß der Jüngling warte, bis er imstande ist, sich ordentlich zu verheiraten. Er handelt dann nicht nur, wie ein guter Mensch, sondern auch wie ein guter Bürger**.

Der Jüngling lerne frühzeitig eine anständige Achtung vor dem andern Geschlechte hegen, sich dagegen durch lasterfreie Tätigkeit, desselben Achtung erwerben, und so dem hohen Preise einer glücklichen Ehe entgegenstreben.

Ein zweiter Unterschied, den der Jüngling um die Zeit, da er in die Gesellschaft eintritt, zu machen anfängt, besteht in der Kenntnis von dem Unterschiede der Stände und der Ungleichheit der Menschen. Als Kind muß man ihm diese gar nicht merken lassen. Man muß es ihm selbst nicht einmal zugeben, dem Gesinde zu befehlen. Sieht es, daß die Eltern dem Gesinde befehlen: so kann man ihm allenfalls sagen: wir geben ihnen Brot, und dafür gehorchen sie uns, du tust das

---

* Vergl. außer dem eben angeführten Buche, Tissot, Campe's Revision des gesamten Schul- und Erziehungswesens, u. s. w.[70] A. d. H.

** Aber auch die vage Befriedigung sinnlicher Neigungen bei dem andern Geschlechte, schadet der Gesundheit, erhitzt die Einbildungskraft, stört in einer zweckmäßigen Beschäftigung, und untergräbt die Moralität. Reiner Sinn der Liebe in der unentweihten Brust des Jünglings und Mädchens dagegen, schützt die Unschuld, erhebt die Seele, und ist Anreiz zum Bessern. A. d. H.

nicht, und also dürfen sie dir auch nicht gehorchen. Kinder wissen davon auch nichts, wenn Eltern ihnen nur nicht selbst diesen Wahn beibringen. Dem Jünglinge muß man zeigen, daß die Ungleichheit der Menschen eine Einrichtung sei, welche entstanden ist, da ein Mensch Vorteile vor dem andern zu erhalten gesucht hat. Das Bewußtsein der Gleichheit der Menschen, bei der bürgerlichen Ungleichheit, kann ihm nach und nach beigebracht werden.

Man muß bei dem Jünglinge darauf sehen, daß er sich absolut und nicht nach andern schätze. Diese Hochschätzung anderer in dem, was den Wert des Menschen gar nicht ausmacht, ist Eitelkeit. Ferner muß man ihn auch auf Gewissenhaftigkeit in allen Dingen hinweisen, und daß er auch darin nicht bloß scheine, sondern alles zu sein sich bestrebe. Man muß ihn darauf aufmerksam machen, daß er in keinem Stücke, wo er einen Vorsatz wohl überlegt hat, ihn zum leeren Vorsatze werden lasse. Lieber muß man keinen Vorsatz fassen, und die Sache im Zweifel lassen; — auf Genügsamkeit mit äußern Umständen, und Duldsamkeit in Arbeiten: *Sustine et abstine;* — auf Genügsamkeit in Vergnügungen. Wenn man nicht bloß Vergnügungen verlangt, sondern auch geduldig im Arbeiten sein will, so wird man ein brauchbares Glied des gemeinen Wesens, und bewahrt sich vor Langweile.

Auf Fröhlichkeit ferner und gute Laune muß man den Jüngling hinweisen. Die Fröhlichkeit des Herzens entspringt daraus, daß man sich nichts vorzuwerfen hat; — auf Gleichheit der Laune. Man kann sich durch Übung dahin bringen, daß man sich immer zum aufgeräumten Teilnehmer der Gesellschaft disponieren kann. —

Darauf, daß man vieles immer wie Pflicht ansieht. Eine Handlung muß mir wert sein, nicht, weil sie mit meiner Neigung stimmt, sondern, weil ich dadurch meine Pflicht erfülle. —

Auf Menschenliebe gegen andere, und dann auch auf weltbürgerliche Gesinnungen. In unserer Seele ist etwas, daß wir Interesse nehmen 1) an unserem Selbst, 2) an andern, mit denen wir aufgewachsen sind, und dann muß 3) noch ein Interesse am Weltbesten stattfinden. Man muß Kinder mit diesem Interesse bekannt machen, damit sie ihre Seelen daran erwärmen mögen. Sie müssen sich freuen über das Weltbeste, wenn es auch nicht der Vorteil ihres Vaterlandes, oder ihr eigner Gewinn ist. —

Darauf, daß er einen geringen Wert setze in den Genuß der Ergötzlichkeiten des Lebens. Die kindische Furcht vor dem Tode wird dann wegfallen. Man muß dem Jünglinge zeigen, daß der Genuß nicht liefert, was der Prospekt versprach. —

Auf die Notwendigkeit endlich der Abrechnung mit sich selbst an jedem Tage, damit man am Ende des Lebens einen Überschlag machen könne, in betreff des Wertes seines Lebens.

2. Aufsätze das Philanthropin betreffend[71]

1

Dessau 1776

Erstes Stück des philanthropinischen Archivs, mitgeteilt von verbrüderten Jugendfreunden an Vormünder der Menschheit, besonders welche eine Schulverbesserung beginnen, und an Väter und Mütter, welche Kinder ins Dessauische Philanthropin senden wolllen.[72]

Niemals ist wohl eine billigere Forderung an das menschliche Geschlecht getan und niemals ein so großer und sich selbst ausbreitender Nutze davor uneigennützig angeboten worden, als es hier von Herren BASEDOW geschieht, der sich samt seinen ruhmwürdigen Mitgehülfen hiemit der Wohlfahrt und Verbesserung der Menschen feierlich geweihet hat. Das, woran gute und schlechte Köpfe Jahrhunderte hindurch gebrütet haben, was aber ohne den feurigen und standhaften Eifer eines einzigen einsehenden und rüstigen Mannes noch ebensoviel Jahrhunderte in dem Schoße frommer Wünsche würde geblieben sein, nämlich die echte, der Natur sowohl als allen bürgerlichen Zwecken angemessene Erziehungsanstalt, das stehet jetzt mit seinen unerwartet schnellen Wirkungen wirklich da und fordert fremde Beihülfe auf, nur um sich, so wie sie jetzt da ist, zu erweitern, ihren Samen über andere Länder auszustreuen und ihre Gattung zu verewigen. Denn darin hat das, was nur die Entwickelung der in der Menschheit liegenden natürlichen Anlagen ist, einerlei Eigenschaft mit der allgemeinen Mutter Natur, daß sie ihre Samen nicht ausgehen läßt, sondern sich selbst vervielfältigt und ihre Gattung erhält. Jedem gemeinen Wesen, jedem einzelnen Weltbürger ist unendlich daran gelegen, eine Anstalt kennen zu lernen, wodurch eine ganz neue Ordnung menschlicher Dinge anhebt; (man kann sich von derselben in diesem Archiv und der Basedowschen Schrift: Für Kosmopoliten Etwas zu lesen etc. etc. belehren[73]), und die, wenn sie schnell ausgebreitet wird, eine so große und so weit hinausgehende Reform im Privatleben sowohl als im bürgerlichen Wesen hervorbringen muß, als man sich bei flüchtigem Blick nicht leicht vorstellen möchte. Um deswillen ist es auch der eigentliche Beruf jedes Menschenfreundes, diesen noch zarten Keim, so viel an ihm ist, mit Sorgfalt zu pflegen, zu beschützen, oder ihn wenigstens dem Schutze derer, die mit einem guten Willen das Vermögen verbinden, Gutes zu tun, unablässig zu empfehlen; denn wenn er, wie der glückliche Anfang hoffen läßt, einmal zum vollständigen Wachstume gelanget sein wird, so werden die Früchte desselben sich bald in alle Länder und bis zur spätesten Nachkommenschaft verbreiten. Der 13 te Mai ist in dieser Absicht ein wichtiger Tag.[74] Auf denselben ladet der seiner Sache gewisse Mann die gelehrteste und einsehendeste Männer benachbarter Städte und Universitäten zum S c h a u e n desjenigen ein, was sie bloßen Erzählungen zu g l a u b e n schwerlich würden bewogen werden können. Das Gute hat eine unwiderstehliche Gewalt, wenn es angeschauet wird. Die Stimme verdienstvoller und beglaubigter Deputierter der Menschheit, (wovon wir eine gute Anzahl zu diesem Kongresse wünschen), müßte die Aufmerksamkeit Europens auf das, was sie so nahe angeht, notwendig rege machen und es zur tätigen Teilnehmung an einer so gemeinnützigen Anstalt bewegen. Jetzt muß es schon jedem Menschenfreunde zum größten Vergnügen und zu nicht minder reizender Hoffnung der Nachfolge eines so edlen Beispiels gereichen, daß, (wie in der letzteren Zeitung gemeldet worden), das Philanthropin durch eine ansehnliche Beihülfe von hoher Hand wegen seiner Fortdauer gesichert worden. Es ist bei solchen Umständen auch nicht zu zweifeln, daß nicht von allerlei Gegenden Pensionisten hinzueilen sollten, um sich in dieser Anstalt die Plätze, daran es vielleicht bald gebrechen möchte, zu versichern; was aber denen, die eine schnelle Ausbreitung des Guten sehnlich wünschen, am meisten am Herzen liegt, nämlich das Absenden geschickter Kandidaten nach Dessau, um sich in der philanthropischen Erziehungsart zu belehren und zu üben, dieses einzige Mittel in kurzem allerwärts gute Schulen zu haben, das scheint eine ungesäumte Aufmerksamkeit und großmütigen Beistand vermögender Gönner vorzüglich zu erfordern. In Erwartung, daß dieser Wunsch auch bald in seine Erfüllung gehe, ist es allen Lehrern sowohl in der Privatals öffentlichen Schulunterweisung sehr zu empfehlen, sich der Basedowschen Schriften und von ihm herausgegebenen Schulbücher sowohl zu eigener Belehrung, als der letzteren zur Übung ihrer anvertrauten Jugend zu bedienen und dadurch, soviel als vorläufig geschehen kann, ihre Unterweisung schon jetzt philanthropisch zu machen. Kostet in der Kanterschen Buchhandlung 15 gr.

2

An das gemeine Wesen (1777).

Es fehlt in den gesitteten Ländern von Europa nicht an Erziehungsanstalten und an wohlgemeintem Fleiße der Lehrer, jedermann in diesem Stücke zu Diensten zu sein, und gleichwohl ist es jetzt einleuchtend bewiesen, daß sie insgesamt im ersten Zuschnitt verdorben sind, daß, weil alles darin der Natur entgegen arbeitet, dadurch bei weitem nicht das Gute aus dem Menschen gebracht werde, wozu die

Natur die Anlage gegeben, und daß, weil wir tierische Geschöpfe nur durch Ausbildung zu Menschen gemacht werden, wir in kurzem ganz andre Menschen um uns sehen würden, wenn diejenige Erziehungsmethode allgemein in Schwang käme, die weislich aus der Natur selbst gezogen und nicht von der alten Gewohnheit roher und unerfahrener Zeitalter sklavisch nachgeahmet worden.

Es ist aber vergeblich, dieses Heil des menschlichen Geschlechts von einer allmählichen Schulverbesserung zu erwarten. Sie müssen umgeschaffen werden, wenn etwas Gutes aus ihnen entstehen soll, weil sie in ihrer ursprünglichen Einrichtung fehlerhaft sind, und selbst die Lehrer derselben eine neue Bildung annehmen müssen. Nicht eine langsame Reform, sondern eine schnelle Revolution kann dieses bewirken. Und dazu gehöret nichts weiter, als nur eine Schule, die nach der echten Methode von Grunde aus neu angeordnet, von aufgeklärten Männern nicht mit lohnsüchtigen, sondern edelmütigen Eifer bearbeitet und während ihrem Fortschritte zur Vollkommenheit von dem aufmerksamen Auge der Kenner in allen Ländern beobachtet und beurteilt, aber auch durch den vereinigten Beitrag aller Menschenfreunde bis zur Erreichung ihrer Vollständigkeit unterstützt und fortgeholfen würde.

Eine solche Schule ist nicht bloß vor die, welche sie erzieht, sondern, welches unendlich wichtiger ist, durch diejenige, denen sie Gelegenheit gibt, sich nach und nach in großer Zahl bei ihr nach der wahren Erziehungsmethode zu Lehrern zu bilden, ein Samkorn, vermittelst dessen sorgfältiger Pflege in kurzer Zeit eine Menge wohlunterwiesener Lehrer erwachsen kann, die ein ganzes Land bald mit guten Schulen bedecken werden.[75]

Die Bemühungen des gemeinen Wesens aller Länder sollten nun darauf zuerst gerichtet sein, einer solchen Musterschule von allen Orten und Enden Handreichung zu tun, um sie bald zu der ganzen Vollkommenheit zu verhelfen, dazu sie in sich selbst schon die Quellen enthält. Denn ihre Einrichtung und Anlage sofort in anderen Ländern nachahmen zu wollen und sie selbst, die das erste vollständige Beispiel und Pflanzschule der guten Erziehung werden soll, indessen unter Mangel und Hindernissen in ihrem Fortschritt zur Vollkommenheit aufhalten, das heißt so viel, als den Samen vor der Reife aussäen, um hernach Unkraut zu ernten.

Eine solche Erziehungsanstalt ist nun nicht mehr bloß eine schöne Idee, sondern zeigt sich mit sichtbaren Beweisen der Tunlichkeit dessen, was längst gewünscht worden, in tätigen und sichtbaren Beweisen. Gewiß eine Erscheinung unserer Zeit, die, obzwar von gemeinen Augen übersehen, jedem verständigen und an dem Wohl der Menschheit teilnehmenden Zuschauer viel wichtiger sein muß, als das glänzende Nichts auf dem jederzeit veränderlichen Schauplatze der großen Welt, wodurch das Beste des menschlichen Geschlechts, wo nicht zurückgesetzt, doch nicht um ein Haar breit weitergebracht wird.

Der öffentliche Ruf und vornehmlich die vereinigte Stimmen gewissenhafter und einsehender Kenner aus verschiedenen Ländern werden die Leser dieser Zeitung schon das Dessauische Edukationsinstitut (Philanthropin) als dasjenige einzige kennen gelernt haben, was diese Merkmale der Vortrefflichkeit an sich trägt, wovon es eine nicht der geringsten ist, daß es seiner Einrichtung gemäß alle ihm im Anfange etwa noch anhängende Fehler natürlicherweise von selbst abwerfen muß. Die dawider sich hie oder da regende Anfälle und bisweilen Schmähschriften, (deren eine, nämlich die Mangelsdorfische, neuerlich von Herrn BASEDOW mit der eigentümlichen Würde der Rechtschaffenheit beantwortet worden[76]), sind so gewöhnliche Griffe der Tadelsucht und des sich auf seinem Miste verteidigenden alten Herkommens, daß eine ruhige Gleichgültigkeit dieser Art Leute, die auf alles, was sich als gut und edel ankündigt, jederzeit hämische Blicke werfen, vielmehr einigen Verdacht wegen der Mittelmäßigkeit dieses sich erhebenden Guten erregen müßte.

Diesem Institute nun, welches der Menschheit und also der Teilnehmung jedes Weltbürgers gewidmet ist, einige Hülfe zu leisten, (welche einzeln nur klein, aber durch die Menge wichtig werden kann), wird jetzt die Gelegenheit dargeboten. Wollte man seine Erfindungskraft anstrengen, um eine Gelegenheit zu erdenken, wo durch einen geringen Beitrag das größestmögliche, dauerhafteste und allgemeine Gute befördert werden könnte, so müßte es doch diejenige sein, da der Same des Guten selbst, damit er sich mit der Zeit verbreite und verewige, gepflegt und unterhalten werden kann.

Diesen Begriffen und der guten Meinung zufolge, die wir uns von der Zahl wohldenkender Personen unseres gemeinen Wesens machen, beziehen wir uns auf das 21ste Stück dieser gelehrten und politischen Zeitung zusamt der Beilage und sehen einer zahlreichen Pränumeration entgegen: von allen Herren des geistlichen und Schulstandes, von Eltern überhaupt, denen, was zu besserer Bildung ihrer Kinder dienet, nicht gleichgültig sein kann, ja selbst von denen, die, ob sie gleich nicht Kinder haben, doch ehedem als Kinder Erziehung genossen und eben darum die Verbindlichkeit erkennen werden, wo nicht zur Vermehrung, doch wenigstens zur Bildung der Menschen das Ihrige beizutragen.

Auf diese von dem Dessauischen Edukationsinstitut herauskommende Monatsschrift unter dem Titel Pädagogische Unterhandlungen[77] wird nun die Pränumeration mit 2 Rthlr. 10 gr. unseres Geldes angenommen. Aber da wegen der noch nicht zu bestimmenden Bogenzahl am Ende des Jahres einiger Nachschuß verlangt werden könnte, so würde es vielleicht am besten sein, (doch wird dieses jedermanns Belieben anheimgestellt), der Beförderung dieses Werks einen Dukaten pränumerationsweise zu widmen, wo alsdenn jedem, der es verlangen würde, der Überschuß richtig zurückbezahlt werden soll. Denn gedachtes Institut macht sich die Hoffnung, daß es viele edeldenkende Personen in allen Ländern gebe, die eine solche Gelegenheit willig ergreifen würden, um bei dieser Veranlassung über das Pränumerationsquantum noch ein freiwilliges kleines Geschenk, als einen Beitrag zur Unterstützung des seiner Vollkommenheit nahen, aber durch den erwarteten Beistand nicht bei Zeiten fortgeholfenen Instituts, hinzuzufügen. Denn da, wie Herr O. C. R. BÜSCHING[78] (wöchentl. Nachr. J. 1776. Stück 16) sagt, die Regierungen jetziger Zeit zu Schulverbesserungen kein Geld zu haben scheinen, so wird es doch endlich, wofern solche nicht gar ungeschehen bleiben soll, auf bemittelte Privatpersonen ankommen, diese so wichtige allgemeine Angelegenheit durch großmütigen Beitrag selbst zu befördern.

Die Pränumeration hiesiges Orts wird bei Hrn. Prof. KANT[79] in den Vormittagsstunden von 10 bis Nachmittag gegen 1 Uhr und in der Kanterschen Buchhandlung zu aller Zeit gegen Pränumerationsschein abgegeben.

3. Immanuel Kants Nachricht von der Einrichtung seiner Vorlesungen in dem Winterhalbenjahre 1765—66[80]

Alle Unterweisung der Jugend hat dieses Beschwerliche an sich, daß man genötigt ist, mit der Einsicht den Jahren vorzueilen, und, ohne die Reife des Verstandes abzuwarten, solche Erkenntnisse erteilen soll, die nach der natürlichen Ordnung nur von einer geübteren und versuchten Vernunft könnten begriffen werden. Daher entspringen die ewige Vorurteile der Schulen, welche hartnäckichter und öfters abgeschmackter sind als die gemeinen, und die frühkluge Geschwätzigkeit junger Denker, die blinder ist als irgendein anderer Eigendünkel und unheilbarer als die Unwissenheit. Gleichwohl ist diese Beschwerlichkeit nicht gänzlich zu vermeiden, weil in dem Zeitalter einer sehr ausgeschmückten bürgerlichen Verfassung die feinere Einsichten zu den Mitteln des Fortkommens gehören und Bedürfnisse werden, die ihrer Natur nach eigentlich nur zur Zierde des Lebens und gleichsam zum Entbehrlich-Schönen desselben gezählet werden sollten. Indessen ist es möglich, den öffentlichen Unterricht auch in diesem Stücke nach der Natur mehr zu bequemen, wo nicht mit ihr gänzlich einstimmig zu machen. Denn da der natürliche Fortschritt der menschlichen Erkenntnis dieser ist, daß sich zuerst der Verstand ausbildet, indem er durch Erfahrung zu anschauenden Urteilen und durch diese zu Begriffen gelangt, daß darauf diese Begriffe in Verhältnis mit ihren Gründen und Folgen durch Vernunft[81] und endlich in einem wohlgeordneten Ganzen vermittelst der Wissenschaft erkannt werden, so wird die Unterweisung ebendenselben Weg zu nehmen haben. Von einem Lehrer wird also erwartet, daß er an seinem Zuhörer erstlich den verständigen, dann den vernünftigen Mann und endlich den Gelehrten bilde. Ein solches Verfahren hat den Vorteil, daß, wenn der Lehrling gleich niemals zu der letzten Stufe gelangen sollte, wie es gemeiniglich geschieht, er dennoch durch die Unterweisung gewonnen hat und, wo nicht vor die Schule, doch vor das Leben geübter und klüger geworden.

Wenn man diese Methode umkehrt, so erschnappet der Schüler eine Art von Vernunft, ehe noch der Verstand an ihm ausgebildet wurde, und trägt erborgte Wissenschaft, die an ihm gleichsam nur geklebt und nicht gewachsen ist, wobei seine Gemütsfähigkeit noch so unfruchtbar wie jemals, aber zugleich durch den Wahn von Weisheit viel verderbter geworden ist. Dieses ist die Ursache, weswegen man nicht selten Gelehrte (eigentlich Studierte) antrifft, die wenig Verstand zeigen, und warum die Akademien mehr abgeschmackte Köpfe in die Welt schicken als irgendein anderer Stand des gemeinen Wesens.

Die Regel des Verhaltens also ist diese: zuvörderst den Verstand zu zeitigen und seinen Wachstum zu beschleunigen, indem man ihn in Erfahrungsurteilen übt und auf dasjenige achtsam macht, was ihm die verglichene Empfindungen seiner Sinne lehren können. Von diesen Urteilen oder Begriffen soll er zu den höheren und entlegnern keinen kühnen Schwung unternehmen, sondern dahin durch den natürlichen und gebähnten Fußsteig der niedrigern Begriffe gelangen, die ihn allgemach weiter führen; alles aber derjenigen Verstandesfähigkeit gemäß, welche die vorhergehende Übung in ihm notwendig hat hervorbringen müssen, und nicht nach derjenigen, die der Lehrer an sich selbsten wahrnimmt oder wahrzunehmen glaubt, und die er auch bei seinem Zuhörer fälschlich voraussetzt. Kurz, er soll nicht G e d a n k e n, sondern d e n k e n lernen; man soll ihn nicht t r a g e n, sondern l e i t e n, wenn man will, daß er in Zukunft von sich selbsten zu g e h e n geschickt sein soll.

Eine solche Lehrart erfordert die der Weltweisheit eigene Natur. Da diese aber eigentlich nur eine Beschäftigung vor das Mannesalter ist, so ist kein Wunder, daß sich Schwierigkeiten hervortun, wenn man sie der ungeübteren Jugendfähigkeit bequemen will. Der den Schulunterweisungen entlassene Jüngling war gewohnt zu l e r n e n. Nunmehro denkt er, er werde P h i l o s o p h i e l e r n e n, welches aber unmöglich ist; denn er soll jetzt p h i l o s o p h i e r e n l e r n e n. Ich will mich deutlicher erklären. Alle Wissenschaften, die man im eigentlichen Verstande l e r n e n kann, lassen sich auf zwei Gattungen bringen: die h i s t o r i s c h e und m a t h e m a t i s c h e. Zu den erstern gehören außer der eigentlichen Geschichte auch die Naturbeschreibung, Sprachkunde, das positive Recht etc. etc. Da nun in allem, was historisch ist, eigene Erfahrung oder fremdes Zeugnis, in dem aber, was mathematisch ist, die Augenscheinlichkeit der Begriffe und die Unfehlbarkeit der Demonstration etwas ausmachen, was in der Tat gegeben und mithin vorrätig und gleichsam nur aufzunehmen ist, so ist es in beiden möglich zu lernen, d. i. entweder in das Gedächtnis oder den Verstand dasjenige einzudrücken, was als eine schon fertige Disziplin uns vorgeleget werden kann. Um also auch Philosophie zu l e r n e n, müßte allererst eine würklich vorhanden sein. Man müßte ein Buch vorzeigen und sagen können: sehet, hie ist Weisheit und zuverlässige Einsicht; lernet es verstehen und fassen, bauet künftighin darauf, so seid ihr Philosophen. Bis man mir nun ein solches Buch der Weltweisheit zeigen wird, worauf ich mich berufen kann, wie etwa auf den P o l y b, um einen Umstand der Geschichte, oder auf den Euklides, um einen Satz der Größenlehre zu erläutern, so erlaube man mir zu sagen, daß man des Zutrauens des gemeinen Wesens mißbrauche, wenn man, anstatt die Verstandesfähigkeit der anvertrauten Jugend zu erweitern und sie zur künftig reifern eigenen Einsicht auszubilden, sie mit einer dem Vorgeben nach schon fertigen Weltweisheit hintergeht, die ihnen zugute von andern ausgedacht wäre, woraus ein Blendwerk von Wissenschaft entspringt, das nur an einem gewissen Orte und unter gewissen Leuten vor echte Münze gilt, allerwärts sonsten aber verrufen ist. Die eigentümliche Methode des Unterrichts in der Weltweisheit ist zetetisch, wie sie einige Alten nannten (von ζητεῖν), d. i. forschend und wird nur bei schon geübterer Vernunft in verschiedenen Stücken dogmatisch, d. i. entschieden. Auch soll der philosophische Verfasser, den man etwa bei der Unterweisung zum Grunde legt, nicht wie das Urbild des Urteils, sondern nur als eine Veranlassung, selbst über ihn, ja sogar wider ihn zu urteilen angesehen werden, und die Methode, selbst nachzudenken und zu schließen ist es, deren Fertigkeit der Lehrling eigentlich sucht, die ihm auch nur allein nützlich sein kann, und wovon die etwa zugleich erworbene entschiedene Einsichten als zufällige Folgen angesehen werden müssen, zu deren reichem Überflusse er nur die fruchtbare Wurzel in sich zu pflanzen hat.

Vergleichet man hiemit das davon so sehr abweichende gemeine Verfahren, so lässet sich verschiedenes begreifen, was sonsten befremdlich in die Augen fällt. Als z. E. warum es keine Art Gelehrsamkeit vom Handwerke gibt, darin so viele Meister angetroffen werden als in der Philosophie, und, da viele von denen, welche Geschichte, Rechtsgelahrtheit, Mathematik u. d. m. gelernet haben, sich selbst bescheiden, daß sie gleichwohl noch nicht gnug gelernet hätten, um solche wiederum zu lehren; warum andererseits selten einer ist, der sich nicht in allem Ernste einbilden sollte, daß außer seiner übrigen Beschäftigung es ihm ganz möglich wäre, etwa Logik, Moral u. d. g. vorzutragen, wenn er sich mit solchen Kleinigkeiten bemengen wollte. Die Ursache ist, weil in jenen Wissenschaften ein gemeinschaftlicher Maßstab da ist, in dieser aber ein jeder seinen eigenen hat. Imgleichen wird man deutlich einsehen, daß es der Philosophie sehr unnatürlich sei, eine Brotkunst zu sein, indem es ihrer wesentlichen Beschaffenheit widerstreitet, sich dem Wahne der Nachfrage und dem Gesetze der Mode zu bequemen, und daß nur die Notdurft deren Gewalt noch über die Philosophie ist, sie nötigen kann, sich in die Form des gemeinen Beifalls zu schmiegen.

Diejenige Wissenschaften, welche ich in dem jetzt angefangenen halben Jahre durch Privatvorlesungen vorzutragen und völlig abzuhandeln gedenke, sind folgende:

1. Metaphysik. Ich habe in einer kurzen und eilfertig abgefaßten Schrift* zu zeigen gesucht,[82] daß diese Wissenschaft unerachtet der großen Bemühungen der Gelehrten um deswillen noch so unvollkommen und unsicher sei, weil man das eigentümliche Verfahren derselben verkannt hat, indem es nicht synthetisch, wie das von der Mathematik, sondern analytisch ist. Diesem zufolge ist das Einfache und Allgemeinste in der Größenlehre auch das Leichteste, in der Hauptwissenschaft aber das Schwerste, in jener muß es seiner Natur nach zuerst, in dieser zuletzt vorkommen. In jener fängt man die Doctrin mit den Definitionen an, in dieser endigt man sie mit denselben und so in andern Stücken mehr. Ich habe seit geraumer Zeit nach diesem Entwurfe gearbeitet, und indem mir ein jeglicher Schritt auf diesem Wege die Quellen der Irrtümer und das Richtmaß des Urteils entdeckt hat, wodurch sie einzig und allein vermieden werden können, wenn es jemals möglich ist, sie zu vermeiden, so hoffe ich, in kurzem dasjenige vollständig darlegen zu können, was mir zur Grundlegung meines Vortrages in der genannten Wissenschaft dienen kann. Bis dahin aber kann ich sehr wohl durch eine kleine Biegung den Verfasser, dessen Lesebuch ich vornehmlich um des Reichtums und der Präzision seiner Lehrart willen gewählt habe, den A. G. BAUMGARTEN[83], in denselben Weg lenken. Ich fange demnach nach einer kleinen Einleitung von der empirischen Psychologie an, welche eigentlich die metaphysische Erfahrungswissenschaft vom Menschen ist; denn was den Ausdruck der Seele betrifft, so ist es in dieser Abteilung noch nicht erlaubt zu behaupten, daß er eine habe. Die zweite Abteilung, die von der körperlichen Natur überhaupt handeln soll, entlehne ich aus denen Hauptstücken der Kosmologie, da von der Materie gehandelt wird, die ich gleichwohl durch einige schriftliche Zusätze vollständig machen werde. Da nun in der ersteren Wissenschaft, (zu welcher um der Analogie willen auch die empirische Zoologie, d. i. die Betrachtung der Tiere, hinzugefügt wird) alles Leben, was in unsere Sinne fällt, in der zweiten aber alles Leblose überhaupt erwogen worden, und da alle Dinge der Welt unter diese zwo Klassen gebracht werden können, so schreite ich zu der Ontologie, nämlich zur Wissenschaft von den allgemeinern Eigenschaften aller Dinge, deren Schluß den Unterschied der geistigen und materiellen Wesen, imgleichen beider Verknüpfung oder Trennung und also die rationale Psychologie enthält. Hier habe ich nunmehro den großen Vorteil, nicht allein den schon geübten Zuhörer in die schwereste unter allen philosophischen Untersuchungen zu führen, sondern auch, indem ich das Abstrakte bei jeglicher Betrachtung in demjenigen Concreto erwäge, welches mir die vorhergegangene Disziplinen an die Hand

* Die zweite von denen Abhandlungen, welche die K. A. d. W. in Berlin bei Gelegenheit des Preises auf das Jahr 1763 herausgegeben hat.

geben, alles in die größeste Deutlichkeit zu stellen, ohne mir selbst vorzugreifen, d. i. etwas zur Erläuterung anführen zu dürfen, was allererst künftig vorkommen soll, welches der gemeine und unvermeidliche Fehler des synthetischen Vortrages ist. Zuletzt kommt die Betrachtung der Ursache aller Dinge, das ist die Wissenschaft von Gott und der Welt. Ich kann nicht umhin, noch eines Vorteils zu gedenken, der zwar nur auf zufälligen Ursachen beruht, aber gleichwohl nicht gering zu schätzen ist, und den ich aus dieser Methode zu ziehen gedenke. Jedermann weiß, wie eifrig der Anfang der Kollegien von der muntern und unbeständigen Jugend gemacht wird, und wie darauf die Hörsäle allmählich etwas geräumiger werden. Setze ich nun, daß dasjenige, was nicht geschehen soll, gleichwohl alles Erinnerns ungeachtet künftig noch immer geschehen wird, so behält die gedachte Lehrart eine ihr eigene Nutzbarkeit. Denn der Zuhörer, dessen Eifer auch selbst schon gegen das Ende der empirischen Psychologie ausgedunstet wäre, (welches doch bei einer solchen Art des Verfahrens kaum zu vermuten ist), würde gleichwohl etwas gehöret haben, was ihm durch seine Leichtigkeit faßlich, durch das Interessante annehmlich und durch die häufige Fälle der Anwendung im Leben brauchbar wäre; da im Gegenteil, wenn die Ontologie, eine schwer zu fassende Wissenschaft, ihn von der Fortsetzung abgeschreckt hätte, das, was er etwa möchte begriffen haben, ihm zu gar nichts weiterhin nutzen kann.

2. Logik. Von dieser Wissenschaft sind eigentlich zwei Gattungen. Die von der ersten ist eine Kritik und Vorschrift des gesunden Verstandes, so wie derselbe einerseits an die grobe Begriffe und die Unwissenheit, andererseits aber an die Wissenschaft und Gelehrsamkeit angrenzt. Die Logik von dieser Art ist es, welche man im Anfange der akademischen Unterweisung aller Philosophie voranschicken soll, gleichsam die Quarantaine, (wofern es mir erlaubt ist, mich also auszudrücken), welche der Lehrling halten muß, der aus dem Lande des Vorurteils und des Irrtums in das Gebiete der aufgeklärteren Vernunft und der Wissenschaften übergehen will. Die zweite Gattung von Logik ist die Kritik und Vorschrift der eigentlichen Gelehrsamkeit und kann niemals anders als nach den Wissenschaften, deren Organon sie sein soll, abgehandelt werden, damit das Verfahren regelmäßiger werde, welches man bei der Ausübung gebraucht hat, und die Natur der Disziplin zusamt den Mitteln ihrer Verbesserung eingesehen werde. Auf solche Weise füge ich zu Ende der Metaphysik eine Betrachtung über die eigentümliche Methode derselben bei, als ein Organon dieser Wissenschaft, welches im Anfange derselben nicht an seiner rechten Stelle sein würde, indem es unmöglich ist, die Regeln deutlich zu machen, wenn noch keine Beispiele bei der Hand sind, an welchen man sie *in concreto* zeigen kann.

Der Lehrer muß freilich das Organon vorher inne haben, ehe er die Wissenschaft vorträgt, damit er sich selbst darnach richte, aber dem Zuhörer muß er es niemals anders als zuletzt vortragen. Die Kritik und Vorschrift der gesamten Weltweisheit als eines Ganzen, diese vollständige Logik, kann also ihren Platz bei der Unterweisung nur am Ende der gesamten Philosophie haben, da die schon erworbene Kenntnisse derselben und die Geschichte der menschlichen Meinungen es einzig und allein möglich machen, Betrachtungen über den Ursprung ihrer Einsichten sowohl, als ihrer Irrtümer anzustellen und den genauen Grundriß zu entwerfen, nach welchem ein solches Gebäude der Vernunft dauerhaft und regelmäßig soll aufgeführt werden.

Ich werde die Logik von der ersten Art vortragen und zwar nach dem Handbuche des Hrn. Prof. MEIER[84], weil dieser die Grenzen der jetzt gedachten Absichten wohl vor Augen hat und zugleich Anlaß gibt, neben der Kultur der feineren und gelehrten Vernunft die Bildung des zwar gemeinen, aber tätigen und gesunden Verstandes zu begreifen, jene vor das betrachtende, diese vor das tätige und bürgerliche Leben. Wobei zugleich die sehr nahe Verwandtschaft der Materien Anlaß gibt, bei der Kritik der Vernunft einige Blicke auf die Kritik des Geschmacks, d. i. die Aesthetik, zu werfen, davon die Regeln der einen jederzeit dazu dienen, die der andern zu erläutern und ihre Abstechung ein Mittel ist, beide besser zu begreifen.

3. *Ethik.* Die moralische Weltweisheit hat dieses besondere Schicksal, daß sie noch eher wie die Metaphysik den Schein der Wissenschaft und einiges Ansehen von Gründlichkeit annimmt, wenngleich keine von beiden bei ihr anzutreffen ist; wovon die Ursache darinnen liegt, daß die Unterscheidung des Guten und Bösen in den Handlungen und das Urteil über die sittliche Rechtmäßigkeit geradezu und ohne den Umschweif der Beweise von dem menschlichen Herzen durch dasjenige, was man Sentiment nennet, leicht und richtig erkannt werden kann; daher, weil die Frage mehrenteils schon vor den Vernunftgründen entschieden ist, welches in der Metaphysik sich nicht so verhält, kein Wunder ist, daß man sich nicht sonderlich schwierig bezeigt, Gründe, die nur einigen Schein der Tüchtigkeit haben, als tauglich durchgehen zu lassen. Um deswillen ist nichts gemeiner als der Titel eines Moralphilosophen und nichts seltener, als einen solchen Namen zu verdienen.

Ich werde vor jetzt die allgemeine praktische Weltweisheit und die Tugendlehre, beide nach BAUMGARTEN, vortragen. Die Versuche des SHAFTESBURY, HUTCHESON und HUME, welche, obzwar unvollendet und mangelhaft, gleichwohl noch am weitesten in der Aufsuchung der ersten Gründe aller Sittlichkeit gelanget sind, werden diejenige Präzision und Ergänzung erhalten, die ihnen mangelt; und indem ich in der Tugendlehre jederzeit dasjenige historisch und philosophisch erwäge, was geschieht, ehe ich anzeige, was geschehen soll, so werde ich die Methode deutlich machen, nach welcher man den Menschen studieren muß, nicht allein denjenigen, der durch die veränderliche Gestalt, welche ihm sein zufälliger Zustand eindrückt, entstellt und als ein solcher selbst von Philosophen fast jederzeit verkannt worden; sondern die Natur des Menschen, die immer bleibt, und deren eigentümliche Stelle in der Schöpfung, damit man wisse, welche Vollkommenheit ihm im Stande der rohen und welche im Stande der weisen Einfalt angemessen sei, was dagegen die Vorschrift seines Verhaltens sei, wenn er, indem er aus beiderlei Grenzen herausgeht, die höchste Stufe der physischen oder moralischen Vortrefflichkeit zu berühren trachtet, aber von beiden mehr oder weniger abweicht. Diese Methode der sittlichen Untersuchung ist eine schöne Entdeckung unserer Zeiten und ist, wenn man sie in ihrem völligen Plane erwägt, den Alten gänzlich unbekannt gewesen.

4. *Physische Geographie.* Als ich gleich zu Anfange meiner akademischen Unterweisung erkannte, daß eine große Vernachlässigung der studierenden Jugend vornehmlich darin bestehe, daß sie frühe vernünfteln lernet, ohne genugsame historische Kenntnisse, welche die Stelle der Erfahrenheit vertreten können, zu besitzen, so faßte ich den Anschlag, die Historie von dem jetzigen Zustande der Erde oder die Geographie im weitesten Verstande zu einem angenehmen und leichten Inbegriff desjenigen zu machen, was sie zu einer praktischen Vernunft vorbereiten und dienen könnte, die Lust rege zu machen, die darinnen angefangene Kenntnisse immer mehr auszubreiten. Ich nannte eine solche Disziplin von demjenigen Teile, worauf damals mein vornehmstes Augenmerk gerichtet war: physische Geographie. Seitdem habe ich diesen Entwurf allmählich erweitert, und jetzt gedenke ich, indem ich diejenige Abteilung mehr zusammenziehe, welche auf die physiche Merkwürdigkeiten der Erde geht, Zeit zu gewinnen, um den Vortrag über die andern Teile derselben, die noch gemeinnütziger sind, weiter auszubreiten. Diese Disziplin wird also eine physische, moralische und politische Geographie sein, worin zuerst die Merkwürdigkeiten der Natur durch ihre drei Reiche angezeigt werden, aber mit der Auswahl derjenigen unter unzählig andern, welche sich durch den Reiz ihrer Seltenheit oder auch durch den Einfluß, welchen sie vermittelst des Handelns und der Gewerbe auf die Staaten haben, vornehmlich der allgemeinen Wißbegierde darbieten. Dieser Teil, welcher zugleich die natürliche Verhältnis aller Länder und Meere und den Grund ihrer Verknüpfung enthält, ist das eigentliche Fundament aller Geschichte, ohne welches sie von Märchenerzählungen wenig

unterschieden ist. Die zweite Abteilung betrachtet den Menschen nach der Mannigfaltigkeit seiner natürlichen Eigenschaften und dem Unterschiede desjenigen, was an ihm moralisch ist, auf der ganzen Erde; eine sehr wichtige und ebenso reizende Betrachtung, ohne welche man schwerlich allgemeine Urteile vom Menschen fällen kann, und wo die unter einander und mit dem moralischen Zustande älterer Zeiten geschehene Vergleichung uns eine große Karte des menschlichen Geschlechts vor Augen legt. Zuletzt wird dasjenige, was als eine Folge aus der Wechselwirkung beider vorher erzählten Kräfte angesehen werden kann, nämlich der Zustand der Staaten und Völkerschaften auf der Erde, erwogen, nicht sowohl wie er auf den zufälligen Ursachen der Unternehmung und des Schicksales einzelner Menschen als etwa der Regierungsfolge, den Eroberungen oder Staatsränken beruhet, sondern in Verhältnis auf das, was beständiger ist und den entfernten Grund von jenen enthält, nämlich die Lage ihrer Länder, die Produkte, Sitten, Gewerbe, Handlung und Bevölkerung. Selbst die Verjüngung, wenn ich es so nennen soll, einer Wissenschaft von so weitläufigen Aussichten nach einem kleineren Maßstabe hat ihren großen Nutzen, indem dadurch allein die Einheit der Erkenntnis, ohne welche alles Wissen nur Stückwerk ist, erlanget wird. Darf ich nicht auch in einem geselligen Jahrhunderte, als das jetzige ist, den Vorrat, den eine große Mannigfaltigkeit angenehmer und belehrender Kenntnisse von leichter Faßlichkeit zum Unterhalt des Umganges darbietet, unter den Nutzen rechnen, welchen vor Augen zu haben, es vor die Wissenschaft keine Erniedrigung ist? Zum wenigsten kann es einem Gelehrten nicht angenehm sein, sich öfters in der Verlegenheit zu sehen, worin sich der Redner ISOKRATES befand, welcher, als man ihn in einer Gesellschaft aufmunterte, doch auch etwas zu sprechen, sagen mußte: Was ich weiß, schickt sich nicht, und was sich schickt, weiß ich nicht.[85]

Dieses ist die kurze Anzeige der Beschäftigungen, welche ich vor das angefangene halbe Jahr der Akademie widme, und die ich nur darum nötig zu sein erachtet, damit man sich einigen Begriff von der Lehrart machen könne, worin ich jetzo einige Veränderung zu treffen nützlich gefunden habe. *Mihi sic usus est: Tibi quod opus est facto face. Terentius.*[86]

B. ZUR ANTHROPOLOGIE[87]

1. Aus der Anthropologie in pragmatischer Hinsicht (1798)[88]:

Der Charakter der Gattung

§ 106. Von der Gattung gewisser Wesen einen Charakter anzugeben, dazu wird erfordert: daß sie mit anderen uns bekannten unter Einen Begriff gefaßt, das aber, wodurch sie sich voneinander unterscheiden, als Eigentümlichkeit *(proprietas)* zum Unterscheidungsgrunde angegeben und gebraucht wird. — Wenn aber eine Art von Wesen, die wir kennen *(A)*, mit einer andern Art Wesen *(non A)*, die wir nicht kennen, verglichen wird: wie kann man da erwarten oder verlangen, einen Charakter der ersteren anzugeben, da uns der Mittelbegriff der Vergleichung *(tertium comparationis)* abgeht? — Der oberste Gattungsbegriff mag der eines irdischen vernünftigen Wesens sein, so werden wir keinen Charakter desselben nennen können, weil wir von vernünftigen, nicht-irdischen Wesen keine Kenntnis haben, um ihre Eigentümlichkeit angeben und so jene irdische unter den vernünftigen überhaupt charakterisieren zu können. — Es scheint also, das Problem, den Charakter der Menschengattung anzugeben, sei schlechterdings unauflöslich; weil die Auflösung durch Vergleichung zweier Spezies vernünftiger Wesen durch Erfahrung angestellt sein müßte, welche die letztere uns nicht darbietet.

Es bleibt uns also, um dem Menschen im System der lebenden Natur seine Klasse anzuweisen und so ihn zu charakterisieren, nichts übrig als: daß er einen Charakter hat, den er sich selbst schafft, indem er vermögend ist, sich nach seinen von ihm selbst genommenen Zwecken zu perfektionieren; wodurch er als mit Vernunftfähigkeit begabtes Tier *(animal rationabile)* aus sich selbst ein vernünftiges Tier *(animal rationale)* machen kann; — wo er dann: erstlich sich selbst und seine Art erhält, zweitens sie übt, belehrt und für die häusliche Gesellschaft erzieht, drittens sie als ein systematisches (nach Vernunftprinzipien geordnetes), für die Gesellschaft gehöriges Ganze regiert; wobei aber das Charakteristische der Menschengattung in Vergleichung mit der Idee möglicher vernünftiger Wesen auf Erden überhaupt dieses ist: daß die Natur den Keim der Zwietracht in sie gelegt und gewollt hat, daß ihre eigene Vernunft aus dieser diejenige Eintracht, wenigstens die beständige Annäherung zu derselben herausbringe, welche letztere zwar in der

Idee der Zweck, der Tat nach aber die erstere (die Zwietracht) in dem Plane der Natur das Mittel einer höchsten, uns unerforschlichen Weisheit ist: die Perfektionierung des Menschen durch fortschreitende Kultur, wenngleich mit mancher Aufopferung der Lebensfreuden desselben, zu bewirken.

Unter den lebenden Erdbewohnern ist der Mensch durch seine technische (mit Bewußtsein verbunden-mechanische) zu Handhabung der Sachen, durch seine pragmatische (andere Menschen zu seinen Absichten geschickt zu brauchen) und durch die moralische Anlage in seinem Wesen (nach dem Freiheitsprinzip unter Gesetzen gegen sich und andere zu handeln), von allen übrigen Naturwesen kenntlich unterschieden, und eine jede dieser drei Stufen kann für sich allein schon den Menschen zum Unterschiede von anderen Erdbewohnern charakteristisch unterscheiden.

I. Die technische Anlage. Die Fragen: ob der Mensch ursprünglich zum vierfüßigen Gange (wie Moscati, vielleicht bloß zur Thesis für eine Dissertation, vorschlug): oder zum zweifüßigen bestimmt sei; — ob der Gibbon, der Orangutang, der Schimpanse u. a. bestimmt sei (worin Linneus und Camper einander widerstreiten[89]), — ob er ein Frucht- oder, (weil er einen häutigen Magen hat) fleischfressendes Tier sei; — ob, da er weder Klauen noch Fangzähne, folglich (ohne Vernunft) keine Waffen hat, er von Natur ein Raub- oder friedliches Tier sei — — die Beantwortung dieser Fragen hat keine Bedenklichkeit. Allenfalls könnte diese noch aufgeworfen werden; ob er von Natur ein geselliges oder einsiedlerisches und nachbarschaftscheues Tier sei; wovon das letztere wohl das wahrscheinlichste ist.

Ein erstes Menschenpaar, schon mit völliger Ausbildung mitten unter Nahrungsmitteln von der Natur hingestellt, wenn ihm nicht zugleich ein Naturinstinkt, der uns doch in unserem jetzigen Naturzustande nicht beiwohnt, beigegeben worden, läßt sich schwerlich mit der Vorsorge der Natur für die Erhaltung der Art vereinigen. Der erste Mensch würde im ersten Teich, den er vor sich sähe, ertrinken; denn Schwimmen ist schon eine Kunst, die man lernen muß; oder er würde giftige Wurzeln und Früchte genießen und dadurch umzukommen in beständiger Gefahr sein. Hatte aber die Natur dem ersten Menschenpaare diesen Instinkt eingepflanzt, wie war es möglich, daß er ihn nicht an seine Kinder vererbete; welches doch jetzt nie geschieht?

Zwar lehren die Singvögel ihren Jungen gewisse Gesänge und pflanzen sie durch Tradition fort: so daß ein isolierter Vogel, der noch blind aus dem Neste genommen und aufgefüttert worden, nachdem er erwachsen, keinen Gesang, sondern nur einen gewissen angebornen Organlaut hat. Wo ist aber nun der erste Gesang hergekommen; denn gelernt ist dieser nicht, und wäre er instinktmäßig entsprungen, warum erbte er den Jungen nicht an?

Die Charakterisierung des Menschen als eines vernünftigen Tieres liegt schon in der Gestalt und Organisation seiner Hand, seiner Finger und Fingerspitzen, deren teils Bau, teils zartes Gefühl ihn nicht für Eine Art der Handhabung der Sachen, sondern unbestimmt für alle, mithin für den Gebrauch der Vernunft geschickt gemacht und dadurch die technische oder Geschicklichkeitsanlage seiner Gattung als eines vernünftigen Tiers bezeichnet hat.

II. Die pragmatische Anlage der Zivilisierung durch Kultur, vornehmlich der Umgangseigenschaften, und der natürliche Hang seiner Art, im gesellschaftlichen Verhältnisse aus der Rohigkeit der bloßen Selbstgewalt herauszugehen und ein gesittetes (wenngleich noch nicht sittliches), zur Eintracht bestimmtes Wesen zu werden, ist nun eine höhere Stufe. — Er ist einer Erziehung sowohl in Belehrung als Zucht (Disziplin) fähig und bedürftig. Hier ist nun (mit oder gegen Rousseau[90]) die Frage: ob der Charakter seiner Gattung ihrer Naturanlage nach sich besser bei der Rohigkeit seiner Natur als bei den Künsten der Kultur, welche kein Ende absehen lassen, befinden werde. —— Zuvörderst muß man anmerken: daß bei allen übrigen sich selbst überlassenen Tieren jedes Individuum seine ganze Bestimmung erreicht, bei den Menschen aber allenfalls nur die Gattung: so daß sich das menschliche Geschlecht nur durch Fortschreiten in einer Reihe unabsehlich vieler Generationen zu seiner Bestimmung emporarbeiten kann; wo das Ziel ihm doch immer noch im Prospekte bleibt, gleichwohl aber die Tendenz zu diesem Endzwecke zwar wohl öfters gehemmt, aber nie ganz rückläufig werden kann.

III. Die moralische Anlage. Die Frage ist hier: ob der Mensch von Natur gut oder von Natur böse oder von Natur gleich für eines oder das andere empfänglich sei; nach dem er in diese oder jene ihn bildende Hände fällt *(cereus in vitium flecti etc.)*. Im letztern Falle würde die Gattung selbst keinen Charakter haben. — Aber dieser Fall widerspricht sich selbst; denn ein mit praktischem Vernunftvermögen und Bewußtsein der Freiheit seiner Willkür ausgestattetes Wesen (eine Person) sieht sich in diesem Bewußtsein selbst mitten in den dunkelsten Vorstellungen unter einem Pflichtgesetze und im Gefühl (welches dann das moralische heißt), daß ihm oder durch ihn anderen recht oder unrecht geschehe. Dieses ist nun schon selbst der intelligibele Charakter der Menschheit überhaupt, und insofern ist der Mensch seiner angebornen Anlage nach (von Natur) gut. Da aber doch auch die Erfahrung zeigt: daß in ihm ein Hang zur tätigen Begehrung des Unerlaubten, ob er gleich weiß, daß es unerlaubt sei, d. i. zum Bösen, sei, der sich so unausbleiblich und so früh regt, als der Mensch nur von seiner Freiheit Gebrauch zu machen anhebt, und darum als angeboren betrachtet werden kann: so ist der Mensch seinem sensibelen Charakter nach auch als (von Natur) böse zu beurteilen, ohne daß sich dieses widerspricht, wenn vom Charakter der Gattung die Rede ist; weil man annehmen kann, daß dieser ihre Naturbestimmung im kontinuierlichen Fortschreiten zum Besseren bestehe.

§ 107. Die Summe der pragmatischen Anthropologie in Ansehung der Bestimmung des Menschen und die Charakteristik seiner Ausbildung ist folgende. Der Mensch ist durch seine Vernunft bestimmt, in einer Gesellschaft mit Menschen zu sein und in ihr sich durch Kunst und Wissenschaften zu kultivieren, zu zivilisieren und zu moralisieren; wie groß auch sein tierischer Hang sein mag, sich den Anreizen der Gemächlichkeit und des Wohllebens, die er Glückseligkeit nennt, passiv zu überlassen, sondern vielmehr tätig, im Kampf mit den Hindernissen, die ihm von der Rohigkeit seiner Natur anhängen, sich der Menschheit würdig zu machen.

Der Mensch muß also zum Guten erzogen werden, der aber, welcher ihn erziehen soll, ist wieder ein Mensch, der noch in der Rohigkeit der Natur liegt und nun doch dasjenige bewirken soll, was er selbst bedarf. Daher die beständige Abweichung von seiner Bestimmung, mit immer wiederholten Einlenkungen zu derselben. — Wir wollen die Schwierigkeiten der Auflösung dieses Problems und die Hindernisse derselben anführen.

A.

Die erste physische Bestimmung desselben besteht in dem Antrieb des Menschen zur Erhaltung seiner Gattung als Tiergattung. — Aber hier wollen nun schon die Naturepochen seiner Entwickelung mit den bürgerlichen nicht zusammentreffen. Nach der ersteren ist er im Naturzustande wenigstens in seinem 15ten Lebensjahr durch den Geschlechtsinstinkt angetrieben und auch vermögend, seine Art zu erzeugen und zu erhalten. Nach der zweiten kann er es (im Durchschnitt) vor dem 20sten schwerlich wagen. Denn wenn der Jüngling gleich frühe genug das Vermögen hat, seine und eines Weibes Neigung als Weltbürger zu befriedigen, so hat er doch lange noch nicht das Vermögen, als Staatsbürger sein Weib und Kind zu erhalten. — Er muß ein Gewerbe erlernen, sich in Kundschaft bringen, um ein Hauswesen mit einem Weibe anzufangen; worüber aber in der geschliffenern Volksklasse auch wohl das 25ste Jahr verfließen kann, ehe er zu seiner Bestimmung reif wird. — Womit füllt er nun diesen Zwischenraum einer abgenötigten und unnatürlichen Enthaltsamkeit aus? Kaum anders als mit Lastern.

B.

Der Trieb zur Wissenschaft, als einer die Menschheit veredelnden Kultur, hat im Ganzen der Gattung keine Proportion zur Lebensdauer. Der Gelehrte, wenn er bis dahin in der Kultur vorgedrungen ist, um das Feld derselben selbst zu erweitern, wird durch den Tod abgerufen, und seine Stelle nimmt der ABC-Schüler ein, der kurz vor seinem Lebensende, nachdem er eben so einen Schritt weiter getan hat, wiederum seinen Platz einem andern überläßt. — Welche Masse von Kenntnissen, welche Erfindung neuer Methoden würde nun schon vorrätig daliegen, wenn ein Archimed, ein Newton oder Lavoisier mit seinem Fleiß und Talent ohne Verminderung der Lebenskraft von der Natur mit einem Jahrhunderte durch fortdauernden Alter wäre begünstigt worden? Nun aber ist das Fortschreiten der Gattung in Wissenschaften immer nur fragmentarisch (der Zeit nach) und gewährt keine Sicherheit wegen des Rückganges, womit es durch dazwischentretende staatsumwälzende Barbarei immer bedroht wird.

C.

Ebensowenig scheint die Gattung in Ansehung der Glückseligkeit, wozu beständig hinzustreben ihn seine Natur antreibt, die Vernunft aber auf die Bedingung der Würdigkeit glücklich zu sein, d. i. der Sittlichkeit einschränkt, ihre Bestimmung zu erreichen. — Man darf eben nicht die hypochondrische (übellaunige) Schilderung, die Rousseau vom Menschengeschlecht macht, das aus dem Naturzustande herauszugehen wagt, für Anpreisung wieder dahin ein- und in die Wälder zurückzukehren, als dessen wirkliche Meinung annehmen, womit er die Schwierigkeit für unsere Gattung, in das Gleis der kontinuierlichen Annäherung zu ihrer Bestimmung zu kommen, ausdrückte; man darf sie nicht aus der Luft greifen: — die Erfahrung alter und neuer Zeiten muß jeden Denkenden hierüber verlegen und zweifelhaft machen, ob es mit unserer Gattung jemals besser stehen werde.

Seine drei Schriften[91] von dem Schaden, den 1. der Ausgang aus der Natur in die Kultur unserer Gattung durch Schwächung unserer Kraft, 2. die Zivilisierung durch Ungleichheit und wechselseitige Unterdrückung, 3. die vermeinte Moralisierung durch naturwidrige Erziehung und Mißbildung der Denkungsart angerichtet hat: — diese drei Schriften, sage ich, welche den Naturzustand gleich als einen Stand der Unschuld vorstellig machten (dahin wieder zurückzukehren der Torwächter jenes Paradieses mit feurigem Schwert verhindert), sollten nur seinem Sozialkontrakt, seinem Emil und seinem Savojardischen Vikar zum Leitfaden dienen, aus dem Irrsal der Übel sich herauszufinden, womit sich unsere Gattung durch ihre eigene Schuld umgeben hat. — Rousseau wollte im Grunde nicht, daß der Mensch wiederum in den Naturzustand zurück gehen, sondern von der Stufe, auf der er jetzt steht, dahin zurück sehen sollte. Er nahm an: der Mensch sei von Natur (wie sie sich vererben läßt) gut, aber auf negative Art, nämlich von selbst und absichtlich nicht böse zu sein, sondern nur in Gefahr, von bösen oder ungeschickten Führern und Beispielen angesteckt und verdorben zu werden. Da nun aber hiezu wiederum gute Menschen erforderlich sind, die dazu selbst haben erzogen werden müssen und deren es wohl keinen geben wird, der nicht (angeborne oder zugezogene) Verdorbenheit in sich hätte: so bleibt das Problem der moralischen Erziehung für unsre Gattung selbst der Qualität des Prinzips, nicht bloß dem Grade nach, unaufgelöst, weil ein ihr angeborner böser Hang wohl durch die allgemeine Menschenvernunft getadelt, allenfalls auch gebändigt, dadurch aber doch nicht vertilgt wird.

§ 108. In einer bürgerlichen Verfassung, welche der höchste Grad der künstlichen Steigerung der guten Anlage in der Menschengattung zum Endzweck ihrer Bestimmung ist, ist doch die Tierheit früher und im Grunde mächtiger als die reine Menschheit in ihren Äußerungen, und das zahme Vieh ist nur durch Schwächung dem Menschen nützlicher als das wilde. Der eigene Wille ist immer in Bereitschaft, in Widerwillen gegen seinen Nebenmenschen auszubrechen und strebt jederzeit, seinen Anspruch auf unbedingte Freiheit, nicht bloß unabhängig, sondern selbst über andere ihm von Natur gleiche Wesen, Gebieter zu sein, geltend zu machen; welches man auch an dem kleinsten Kinde schon gewahr wird; weil die Natur in ihm von der Kultur zur Moralität, nicht (wie es doch die Vernunft vorschreibt) von der Moralität und ihrem Gesetze anhebend, zu einer darauf angelegten zweckmäßigen Kultur hinzuleiten strebt; welches unvermeidlich eine verkehrte, zweckwidrige Tendenz abgibt; z. B. wenn Religionsunterricht, der notwendig eine moralische Kultur sein sollte, mit der historischen, die bloß Gedächtniskultur ist, anhebt und daraus Moralität zu folgern vergeblich sucht.

Die Erziehung des Menschengeschlechts im Ganzen ihrer Gattung, d. i. kollektiv genommen *(universorum)*, nicht aller Einzelnen *(singulorum)*, wo die Menge nicht ein System, sondern nur ein zusammengelesenes Aggregat abgibt, das Hinstreben zu einer bürgerlichen, auf dem Freiheits-, zugleich aber auch gesetzmäßigen Zwangsprinzip zu gründenden Verfassung ins Auge gefaßt, erwartet der Mensch doch nur von der Vorsehung, d. i. von einer Weisheit, die nicht die seine, aber doch die (durch seine eigene Schuld) ohnmächtige Idee seiner eigenen Vernunft ist, — diese Erziehung von oben herab, sage ich, ist heilsam, aber rauh und strenge, durch viel Ungemach und bis nahe an die Zerstörung des ganzen Geschlechts reichende Bearbeitung der Natur, nämlich der Hervorbringung des vom Menschen nicht beabsichtigten, aber, wenn es einmal da ist, sich ferner erhaltenden Guten aus dem innerlich mit sich selbst immer sich verunreinigenden Bösen. Vorsehung bedeutet eben dieselbe Weisheit, welche wir in der Erhaltung der Spezies organisierter, an ihrer Zerstörung beständig arbeitender und dennoch sie immer schützender Naturwesen mit Bewunderung wahrnehmen, ohne darum ein höheres Prinzip in der Vorsorge anzunehmen, als wir es für die Erhaltung der Gewächse und Tiere anzunehmen schon im Gebrauch haben. — Übrigens soll und kann die Menschengattung selbst Schöpferin ihres Glücks sein; nur daß sie es sein wird, läßt sich nicht *a priori* aus den uns von ihr bekannten Naturanlagen, sondern nur aus der Erfahrung und Geschichte mit so weit gegründeter Erwartung schließen, als nötig ist, an diesem ihrem Fortschreiten zum Besseren nicht zu verzweifeln, sondern mit aller Klugheit und moralischer Vorleuchtung die Annäherung zu diesem Ziele (ein jeder, so viel an ihm ist) zu befördern.

Man kann also sagen: der erste Charakter der Menschengattung ist das Vermögen als vernünftigen Wesens, sich für seine Person sowohl als für die Gesellschaft, worin ihn die Natur versetzt, einen Charakter überhaupt zu verschaffen; welches aber schon eine günstige Naturanlage und einen Hang zum Guten in ihm voraussetzt; weil das Böse (da es Widerstreit mit sich selbst bei sich führt und kein bleibendes Prinzip in sich selbst verstattet) eigentlich ohne Charakter ist.

Der Charakter eines lebenden Wesens ist das, woraus sich seine Bestimmung zum voraus erkennen läßt. — Man kann es aber für die Zwecke der Natur als Grundsatz annehmen: sie wolle, daß jedes Geschöpf seine Bestimmung erreiche, dadurch daß alle Anlagen seiner Natur sich zweckmäßig für dasselbe entwickeln, damit, wenngleich nicht jedes Individuum, doch die Spezies die Absicht derselben erfülle. — Bei vernunftlosen Tieren geschieht dies wirklich und ist Weisheit der Natur; beim Menschen aber erreicht es nur die Gattung, wovon wir unter vernünftigen Wesen auf Erden nur Eine, nämlich die Menschengattung, kennen und in dieser auch nur eine Tendenz der Natur zu diesem Zwecke: nämlich durch ihre eigene Tätigkeit die Entwickelung des Guten aus dem Bösen dereinst zustande zu bringen: ein Prospekt, der, wenn nicht Naturrevolutionen ihn auf einmal abschneiden, mit moralischer (zur Pflicht der Hinwirkung zu jenem Zweck hinreichender) Gewißheit erwartet werden kann. — Denn es sind Menschen, d. i. zwar bösgeartete, aber doch mit erfindungsreicher, dabei auch zugleich mit einer moralischen

Anlage begabte vernünftige Wesen; welche die Übel, die sie sich untereinander selbstsüchtig antun, bei Zunahme der Kultur nur immer desto stärker fühlen und, indem sie kein anderes Mittel dagegen vor sich sehen, als den Privatsinn (Einzelner) dem Gemeinsinn (Aller vereinigt), obzwar ungern, einer Disziplin (des bürgerlichen Zwanges) zu unterwerfen, der sie sich aber nur nach von ihnen selbst gegebenen Gesetzen unterwerfen, durch dies Bewußtsein sich veredelt fühlen, nämlich zu einer Gattung zu gehören, die der Bestimmung des Menschen, so wie die Vernunft sie ihm im Ideal vorstellt, angemessen ist.

Grundzüge der Schilderung des Charakters der Menschengattung.

§ 109. I. Der Mensch war nicht bestimmt wie das Hausvieh zu einer Herde; sondern wie die Biene zu einem Stock zu gehören. — Notwendigkeit, ein Glied irgendeiner bürgerlichen Gesellschaft zu sein.

Die einfachste, am wenigsten gekünstelte Art eine solche zu errichten, ist die Eines Weisers in diesem Stock (die Monarchie). — Aber viele solcher Stöcke nebeneinander befehden sich bald als Raubbienen (der Krieg), doch nicht, wie es Menschen tun, um den ihrigen durch Vereinigung mit den anderen zu verstärken — denn hier hört das Gleichnis auf —; sondern bloß den Fleiß des anderen mit List oder Gewalt für sich zu benutzen. Ein jedes Volk sucht sich durch Unterjochung benachbarter zu verstärken; und es sei Vergrößerungssucht oder Furcht von dem anderen verschlungen zu werden, wenn man ihm nicht zuvorkommt, so ist der innere oder äußere Krieg in unserer Gattung, so ein großes Übel er auch ist, doch zugleich die Triebfeder aus dem rohen Naturzustande in den bürgerlichen überzugehen, als ein Maschinenwesen der Vorsehung, wo die einander entgegenstrebende Kräfte zwar durch Reibung einander Abbruch tun, aber doch durch den Stoß oder Zug anderer Triebfedern lange Zeit im regelmäßigen Gange erhalten werden.

II. Freiheit und Gesetz (durch welches jene eingeschränkt wird) sind die zwei Angeln, um welche sich die bürgerliche Gesetzgebung dreht. — Aber damit das letztere auch von Wirkung und nicht leere Anpreisung sei, so muß ein Mittleres hinzukommen, nämlich Gewalt, welche, mit jenen verbunden, diesen Prinzipien Erfolg verschafft. — Nun kann man sich aber viererlei Kombinationen der letzteren mit den beiden ersteren denken:

A. Gesetz und Freiheit ohne Gewalt (Anarchie).
B. Gesetz und Gewalt ohne Freiheit (Despotism).
C. Gewalt ohne Freiheit und Gesetz (Barbarei).
D. Gewalt mit Freiheit und Gesetz (Republik).

Man sieht, daß nur die letztere eine wahre bürgerliche Verfassung genannt zu werden verdiene; wobei man aber nicht auf eine der drei Staatsformen (Demokratie) hinzielt, sondern unter Republik nur einen Staat überhaupt versteht und das alte Brocardicon: *Salus civitatis* (nicht *civium*) *suprema lex esto*[92] nicht bedeutet: Das Sinnenwohl des gemeinen Wesens (die Glückseligkeit der Bürger) solle zum obersten Prinzip der Staatsverfassung dienen; denn dieses Wohlergehen, was ein jeder nach seiner Privatneigung, so oder anders, sich vormalt, taugt gar nicht zu irgend einem objektiven Prinzip, als welches Allgemeinheit fordert, sondern jene Sentenz sagt nichts weiter als: Das Verstandeswohl, die Erhaltung der einmal bestehenden Staatsverfassung, ist das höchste Gesetz einer bürgerlichen Gesellschaft überhaupt; denn diese besteht nur durch jene.

Der Charakter der Gattung, so wie er aus der Erfahrung aller Zeiten und unter allen Völkern kundbar wird, ist dieser: Daß sie, kollektiv (als ein Ganzes des Menschengeschlechts) genommen, eine Menge nach- und nebeneinander existierender Personen ist, die das friedliche Beisammensein nicht entbehren und dabei dennoch einander beständig widerwärtig zu sein nicht vermeiden können, folglich durch wechselseitigen Zwang unter von ihnen selbst ausgehenden Gesetzen zu einer beständig mit Entzweiung bedrohten, aber allgemein fortschreitenden Koalition in eine weltbürgerliche Gesellschaft *(cosmopolitismus)* sich von der Natur bestimmt fühlen: welche an sich unerreichbare Idee aber kein konstitutives Prinzip (der Erwartung eines mitten in der lebhaftesten Wirkung und Gegenwirkung der Menschen bestehenden Friedens), sondern nur ein regulatives Prinzip ist: ihr als der Bestimmung des Menschengeschlechts nicht ohne gegründete Vermutung einer natürlichen Tendenz zu derselben fleißig nachzugehen.

Frägt man nun: ob die Menschengattung (welche, wenn man sie sich als eine Spezies vernünftiger Erdwesen in Vergleichung mit denen auf anderen Planeten als von Einem Demiurgus entsprungene Menge Geschöpfe denkt, auch Rasse genannt werden kann) — ob, sage ich, sie als eine gute oder schlimme Rasse anzusehen sei: so muß ich gestehen, daß nicht viel damit zu prahlen sei. Doch wird jemand, der das Benehmen der Menschen, nicht bloß in der alten Geschichte, sondern in der Geschichte des Tages ins Auge nimmt, zwar oft versucht werden, misanthropisch den Timon, weit öfterer aber und treffender den Momus in seinem Urteile zu machen[93], und Torheit eher als Bosheit in dem Charakterzuge unserer Gattung hervorstechend finden. Weil aber Torheit, mit einem Liniamente von Bosheit verbunden (da sie alsdann Narrheit heißt), in der moralischen Physiognomik an unserer Gattung nicht zu verkennen ist: so ist allein schon aus der Verheimlichung eines guten Teils seiner Gedanken, die ein jeder kluge Mensch nötig findet, klar genug zu ersehen: daß in unserer

Rasse jeder es geraten finde, auf seiner Hut zu sein und sich nicht ganz erblicken zu lassen, wie er ist; welches schon den Hang unserer Gattung, übel gegeneinander gesinnt zu sein, verrät.

Es könnte wohl sein, daß auf irgendeinem anderen Planeten vernünftige Wesen wären, die nicht anders als laut denken könnten, d. i. im Wachen wie im Träumen, sie möchten in Gesellschaft oder allein sein, keine Gedanken haben könnten, die sie nicht zugleich aussprächen. Was würde das für ein von unserer Menschengattung verschiedenes Verhalten gegeneinander abgeben? Wenn sie nicht alle engelrein wären, so ist nicht abzusehen, wie sie nebeneinander auskommen, einer für den anderen nur einige Achtung haben und sich miteinander vertragen könnten. — Es gehört also schon zur ursprünglichen Zusammensetzung eines menschlichen Geschöpfs und zu seinem Gattungsbegriffe: zwar anderer Gedanken zu erkunden, die seinigen aber zurückzuhalten; welche saubere Eigenschaft denn so allmählich von Verstellung zur vorsätzlichen Täuschung, bis endlich zur Lüge fortzuschreiten nicht ermangelt. Dieses würde dann eine Karikaturzeichnung unserer Gattung abgeben; die nicht bloß zum gutmütigen Belachen derselben, sondern zur Verachtung in dem, was ihren Charakter ausmacht, und zum Geständnisse, daß diese Rasse vernünftiger Weltwesen unter den übrigen (uns unbekannten) keine ehrenwerte Stelle verdiene, berechtigte — wenn nicht gerade eben dieses verwerfende Urteil eine moralische Anlage in uns, eine angeborne Aufforderung der Vernunft verriete, auch jenem Hange entgegenzuarbeiten, mithin die Menschengattung nicht als böse, sondern als eine aus dem Bösen zum Guten in beständigem Fortschreiten unter Hindernissen emporstrebende Gattung vernünftiger Wesen darzustellen; wobei dann ihr Wollen im allgemeinen gut, das Vollbringen aber dadurch erschwert ist, daß die Erreichung des Zwecks nicht von der freien Zusammenstimmung der einzelnen, sondern nur durch fortschreitende Organisation der Erdbürger in und zu der Gattung als einem System, das kosmopolitisch verbunden ist, erwartet werden kann.

2. Mutmaßlicher Anfang der Menschengeschichte (1786)[94]

(Verzichtet wurde auf den Abdruck des Abschnitts „Schlußanmerkung“)

Im Fortgange einer Geschichte Mutmaßungen einzustreuen, um Lücken in den Nachrichten auszufüllen, ist wohl erlaubt; weil das Vorhergehende, als entfernte Ursache, und das Nachfolgende, als Wirkung, eine ziemlich sichere Leitung zur Entdeckung der Mittelursachen abgeben kann, um den Übergang begreiflich zu machen. Allein eine Geschichte ganz und gar aus Mutmaßungen entstehen zu lassen, scheint nicht viel besser, als den Entwurf zu einem Roman zu machen. Auch würde sie nicht den Namen einer mutmaßlichen Geschichte, sondern einer bloßen Erdichtung führen können. — Gleichwohl kann das, was im Fortgange der der Geschichte menschlicher Handlungen nicht gewagt werden darf, doch wohl über den ersten Anfang derselben, sofern ihn die Natur macht, durch Mutmaßung versucht werden. Denn dieser darf nicht erdichtet, sondern kann von der Erfahrung hergenommen werden; wenn man voraussetzt, daß diese im ersten Anfange nicht besser oder schlechter gewesen als wir sie jetzt antreffen, eine Voraussetzung, die der Analogie der Natur gemäß ist und nichts Gewagtes bei sich führt. Eine Geschichte der ersten Entwickelung der Freiheit aus ihrer ursprünglichen Anlage in der Natur des Menschen ist daher ganz etwas anderes, als die Geschichte der Freiheit in ihrem Fortgange, die nur auf Nachrichten gegründet werden kann.

Gleichwohl, da Mutmaßungen ihre Ansprüche auf Beistimmung nicht zu hoch treiben dürfen, sondern sich allenfalls nur als eine der Einbildungskraft in Begleitung der Vernunft, zur Erholung und Gesundheit des Gemüts, vergönnete Bewegung, nicht aber für ein ernsthaftes Geschäft ankündigen müssen, so können sie sich auch nicht mit derjenigen Geschichte messen, die über ebendieselbe Begebenheit als wirkliche Nachricht aufgestellt und geglaubt wird, deren Prüfung auf ganz andern Gründen als bloßer Naturphilosophie beruht. Eben darum, und da ich hier eine bloße Lustreise wage, darf ich mir wohl die Gunst versprechen, daß es mir erlaubt sei, mich einer heiligen Urkunde dazu als Karte zu bedienen und mir zugleich einzubilden, als ob mein Zug, den ich auf den Flügeln der Einbildungskraft, obgleich nicht ohne einen durch Vernunft an Erfahrung geknüpften Leitfaden, tue, gerade dieselbe Linie treffe, die jene historisch vorgezeichnet enthält. Der Leser wird die Blätter jener Urkunde (1. Mose

Kap. II—VI) aufschlagen, und Schritt vor Schritt nachsehen, ob der Weg, den Philosophie nach Begriffen nimmt, mit dem, welchen die Geschichte angibt, zusammentreffe.

Will man nicht in Mutmaßungen schwärmen, so muß der Anfang von dem gemacht werden, was keiner Ableitung aus vorhergehenden Naturursachen durch menschliche Vernunft fähig ist, also mit der Existenz des Menschen; und zwar in seiner ausgebildeten Größe, weil er der mütterlichen Beihülfe entbehren muß; in einem Paare, damit er seine Art fortpflanze, und auch nur einem einzigen Paare, damit nicht sofort der Krieg entspringe, wenn die Menschen einander nahe und doch einander fremd wären, oder auch damit die Natur nicht beschuldigt werde, sie habe durch die Verschiedenheit der Abstammung es an der schicklichsten Veranstaltung zur Geselligkeit, als dem größten Zwecke der menschlichen Bestimmung, fehlen lassen; denn die Einheit der Familie, woraus alle Menschen abstammen sollten, war ohne Zweifel hiezu die beste Anordnung. Ich setze dieses Paar in einen wider den Anfall der Raubtiere gesicherten und mit allen Mitteln der Nahrung von der Natur reichlich versehenen Platz, also gleichsam in einen Garten, unter einem jederzeit milden Himmelsstriche. Und, was noch mehr ist, ich betrachte es nur, nachdem es schon einen mächtigen Schritt in der Geschicklichkeit getan hat, sich seiner Kräfte zu bedienen und fange also nicht von der gänzlichen Rohigkeit seiner Natur an; denn es könnten der Mutmaßungen für den Leser leicht zu viel, der Wahrscheinlichkeiten aber zu wenig werden, wenn ich diese Lücke, die vermutlich einen großen Zeitraum begreift, auszufüllen unternehmen wollte. Der erste Mensch konnte also stehen und gehen; er konnte sprechen (1. B. Mose Kap. II, V. 20), ja reden, d. i. nach zusammenhängenden Begriffen sprechen (V. 23), mithin denken. Lauter Geschicklichkeiten, die er alle selbst erwerben mußte; (denn wären sie anerschaffen, so würden sie auch anerben, welches aber der Erfahrung widerstreitet), mit denen ich ihn aber jetzt schon als versehen annehme, um bloß die Entwickelung des Sittlichen in seinem Tun und Lassen, welches jene Geschicklichkeit notwendig voraussetzt, in Betrachtung zu ziehen.

Der Instinkt, diese Stimme Gottes, der alle Tiere gehorchen, mußte den Neuling anfänglich allein leiten. Dieser erlaubte ihm einige Dinge zur Nahrung, andere verbot er ihm (III, 2. 3). — Es ist aber nicht nötig, einen besondern jetzt verlorenen Instinkt zu diesem Behuf anzunehmen; es konnte bloß der Sinn des Geruchs und dessen Verwandtschaft mit dem Organ des Geschmacks, dieses letzteren bekannte Sympathie aber mit den Werkzeugen der Verdauung, und also gleichsam das Vermögen der Vorempfindung der Tauglichkeit oder Untauglichkeit einer Speise zum Genusse, dergleichen man auch noch jetzt wahrnimmt, gewesen sein. Sogar darf man diesen

Sinn im ersten Paare nicht schärfer als er jetzt ist annehmen; denn es ist bekannt genug, welcher Unterschied in der Wahrnehmungskraft zwischen den bloß mit ihren Sinnen, und den zugleich mit ihren Gedanken beschäftigten, dadurch aber von ihren Empfindungen abgewandten Menschen angetroffen werde.

Solange der unerfahrene Mensch diesem Rufe der Natur gehorchte, so befand er sich gut dabei. Allein die Vernunft fing bald an, sich zu regen und suchte durch Vergleichung des Genossenen mit dem, was ihm ein anderer Sinn als der, woran der Instinkt gebunden war, etwa der Sinn des Gesichts, als dem sonst Genossenen ähnlich vorstellete, seine Kenntnis der Nahrungsmittel über die Schranken des Instinks zu erweitern (III, 6). Dieser Versuch hätte zufälligerweise noch gut genug ausfallen können, obgleich der Instinkt nicht anriet, wenn er nur nicht widersprach. Allein es ist eine Eigenschaft der Vernunft, daß sie Begierden mit Beihülfe der Einbildungskraft, nicht allein ohne einen darauf gerichteten Naturtrieb, sondern sogar wider denselben erkünsteln kann, welche im Anfange den Namen der Lüsternheit bekommen, wodurch aber nach und nach ein ganzer Schwarm entbehrlicher, ja sogar naturwidriger Neigungen, unter der Benennung der Üppigkeit ausgeheckt wird. Die Veranlassung, von dem Naturtriebe abtrünnig zu werden, durfte nur eine Kleinigkeit sein; allein der Erfolg des ersten Versuchs, nämlich sich seiner Vernunft als eines Vermögens bewußt zu werden, das sich über die Schranken, worin alle Tiere gehalten werden, erweitern kann, war sehr wichtig und für die Lebensart entscheidend. Wenn es also auch nur eine Frucht gewesen wäre, deren Anblick, durch die Ähnlichkeit mit anderen annehmlichen, die man sonst gekostet hatte, zum Versuche einladete; wenn dazu noch etwa das Beispiel eines Tieres kam, dessen Natur ein solcher Genuß angemessen, so wie er im Gegenteil dem Menschen nachteilig war, daß folglich in diesem ein sich dawider setzender natürlicher Instinkt war, so konnte dieses schon der Vernunft die erste Veranlassung geben, mit der Stimme der Natur zu schikanieren (III, 1), und trotz ihrem Widerspruch, den ersten Versuch von einer freien Wahl zu machen, der als der erste wahrscheinlicherweise nicht der Erwartung gemäß ausfiel. Der Schade mochte nun gleich so unbedeutend gewesen sein, als man will, so gingen dem Menschen hierüber doch die Augen auf (V. 7). Er entdeckte in sich ein Vermögen, sich selbst eine Lebensweise auszuwählen und nicht gleich anderen Tieren an eine einzige gebunden zu sein. Auf das augenblickliche Wohlgefallen, das ihm dieser bemerkte Vorzug erwecken mochte, mußte doch sofort Angst und Bangigkeit folgen, wie er, der noch kein Ding nach seinen verborgenen Eigenschaften und entfernten Wirkungen kannte, mit seinem neu entdeckten Vermögen zu Werke gehen sollte. Er stand gleichsam am Rande eines Abgrundes; denn aus einzelnen Gegenständen seiner Begierde, die ihm bisher der Instinkt angewiesen hatte, war ihm eine Unendlichkeit derselben eröffnet, in deren Wahl er sich noch gar nicht zu finden wußte; und aus diesem einmal gekosteten Stande der Freiheit war es ihm gleichwohl jetzt unmöglich, in den der Dienstbarkeit (unter der Herrschaft des Instinkts) wieder zurückzukehren.

Nächst dem Instinkt zur Nahrung, durch welchen die Natur jedes Individuum erhält, ist der Instinkt zum Geschlecht, wodurch sie für die Erhaltung jeder Art sorgt, der vorzüglichste. Die einmal rege gewordene Vernunft säumete nun nicht, ihren Einfluß auch an diesem zu beweisen. Der Mensch fand bald, daß der Reiz des Geschlechts, der bei den Tieren bloß auf einem vorübergehenden, größtenteils periodischen Antriebe beruht, für ihn der Verlängerung und sogar Vermehrung durch die Einbildungskraft fähig sei, welche ihr Geschäft zwar mit mehr Mäßigung, aber zugleich dauerhafter und gleichförmiger treibt, je mehr der Gegenstand den Sinnen entzogen wird, und daß dadurch der Überdruß verhütet werde, den die Sättigung einer bloß tierischen Begierde bei sich führt. Das Feigenblatt (V. 7) war also das Produkt einer weit größeren Äußerung der Vernunft, als sie in der ersteren Stufe ihrer Entwickelung bewiesen hatte. Denn eine Neigung dadurch inniglicher und dauerhafter zu machen, daß man ihren Gegenstand den Sinnen entzieht, zeigt schon das Bewußtsein einiger Herrschaft der Vernunft über Antriebe, und nicht bloß, wie der erstere Schritt, ein Vermögen, ihnen im kleineren oder größeren Umfange Dienste zu leisten. Weigerung war das Kunststück, um von bloß empfundenen zu idealischen Reizen, von der bloß tierischen Begierde allmählich zur Liebe, und mit dieser vom Gefühl des bloß Angenehmen zum Geschmack für Schönheit, anfänglich nur an Menschen, dann aber auch an der Natur überzuführen. Die Sittsamkeit, eine Neigung, durch guten Anstand (Verhehlung dessen, was Geringschätzung erregen könnte) andern Achtung gegen uns einzuflößen, als die eigentliche Grundlage aller wahren Geselligkeit, gab überdem den ersten Wink zur Ausbildung des Menschen, als eines sittlichen Geschöpfs. — Ein kleiner Anfang, der aber Epoche macht, indem er der Denkungsart eine ganz neue Richtung gibt, ist wichtiger als die ganze unabsehliche Reihe von darauf folgenden Erweiterungen der Kultur.

Der dritte Schritt der Vernunft, nachdem sie sich in die ersten unmittelbar empfundenen Bedürfnisse gemischt hatte, war die überlegte Erwartung des Künftigen. Dieses Vermögen, nicht bloß den gegenwärtigen Lebensaugenblick zu genießen, sondern die kommende, oft sehr entfernte Zeit sich gegenwärtig zu machen, ist das entscheidenste Kennzeichen des menschlichen Vorzuges, um seiner Bestimmung gemäß sich zu entferneten Zwecken vorzubereiten, — aber auch zugleich der unversiegendste Quell von Sorgen und Bekümmernissen, die die ungewisse Zukunft erregt, und welcher alle

Tiere überhoben sind (V. 13—19). Der Mann, der sich und eine Gattin, samt künftigen Kindern zu ernähren hatte, sah die immer wachsende Mühseligkeit seiner Arbeit; das Weib sah die Beschwerlichkeiten, denen die Natur ihr Geschlecht unterworfen hatte, und noch obenein diejenigen, welche der mächtigere Mann ihr auferlegen würde, voraus. Beide sahen nach einem mühseligen Leben noch im Hintergrunde des Gemäldes das, was zwar alle Tiere unvermeidlich trifft, ohne sie doch zu bekümmern, nämlich den Tod, mit Furcht voraus, und schienen sich den Gebrauch der Vernunft, die ihnen alle diese Übel verursacht, zu verweisen und zum Verbrechen zu machen. In ihrer Nachkommenschaft zu leben, die es vielleicht besser haben, oder auch wohl als Glieder einer Familie ihre Beschwerden erleichtern könnten, war vielleicht die einzige tröstende Aussicht, die sie aufrichtete (V. 16—20).

Der vierte und letzte Schritt, den die, den Menschen über die Gesellschaft mit Tieren gänzlich erhebende Vernunft tat, war, daß er (wiewohl nur dunkel) begriff, er sei eigentlich der Zweck der Natur, und nichts, was auf Erden lebt, könne hierin einen Mitwerber gegen ihn abgeben. Das erstemal, daß er zum Schafe sagte: den Pelz, den du trägst, hat dir die Natur nicht für dich, sondern für mich gegeben, ihm ihn abzog und sich selbst anlegte (V.21), ward er eines Vorrechtes inne, welches er, vermöge seiner Natur, über alle Tiere hatte, die er nun nicht mehr als seine Mitgenossen an der Schöpfung, sondern als seinem Willen überlassene Mittel und Werkzeuge zu Erreichung seiner beliebigen Absichten ansah. Diese Vorstellung schließt (wiewohl dunkel) den Gedanken des Gegensatzes ein, daß er so etwas zu keinem Menschen sagen dürfe, sondern diesen als gleichen Teilnehmer an den Geschenken der Natur anzusehen habe; eine Vorbereitung von weitem zu den Einschränkungen, die die Vernunft künftig dem Willen in Ansehung seines Mitmenschen auferlegen sollte, und welche, weit mehr als Zuneigung und Liebe, zu Errichtung der Gesellschaft notwendig ist.

Und so war der Mensch in eine Gleichheit mit allen vernünftigen Wesen, von welchem Range sie auch sein mögen, getreten (III, 22); nämlich in Ansehung des Anspruchs selbst Zweck zu sein, von jedem anderen auch als ein solcher geschätzt und von keinem bloß als Mittel zu anderen Zwecken gebraucht zu werden. Hierin, und nicht in der Vernunft, wie sie bloß als ein Werkzeug zu Befriedigung der mancherlei Neigungen betrachtet wird, steckt der Grund der so unbeschränkten Gleichheit des Menschen, selbst mit höhern Wesen, die ihm an Naturgaben sonst über alle Vergleichung vorgehen möchten, deren keines aber darum ein Recht hat, über ihn nach bloßem Belieben zu schalten und zu walten. Dieser Schritt ist daher zugleich mit Entlassung desselben aus dem Mutterschoße der Natur verbunden, eine Veränderung, die zwar ehrend, aber zugleich sehr gefahrvoll ist, indem sie ihn aus dem harmlosen und sicheren Zustande der Kindespflege, gleichsam aus einem Garten, der ihn ohne seine Mühe versorgte, heraustrieb (V. 23) und ihn in die weite Welt stieß, wo so viel Sorgen, Mühe und unbekannte Übel auf ihn warten. Künftig wird ihm die Mühseligkeit des Lebens öfter den Wunsch nach einem Paradiese, dem Geschöpfe seiner Einbildungskraft, wo er in ruhiger Untätigkeit und beständigem Frieden sein Dasein verträumen oder vertändeln könne, ablocken. Aber es lagert sich zwischen ihm und jenem eingebildeten Sitz der Wonne die rastlose und zur Entwickelung der in ihn gelegten Fähigkeiten unwiderstehlich treibende Vernunft und erlaubt es nicht, in den Stand der Rohigkeit und Einfalt zurückzukehren, aus dem sie ihn gezogen hatte (V. 24). Sie treibt ihn an, die Mühe, die er haßt, dennoch geduldig über sich zu nehmen, dem Flitterwerk, das er verachtet, nachzulaufen, und den Tod selbst, vor dem ihm grauet, über alle jene Kleinigkeiten, deren Verlust er noch mehr scheuet, zu vergessen.

Anmerkung.

Aus dieser Darstellung der ersten Menschengeschichte ergibt sich, daß der Ausgang des Menschen aus dem ihm durch die Vernunft als erster Aufenthalt seiner Gattung vorgestellten Paradiese nicht anders als der Übergang aus der Rohigkeit eines bloß tierischen Geschöpfes in die Menschheit, aus dem Gängelwagen des Instinkts zur Leitung der Vernunft, mit einem Worte: aus der Vormundschaft der Natur in den Stand der Freiheit gewesen sei. Ob der Mensch durch diese Veränderung gewonnen oder verloren habe, kann nun nicht mehr die Frage sein, wenn man auf die Bestimmung seiner Gattung sieht, die in nichts als im Fortschreiten zur Vollkommenheit besteht, so fehlerhaft auch die ersten, selbst in einer langen Reihe ihrer Glieder nacheinander folgenden Versuche, zu diesem Ziele durchzudringen, ausfallen mögen. — Indessen ist dieser Gang, der für die Gattung ein Fortschritt vom Schlechteren zum Besseren ist, nicht eben das nämliche für das Individuum. Ehe die Vernunft erwachte, war noch kein Gebot oder Verbot, und also noch keine Übertretung; als sie aber ihr Geschäft anfing und, schwach wie sie ist, mit der Tierheit und deren ganzen Stärke ins Gemenge kam, so mußten Übel und, was ärger ist, bei kultivierterer Vernunft Laster entspringen, die dem Stande der Unwissenheit, mithin der Unschuld, ganz fremd waren. Der erste Schritt also aus diesem Stande war auf der sittlichen Seite ein Fall; auf der physischen waren eine Menge nie gekannter Übel des Lebens die Folge dieses Falls, mithin Strafe. Die Geschichte der Natur fängt also vom Guten an, denn sie ist das Werk Gottes; die Geschichte der Freiheit vom Bösen, denn sie ist Menschenwerk. Für das Individuum, welches im Gebrauche seiner Freiheit bloß auf sich selbst sieht, war bei einer solchen Veränderung Verlust; für die Natur, die ihren Zweck mit dem Menschen auf die Gattung richtet, war sie Gewinn. Jenes hat daher Ursache, alle Übel, die es erduldet, und alles Böse, das es verübt, seiner eigenen Schuld zuzuschreiben, zugleich aber auch als ein Glied des Ganzen (einer Gattung) die Weisheit und Zweckmäßigkeit der Anordnung zu bewundern und zu preisen. — Auf diese Weise kann man auch die so oft gemißdeuteten, dem Scheine nach einander widerstreitenden Behauptungen des berühmten J. J. ROUSSEAU unter sich und mit der Vernunft in Einstimmung bringen. In seiner Schrift über den Einfluß der Wissenschaften und der über die Ungleichheit der Menschen[95] zeigt er ganz richtig den unvermeidlichen Widerstreit der Kultur mit der Natur des menschlichen Geschlechts, als einer physischen Gattung, in welcher jedes Individuum seine Bestimmung ganz erreichen sollte; in seinem Emil aber, seinem gesellschaftlichen Kontrakte und anderen Schriften sucht er wieder das schwerere Problem aufzulösen: wie die Kultur fortgehen müsse, um die Anlagen der Menschheit, als einer sittlichen Gattung, zu ihrer Bestimmung gehörig zu entwickeln, so daß diese jener als Naturgattung nicht mehr widerstreite. Aus welchem Widerstreit, (da die Kultur, nach wahren Prinzipien der Erziehung zum Menschen und Bürger zugleich vielleicht noch nicht recht angefangen, viel weniger vollendet ist), alle wahre Übel entspringen, die das menschliche Leben drücken, und alle Laster, die es verunehren; indessen daß die Anreize zu den letzteren, denen man desfalls Schuld gibt, an sich gut und als Naturanlagen zweckmäßig sind, diese Anlagen aber, da sie auf den bloßen Naturzustand gestellet waren, durch die fortgehende Kultur Abbruch leiden, und dieser dagegen Abbruch tun, bis vollkommene Kunst wieder Natur wird; als welches das letzte Ziel der sittlichen Bestimmung der Menschengattung ist.

Beschluß der Geschichte.

Der Anfang der folgenden Periode war, daß der Mensch aus dem Zeitabschnitte der Gemächlichkeit und des Friedens in den der Arbeit und der Zwietracht, als das Vorspiel der Vereinigung in Gesellschaft, überging. Hier müssen wir wiederum einen großen Sprung tun, und ihn auf einmal in den Besitz gezähmter Tiere und der Gewächse, die er selbst durch Säen oder Pflanzen zu seiner Nahrung vervielfältigen konnte, versetzen (IV, 2); obwohl es mit dem Übergange aus dem wilden Jägerleben in den ersten, und aus dem unstäten Wurzelgraben oder Fruchtsammlen in den zweiten Zustand langsam genug zugegangen sein mag. Hier mußte nun der Zwist zwischen bis dahin friedlich nebeneinander lebenden Menschen schon anfangen, dessen Folge die Trennung derer von verschiedener Lebensart und ihrer Zerstreuung auf der Erde war. Das Hirtenleben ist nicht allein gemächlich, sondern gibt auch, weil es in einem weit und breit unbewohnten Boden an Futter nicht mangeln kann, den sichersten Unterhalt. Dagegen ist der Ackerbau oder die Pflanzung sehr mühsam, vom Unbestande der Witterung abhangend, mithin unsicher, erfordert auch bleibende Behausung, Eigentum des Bodens und hinreichende Gewalt, ihn zu verteidigen; der Hirte aber haßt dieses Eigentum, welches seine Freiheit der Weiden einschränkt. Was das erste betrifft, so konnte der Ackersmann den Hirten als vom Himmel mehr begünstigt zu beneiden scheinen (V. 4); in der Tat aber wurde ihm der letztere, solange er in seiner Nachbarschaft blieb, sehr lästig; denn das weidende Vieh schont seine Pflanzungen nicht. Da es nun jenem, nach dem Schaden, den er angerichtet hat, ein Leichtes ist, sich mit seiner Herde weit weg zu machen und sich aller Schadloshaltung zu entziehen, weil er nichts hinterläßt, was er nicht ebensogut allenthalben wiederfände, so war es wohl der Ackersmann, der gegen solche Beeinträchtigungen, die der andere nicht für unerlaubt hielt, Gewalt brauchen und, (da die Veranlassung dazu niemals ganz aufhören konnte), wenn er nicht der Früchte seines langen Fleißes verlustig geben wollte, sich endlich so weit als es ihm möglich war, von denen, die das Hirtenleben trieben, entfernen mußte (V. 16). Diese Scheidung macht die dritte Epoche.

Ein Boden, von dessen Bearbeitung und Bepflanzung (vornehmlich mit Bäumen) der Unterhalt abhängt, erfordert bleibende Behausungen, und die Verteidigung desselben gegen alle Verletzungen bedarf einer Menge einander Beistand leistender Menschen. Mithin konnten die Menschen bei dieser Lebensart sich nicht mehr familienweise zerstreuen, sondern mußten zusammenhalten und Dorfschaften, (uneigentlich Städte genannt), errichten, um ihr Eigentum gegen wilde Jäger oder Horden herumschweifender Hirten zu schützen. Die ersten Bedürfnisse des Lebens, deren Anschaffung eine verschiedene Lebensart erfordert (V. 20), konnten nun gegeneinander vertauscht werden. Daraus mußte Kultur entspringen und der Anfang der Kunst, des Zeitvertreibes sowohl als des Fleißes (V. 21. 22); was aber das Vornehmste ist, auch einige Anstalt zur bürgerlichen Verfassung und öffentlicher Gerechtigkeit, zuerst freilich nur in Ansehnung der größten Gewalttätigkeiten, deren Rächung nun nicht mehr, wie im wilden Zustande, einzelnen, sondern einer gesetzmäßigen Macht, die das Ganze zusammenhielt, d. i. einer Art von Regierung überlassen war, über welche selbst keine Ausübung der Gewalt stattfand (V. 23. 24). — Von dieser ersten und rohen Anlage konnte sich nun auch nach und nach alle menschliche Kunst, unter welcher die der Geselligkeit und bürgerlichen Sicherheit die ersprießlichste ist, allmählich entwickeln, das menschliche Geschlecht sich vermehren, und aus einem Mittelpunkte, wie Bienenstöcke, durch Aussendung schon gebildeter Kolonisten überall verbreiten. Mit dieser Epoche fing auch die Ungleichheit unter Menschen, diese reiche Quelle so vieles Bösen, aber auch alles Guten an und nahm fernerhin zu.

Solange nun noch die nomadischen Hirtenvölker, welche allein Gott für ihren Herrn erkennen, die Städtebewohner und Ackerleute, welche einen Menschen (Obrigkeit) zum Herrn haben (VI, 4), umschwärmten und als abgesagte Feinde alles Landeigentums diese anfeindeten, und von diesen wieder gehasset wurden, war zwar kontinuierlicher Krieg zwischen beiden, wenigstens unaufhörliche Kriegsgefahr, und beiderseitige Völker konnten daher im Inneren wenigstens des unschätzbaren Guts der Freiheit froh werden; — (denn Kriegsgefahr ist auch noch jetzt das einzige, was den Despotismus mäßigt; weil Reichtum dazu erfordert wird, daß ein Staat jetzt eine Macht sei, ohne Freiheit aber keine Betriebsamkeit, die Reichtum hervorbringen könnte, stattfindet. In einem armen Volke muß an dessen Stelle große Teilnehmung an der Erhaltung des gemeinen Wesens angetroffen werden; welche wiederum nicht anders, als wenn es sich darin frei fühlt, möglich ist.) — Mit der Zeit aber mußte denn doch der anhebende Luxus der Städtebewohner, vornehmlich aber die Kunst zu gefallen, wodurch die städtischen Weiber die schmutzigen Dirnen der Wüsten verdunkelten, eine mächtige Lockspeise für jene Hirten sein (V. 2), in Verbindung mit diesen zu treten und sich in das glänzende Elend der Städte ziehen zu lassen. Da denn durch Zusammenschmelzung zweier sonst einander feindseligen Völkerschaften, mit dem Ende aller Kriegsgefahr zugleich das Ende aller Freiheit, also des Despotismus mächtiger Tyrannen einerseits, bei kaum noch angefangener Kultur aber seelenlose Üppigkeit in verworfenster Sklaverei, mit allen Lastern des rohen Zustandes vermischt, andrerseits das menschliche Geschlecht von dem ihm durch die Natur vorgezeichneten Fortgange der Ausbildung seiner Anlagen zum Guten unwiderstehlich abbrachte und es dadurch selbst seiner Existenz, als einer über die Erde zu herrschen, nicht viehisch zu genießen und sklavisch zu dienen, bestimmten Gattung, unwürdig machte (V. 17).

3. Religion innerhalb der bloßen Vernunft (1793):

Der philosophischen Religionslehre erstes Stück[97]

(Verzichtet wurde auf den Abdruck der Einleitung, des Abschnitts „Vom Ursprunge des Bösen in der menschlichen Natur" sowie auf eine Schlußanmerkung Kants.)

I.

Von der ursprünglichen Anlage zum Guten in der menschlichen Natur.

Wir können sie, in Beziehung auf ihren Zweck, füglich auf drei Klassen, als Elemente der Bestimmung des Menschen, bringen:

1. Die Anlage für die Tierheit des Menschen, als eines lebenden;

2. Für die Menschheit desselben, als eines lebenden und zugleich vernünftigen;

3. Für seine Persönlichkeit, als eines vernünftigen, und zugleich der Zurechnung fähigen Wesens.

1. Die Anlage für die Tierheit im Menschen kann man unter den allgemeinen Titel der physischen und bloß mechanischen Selbstliebe, d. i. einer solchen, bringen, wozu nicht Vernunft erfordert wird. Sie ist dreifach: erstlich, zur Erhaltung seiner selbst; zweitens, zur Fortpflanzung seiner Art durch den Trieb zum Geschlecht und zur Erhaltung dessen, was durch Vermischung mit demselben erzeugt wird; drittens: zur Gemeinschaft mit andern Menschen, d. i. der Trieb zur Gesellschaft. — Auf sie können allerlei Laster gepfropft werden, (die aber nicht aus jener Anlage, als Wurzel, von selbst entsprießen). Sie können Laster der Rohigkeit der Natur heißen; und werden in ihrer höchsten Abweichung vom Naturzwecke viehische Laster: der Völlerei, der Wollust, und der wilden Gesetzlosigkeit (im Verhältnisse zu andern Menschen) genannt.

2. Die Anlagen für die Menschheit können auf den allgemeinen Titel der zwar physichen, aber doch vergleichenden Selbstliebe (wozu Vernunft erfordert wird) gebracht werden: sich nämlich nur in Vergleichung mit andern als glücklich oder unglücklich zu beurteilen. Von ihr rührt die Neigung her, sich in der Meinung anderer einen Wert zu verschaffen; und zwar ursprünglich bloß den der Gleichheit: keinem über sich Überlegenheit zu verstatten, mit einer beständigen Besorgnis ver-

bunden, daß andere darnach streben möchten; woraus nachgerade eine ungerechte Begierde entspringt; sie sich über andere zu erwerben. — Hierauf, nämlich auf Eifersucht und Nebenbuhlerei, können die größten Laster geheimer und offenbarer Feindseligkeiten gegen alle, die wir als für uns fremde ansehen, gepfropft werden: die eigentlich doch nicht aus der Natur als ihrer Wurzel von selbst entsprießen, sondern, bei der besorgten Bewerbung anderer zu einer uns verhaßten Überlegenheit über uns, Neigungen sind, sich der Sicherheit halber diese über andere als Vorbauungsmittel selbst zu verschaffen; da die Natur doch die Idee eines solches Wetteifers (der an sich die Wechselliebe nicht ausschließt) nur als Triebfeder zur Kultur brauchen wollte. Die Laster, die auf diese Neigung gepfropft werden, können daher auch Laster der Kultur heißen, und werden im höchsten Grade ihrer Bösartigkeit (da sie alsdann bloß die Idee eines Maximum des Bösen sind, welches die Menschheit übersteigt) z. B. im Neide, in der Undankbarkeit, der Schadenfreude usw. teuflische Laster genannt.

3. Die Anlage für die Persönlichkeit ist die Empfänglichkeit der Achtung für das moralische Gesetz als einer für sich hinreichenden Triebfeder der Willkür. Die Empfänglichkeit der bloßen Achtung für das moralische Gesetz in uns wäre das moralische Gefühl, welches für sich noch nicht einen Zweck der Naturanlage ausmacht, sondern nur sofern es Triebfeder der Willkür ist. Da dieses nun lediglich dadurch möglich wird, daß die freie Willkür es in ihre Maxime aufnimmt, so ist Beschaffenheit einer solchen Willkür der gute Charakter; welcher, wie überhaupt jeder Charakter der freien Willkür, etwas ist, das nur erworben werden kann, zu dessen Möglichkeit aber dennoch eine Anlage in unserer Natur vorhanden sein muß, worauf schlechterdings nichts Böses gepfropft werden kann. Die Idee des moralischen Gesetzes allein, mit der davon unzertrennlichen Achtung, kann man nicht füglich eine Anlage für die Persönlichkeit nennen; sie ist die Persönlichkeit selbst (die Idee der Menschheit ganz intellektuell betrachtet). Aber, daß wir diese Achtung zur Triebfeder in unsere Maximen aufnehmen, der subjektive Grund hiezu scheint ein Zusatz zur Persönlichkeit zu sein und daher den Namen einer Anlage zum Behuf derselben zu verdienen.

Wenn wir die genannten drei Anlagen nach den Bedingungen ihrer Möglichkeit betrachten, so finden wir, daß die erste keine Vernunft, die zweite zwar praktische, aber nur andern Triebfedern dienstbare, die dritte aber allein für sich selbst praktische, d. i. unbedingt gesetzgebende Vernunft zur Wurzel habe. Alle diese Anlagen im Menschen sind nicht allein (negativ) gut, (sie widerstreiten nicht dem moralischen Gesetze), sondern sind auch Anlagen zum Guten (sie befördern die Befolgung desselben). Sie sind ursprünglich; denn sie gehören zur Möglichkeit der menschlichen Natur. Der Mensch kann die zwei ersteren zwar zweckwidrig brauchen, aber keine derselben vertilgen. Unter Anlagen eines Wesens verstehen wir sowohl die Bestandstücke, die dazu erforderlich sind, als auch die Formen ihrer Verbindung, um ein solches Wesen zu sein. Sie sind ursprünglich, wenn sie zu der Möglichkeit eines solchen Wesens notwendig gehören; zufällig aber, wenn das Wesen auch ohne dieselben an sich möglich wäre. Noch ist zu merken, daß hier von keinen andern Anlagen die *Rede* ist, als denen, die sich unmittelbar auf das Begehrungsvermögen und den Gebrauch der Willkür beziehen.

II.

Von dem Hange zum Bösen in der menschlichen Natur.

Unter einem Hange *(propensio)* verstehe ich den subjektiven Grund der Möglichkeit einer Neigung (habituellen Begierde, *concupiscentia*), sofern sie für die Menschheit überhaupt zufällig ist. Er unterscheidet sich darin von einer Anlage, daß er zwar angeboren sein kann, aber doch nicht als solcher vorgestellt werden darf: sondern auch (wenn er gut ist) als erworben, oder (wenn er böse ist) als von dem Menschen selbst sich zugezogen gedacht werden kann. — Es ist aber hier nur vom Hange zum eigentlich, d. i. zum Moralisch-Bösen die Rede; welches, da es nur als Bestimmung der freien Willkür möglich ist, diese aber als gut oder böse nur durch ihre Maximen beurteilt werden kann, in dem subjektiven Grunde der Möglichkeit der Abweichung der Maximen vom moralischen Gesetze bestehen muß, und, wenn dieser Hang als allgemein zum Menschen (also, als zum Charakter seiner Gattung) gehörig angenommen werden darf, ein natürlicher Hang des Menschen zum Bösen genannt werden wird. — Man kann noch hinzusetzen, daß die aus dem natürlichen Hange entspringende Fähigkeit oder Unfähigkeit der Willkür, das moralische Gesetz in seine Maxime aufzunehmen oder nicht, das gute oder böse Herz genannt werde.

Man kann sich drei verschiedene Stufen desselben denken. Erstlich, ist es die Schwäche des menschlichen Herzens in Befolgung genommener Maximen überhaupt, oder die Gebrechlichkeit der menschlichen Natur; zweitens, der Hang zur Vermischung unmoralischer Triebfedern mit den moralischen, (selbst wenn es in guter Absicht, und unter Maximen des Guten geschähe), d. i. die Unlauterkeit; drittens, der Hang zur Annehmung böser Maximen, d. i. die Bösartigkeit der menschlichen Natur oder des menschlichen Herzens.

Erstlich, die Gebrechlichkeit *(fragilitas)* der menschlichen Natur ist selbst in der Klage eines Apostels ausgedrückt: Wollen habe ich wohl, aber das Vollbringen fehlt, d. i. ich nehme das Gute (das Gesetz) in die Maxime meiner Willkür auf; aber dieses, welches objektiv in der Idee *(in thesi)* eine unüberwindliche Triebfeder ist, ist subjektiv *(in hypothesi)*, wenn die Maxime befolgt werden soll, die schwächere (in Vergleichung mit der Neigung).

Zweitens, die Unlauterkeit *(impuritas, improbitas)* des menschlichen Herzens besteht darin: daß die Maxime dem Objekte nach (der beabsichtigten Befolgung des Gesetzes) zwar gut und vielleicht auch zur Ausübung kräftig genug, aber nicht rein moralisch ist, d. i. nicht, wie es sein sollte, das Gesetz allein zur hinreichenden Triebfeder in sich aufgenommen hat: sondern mehrenteils (vielleicht jederzeit) noch anderer Triebfedern außer derselben bedarf, um dadurch die Willkür zu dem, was Pflicht fordert, zu bestimmen. Mit andern Worten, daß pflichtmäßige Handlungen nicht rein aus Pflicht getan werden.

Drittens, die Bösartigkeit *(vitiositas, pravitas)*, oder, wenn man lieber will, die Verderbtheit *(corruptio)* des menschlichen Herzens ist der Hang der Willkür zu Maximen, die Triebfeder aus dem moralischen Gesetz andern (nicht moralischen) nachzusetzen. Sie kann auch die Verkehrtheit *(perversitas)* des menschlichen Herzens heißen, weil sie die sittliche Ordnung in Ansehung der Triebfedern einer freien Willkür umkehrt, und, obzwar damit noch immer gesetzlich gute (legale) Handlungen bestehen können, so wird doch die Denkungsart dadurch in ihrer Wurzel (was die moralische Gesinung betrifft) verderbt, und der Mensch darum als böse bezeichnet.

Man wird bemerken: daß der Hang zum Bösen hier am Menschen, auch dem besten, (den Handlungen nach) aufgestellt wird, welches auch geschehen muß, wenn die Allgemeinheit des Hanges zum Bösen unter Menschen, oder, welches hier dasselbe bedeutet, daß er mit der menschlichen Natur verwebt sei, bewiesen werden soll.

Es ist aber zwischen einem Menschen von guten Sitten *(bene moratus)* und einem sittlich guten Menschen *(moraliter bonus)*, was die Übereinstimmung der Handlungen mit dem Gesetz betrifft, kein Unterschied (wenigstens darf keiner sein); nur daß sie bei dem einen eben nicht immer, vielleicht nie, das Gesetz, bei dem andern aber es jederzeit zur alleinigen und obersten Triebfeder haben. Man kann von dem ersteren sagen: er befolge das Gesetz dem Buchstaben nach (d. i. was die Handlung angeht, die das Gesetz gebietet); vom zweiten aber: er beobachte es dem Geiste nach (der Geist des moralischen Gesetzes besteht darin, daß dieses für sich allein zur Triebfeder hinreichend sei). Was nicht aus diesem Glauben geschieht, das ist Sünde (der Denkungsart nach). Denn, wenn andre Triebfedern nötig sind, die Willkür zu gesetzmäßigen Handlungen zu bestimmen, als das Gesetz selbst (z. B. Ehrbegierde, Selbstliebe überhaupt, ja gar gutherziger Instinkt, dergleichen das Mitleiden ist); so ist es bloß zufällig, daß diese mit dem Gesetz übereinstimmen: denn sie könnten ebensowohl zur Übertretung antreiben. Die Maxime, nach deren Güte aller moralische Wert der Person geschätzt werden muß, ist also doch gesetzwidrig, und der Mensch ist bei lauter guten Handlungen dennoch böse.

Folgende Erläuterung ist noch nötig, um den Begriff von diesem Hange zu bestimmen. Aller Hang ist entweder physisch, d. i. er gehört zur Willkür des Menschen als Naturwesens; oder er ist moralisch, d. i. zur Willkür desselben als moralischen Wesens gehörig. — Im ersteren Sinne gibt es keinen Hang zum Moralisch-Bösen; denn dieses muß aus der Freiheit entspringen; und ein physischer Hang (der auf sinnliche Antriebe gegründet ist) zu irgendeinem Gebrauche der Freiheit, es sei zum Guten oder Bösen, ist ein Widerspruch. Also kann ein Hang zum Bösen nur dem moralischen Vermögen der Willkür ankleben. Nun ist aber nichts sittlich- (d. i. zurechnungsfähig-) Böse, als was unsere eigene Tat ist. Dagegen versteht man unter dem Begriffe eines Hanges einen subjektiven Bestimmungsgrund der Willkür, der vor jeder Tat vorhergeht, mithin selbst noch nicht Tat ist; da denn in dem Begriffe eines bloßen Hanges zum Bösen ein Widerspruch sein würde, wenn dieser Ausdruck nicht etwa in zweierlei verschiedener Bedeutung, die sich beide doch mit dem Begriffe der Freiheit vereinigen lassen, genommen werden könnte. Es kann aber der Ausdruck von einer Tat überhaupt sowohl von demjenigen Gebrauch der Freiheit gelten, wodurch die oberste Maxime (dem Gesetze gemäß oder zuwider) in die Willkür aufgenommen, als auch von demjenigen, da die Handlungen selbst (ihrer Materie nach, d. i. die Objekte der Willkür betreffend) jener Maxime gemäß ausgeübt werden. Der Hang zum Bösen ist nun Tat in der ersten Bedeutung *(peccatum originarium)*, und zugleich der formale Grund aller gesetzwidrigen Tat im zweiten Sinne genommen, welche der Materie nach demselben widerstreitet, und Laster *(peccatum derivativum)* genannt wird; und die erste Verschuldung bleibt, wenngleich die zweite (aus Triebfedern, die nicht im Gesetz selber bestehen) vielfältig vermieden würde. Jene ist intelligibele Tat, bloß durch Vernunft ohne alle Zeitbedingung erkennbar; diese sensibel, empirisch, in der Zeit gegeben *(Factum phaenomenon)*. Die erste heißt nun vornehmlich in Vergleichung mit der zweiten ein bloßer Hang, und angeboren, weil er nicht ausgerottet werden kann (als wozu die oberste Maxime die des Guten sein müßte, welche aber in jenem Hange selbst als böse angenommen wird); vornehmlich aber, weil wir davon: warum in uns das Böse gerade die oberste Maxime verderbt habe, obgleich dieses unsere eigene Tat ist, ebensowenig weiter eine Ursache angeben können, als von einer Grundeigenschaft, die zu unserer Natur gehört. — Man wird in dem jetzt Gesagten den Grund antreffen, warum wir in diesem Abschnitte gleich zu Anfange die drei Quellen des Moralisch-Bösen lediglich in demjenigen suchten, was nach Freiheitsgesetzen den obersten Grund der Nehmung oder Befolgung unserer Maximen, nicht was die Sinnlichkeit (als Rezeptivität) affiziert.

III.

Der Mensch ist von Natur böse.

Vitiis nemo sine nascitur[98]. Horat.

Der Satz: der Mensch ist böse, kann nach dem obigen nichts anders sagen wollen, als: er ist sich des moralischen Gesetzes bewußt und hat doch die (gelegentliche) Abweichung von demselben in seine Maxime aufgenommen. Er ist von Natur böse, heißt soviel, als: dieses gilt von ihm in seiner Gattung betrachtet; nicht als ob solche Qualität aus seinem Gattungsbegriffe (dem eines Menschen überhaupt) könne gefolgert werden (denn alsdann wäre sie notwendig), sondern er kann nach dem, wie man ihn durch Erfahrung kennt, nicht anders beurteilt werden, oder man kann es, als subjektiv notwendig, in jedem, auch dem besten Menschen voraussetzen. Da dieser Hang nun selbst als moralisch böse, mithin nicht als Naturanlage, sondern als etwas, was dem Menschen zugerechnet werden kann, betrachtet werden, folglich in gesetzwidrigen Maximen der Willkür bestehen muß, diese aber, der Freiheit wegen, für sich als zufällig angesehen werden müssen, welches mit der Allgemeinheit dieses Bösen sich wiederum nicht zusammenreimen will, wenn nicht der subjektive oberste Grund aller Maximen mit der Menschheit selbst, es sei, wodurch es wolle, verwebt und darin gleichsam gewurzelt ist: so werden wir diesen einen natürlichen Hang zum Bösen, und da er doch immer selbstverschuldet sein muß, ihn selbst ein radikales, angebornes, (nichtsdestoweniger aber uns von uns selbst zugezogenes) Böse in der menschlichen Natur nennen können.

Daß nun ein solcher verderbter Hang im Menschen gewurzelt sein müsse, darüber können wir uns, bei der Menge schreiender Beispiele, welche uns die Erfahrung an den Taten der Menschen vor Augen stellt, den förmlichen Beweis ersparen. Will man sie aus demjenigen Zustande haben, in welchem manche Philosophen die natürliche Gutartigkeit der menschlichen Natur vorzüglich anzutreffen hofften, nämlich aus dem sogenannten Naturstande, so darf man nur die Auftritte von ungereizter Grausamkeit in den Mordszenen auf Tofoa, Neuseeland, den Navigatorsinseln, und die nie aufhörende in den weiten Wüsten des Nordwestlichen

Amerika, (die Kapt. HEARNE anführt), wo sogar kein Mensch den mindesten Vorteil davon hat, mit jener Hypothese vergleichen, und man hat Laster der Rohigkeit, mehr als nötig ist, um von dieser Meinung abzugehen. Ist man aber für die Meinung gestimmt, daß sich die menschliche Natur im gesitteten Zustand (worin sich ihre Anlagen vollständiger entwickeln können) besser erkennen lasse; so wird man eine lange melancholische Litanei von Anklagen der Menschheit anhören müssen: von geheimer Falschheit, selbst bei der innigsten Freundschaft, so daß die Mäßigung des Vertrauens in wechselseitiger Eröffnung auch der besten Freunde zur allgemeinen Maxime der Klugheit im Umgange gezählt wird; von einem Hange, denjenigen zu hassen, dem man verbindlich ist, worauf ein Wohltäter jederzeit gefaßt sein müsse; von einem herzlichen Wohlwollen, welches doch die Bemerkung zuläßt, „es sei in dem Unglück unsrer besten Freunde etwas, das uns nicht ganz mißfällt;“ und von vielen andern unter dem Tugendscheine noch verborgenen, geschweige derjenigen Laster, die ihrer gar nicht hehl haben, weil uns der schon gut heißt, der *ein böser Mensch von der allgemeinen Klasse* ist: und er wird an den Lastern der *Kultur* und Zivilisierung (den kränkendsten unter allen) genug haben, um sein Auge lieber vom Betragen der Menschen abzuwenden, damit er sich nicht selbst ein anderes Laster, nämlich den Menschenhaß, zuziehe. Ist er aber damit noch nicht zufrieden, so darf er nur den aus beiden auf wunderliche Weise zusammengesetzten, nämlich den äußern Völkerzustand in Betrachtung ziehen, da zivilisierte Völkerschaften gegeneinander im Verhältnisse des rohen Naturzustandes (eines Standes der beständigen Kriegsverfassung) stehen, und sich auch fest in den Kopf gesetzt haben, nie daraus zu gehen; und er wird dem öffentlichen Vorgeben gerade widersprechende und doch nie abzulegende Grundsätze der großen Gesellschaften, *Staaten* genannt gewahr werden, die noch kein Philosoph mit der Moral hat in Einstimmung bringen, und doch auch (welches arg ist) keine bessern, die sich mit der menschlichen Natur vereinigen ließen, vorschlagen können: so daß der *philosophische Chiliasm*, der auf den Zustand eines ewigen, auf einen Völkerbund als Weltrepublik gegründeten, Friedens hofft, ebenso wie der *theologische*, der auf des ganzen Menschengeschlechts vollendete moralische Besserung harret, als Schwärmerei allgemein verlacht wird.

Der Grund dieses Bösen kann nun 1) nicht, wie man ihn gemeiniglich anzugeben pflegt, *in der Sinnlichkeit* des Menschen und den daraus entspringenden natürlichen Neigungen gesetzt werden. Denn nicht allein, daß diese keine gerade Beziehung aufs Böse haben (vielmehr zu dem, was die moralische Gesinnung in ihrer Kraft beweisen kann, zur Tugend die Gelegenheit geben); so dürfen wir ihr Dasein nicht verantworten, (wir können es auch nicht; weil sie als anerschaffen uns nicht zu Urhebern haben), wohl aber den Hang zum Bösen, der, indem er die Moralität des Subjekts betrifft, mithin in ihm, als einem frei handelnden Wesen angetroffen wird, als selbst verschuldet ihm muß zugerechnet werden können: ungeachtet der tiefen Einwurzelung desselben in die Willkür, wegen welcher man sagen muß, er sei in dem Menschen von Natur anzutreffen. — Der Grund dieses Bösen kann auch 2) nicht in einer Verderbnis der moralisch-gesetzgebenden Vernunft gesetzt werden: gleich als ob diese das Ansehen des Gesetzes selbst in sich vertilgen, und die Verbindlichkeit aus demselben ableugnen könne; denn das ist schlechterdings unmöglich. Sich als ein frei handelndes Wesen, und doch von dem, einem solchen angemessenen, Gesetze (dem moralischen) entbunden denken, wäre soviel, als eine ohne alle Gesetze wirkende Ursache denken, (denn die Bestimmung nach Naturgesetzen fällt der Freiheit halber weg): welches sich widerspricht. — Um also einen Grund des Moralisch-Bösen im Menschen anzugeben, enthält die Sinnlichkeit zu wenig; denn sie macht den Menschen, indem sie die Triebfedern, die aus der Freiheit entspringen können, wegnimmt, zu einem bloß Tierischen; eine vom moralischen Gesetze aber freisprechende, gleichsam boshafte Vernunft, (ein schlechthin böser Wille), enthält dagegen zu viel, weil dadurch der Widerstreit gegen das Gesetz selbst zur Triebfeder (denn ohne alle Triebfeder kann die Willkür nicht bestimmt werden) erhoben, und so das Subjekt zu einem teuflischen Wesen gemacht werden würde. — Keines von beiden aber ist auf den Menschen anwendbar.

Wenn nun aber gleich das Dasein dieses Hanges zum Bösen in der menschlichen Natur durch Erfahrungsbeweise des in der Zeit wirklichen Widerstreits der menschlichen Willkür gegen das Gesetz dargetan werden kann, so lehren uns diese doch nicht die eigentliche Beschaffenheit desselben und den Grund dieses Widerstreits; sondern diese, weil sie eine Beziehung der freien Willkür (also einer solchen, deren Begriff nicht empirisch ist) auf das moralische Gesetz als Triebfeder (wovon der Begriff gleichfalls rein intellektuell ist) betrifft, muß aus dem Begriffe des Bösen, sofern es nach Gesetzen der Freiheit (der Verbindlichkeit und Zurechnungsfähigkeit) möglich ist, a priori erkannt werden. Folgendes ist die Entwickelung des Begriffs.

Der Mensch (selbst der ärgste) tut, in welchen Maximen es auch sei, auf das moralische Gesetz nicht gleichsam rebellischerweise (mit Aufkündigung des Gehorsams) Verzicht. Dieses dringt sich ihm vielmehr, kraft seiner moralischen Anlage, unwiderstehlich auf; und wenn keine andere Triebfeder dagegen wirkte, so würde er es auch als hinreichenden Bestimmungsgrund der Willkür in seine oberste Maxime aufnehmen, d. i. er würde moralisch gut sein. Er hängt aber doch auch, vermöge seiner gleichfalls schuldlosen Naturanlage, an den Triebfedern der Sinnlichkeit, und nimmt sie (nach dem subjektiven Prinzip der Selbstliebe) auch in seine Maxime auf. Wenn er diese aber, als für sich allein hinreichend zur Bestimmung der Willkür, in seine Maxime aufnähme, ohne sich ans moralische Gesetz (welches er doch in sich hat) zu kehren; so würde er moralisch böse sein. Da er nun natürlicherweise beide in dieselbe aufnimmt, da er auch jede für sich, wenn sie allein wäre, zur Willensbestimmung hinreichend finden würde: so würde er, wenn der Unterschied der Maximen bloß auf den Unterschied der Triebfedern (der Materie der Maximen) nämlich, ob das Gesetz oder der Sinnenantrieb eine solche abgeben, ankäme, moralisch gut und böse zugleich sein; welches sich (nach der Einleitung) widerspricht. Also muß der Unterschied, ob der Mensch gut oder böse sei, nicht in dem Unterschiede der Triebfedern, die er in seine Maxime aufnimmt, (nicht in dieser ihrer Materie), sondern in der Unterordnung (der Form derselben) liegen: welche von beiden er zur Bedingung der andern macht. Folglich ist der Mensch, (auch der beste) nur dadurch böse, daß er die sittliche Ordnung der Triebfedern, in der Aufnehmung derselben in seine Maximen, umkehrt: das moralische Gesetz zwar neben dem der Selbstliebe in dieselbe aufnimmt; da er aber inne wird, daß eines neben dem andern nicht bestehen kann, sondern eines dem andern als seiner obersten Bedingung untergeordnet werden müsse, er die Triebfeder der Selbstliebe und ihre Neigungen zur Bedingung der Befolgung des moralischen Gesetzes macht, da das letztere vielmehr als die oberste Bedingung der Befriedigung der ersteren in die allgemeine Maxime der Willkür als alleinige Triebfeder aufgenommen werden sollte.

Bei dieser Umkehrung der Triebfedern durch seine Maxime, wider die sittliche Ordnung, können die Handlungen dennoch wohl so gesetzmäßig ausfallen, als ob sie aus echten Grundsätzen entsprungen wären: wenn die Vernunft die Einheit der Maximen überhaupt, welche dem moralischen Gesetze eigen ist, bloß dazu braucht, um in die Triebfedern der Neigung, unter dem Namen Glückseligkeit, Einheit der Maximen, die ihnen sonst nicht zukommen kann, hineinzubringen (z. B. daß die Wahrhaftigkeit, wenn man sie zum Grundsatze annähme, uns der Ängstlichkeit überhebt, unseren Lügen die Übereinstimmung zu erhalten, und uns nicht in den Schlangenwindungen derselben selbst zu verwickeln); da dann der empirische Charakter gut, der intelligibile aber immer noch böse ist.

Wenn nun ein Hang dazu in der menschlichen Natur liegt, so ist im Menschen ein natürlicher Hang zum Bösen; und dieser Hang selber, weil er am Ende doch in einer freien Willkür gesucht werden muß, mithin zugerechnet werden kann, ist moralisch böse. Dieses Böse ist radikal, weil es den Grund aller Maximen verdirbt; zugleich auch als natürlicher Hang durch menschliche Kräfte nicht zu vertilgen, weil dieses nur durch gute Maximen geschehen könnte, welches, wenn der oberste subjektive Grund aller Maximen als verderbt vorausgesetzt wird, nicht stattfinden kann; gleichwohl aber muß er zu überwiegen möglich sein, weil er in dem Menschen als frei handelndem Wesen angetroffen wird.

Die Bösartigkeit der menschlichen Natur ist also nicht sowohl Bosheit, wenn man dieses Wort in strenger Bedeutung nimmt, nämlich als eine Gesinnung (subjektives Prinzip der Maximen), das Böse als Böses zur Triebfeder in seine Maxime aufzunehmen (denn die ist teuflisch); sondern vielmehr Verkehrtheit des Herzens, welches nun, der Folge wegen, auch ein böses Herz heißt, zu nennen. Diese kann mit einem im allgemeinen guten Willen zusammenbestehen, und entspringt aus der Gebrechlichkeit der menschlichen Natur, zu Befolgung seiner genommenen Grundsätze nicht stark genug zu sein, mit der Unlauterkeit verbunden, die Triebfedern (selbst gut beabsichtigter Handlungen) nicht nach moralischer Richtschnur voneinander abzusondern, und daher zuletzt, wenn es hoch kömmt, nur auf die Gemäßheit derselben mit dem Gesetz, und nicht auf die Ableitung von demselben, d. i. auf dieses, als die alleinige Triebfeder zu sehen. Wenn hieraus nun gleich nicht eben immer eine gesetzwidrige Handlung und ein Hang dazu, d. i. das Laster, entspringt; so ist die Denkungsart, sich die Abwesenheit desselben schon für Angemessenheit der Gesinnung zum Gesetze der Pflicht (für Tugend) auszulegen (da hiebei auf die Triebfeder in der Maxime gar nicht, sondern auf die Befolgung des Gesetzes dem Buchstaben nach, gesehen wird), selbst schon eine radikale Verkehrtheit im menschlichen Herzen zu nennen.

Diese angeborne Schuld *(reatus)*, welche so genannt wird, weil sie sich so früh, als sich nur immer der Gebrauch der Freiheit im Menschen äußert, wahrnehmen läßt, und nichtsdestoweniger doch aus der Freiheit entsprungen sein muß, und daher zugerechnet werden kann, kann in ihren zwei ersteren Stufen (der Gebrechlichkeit und der Unlauterkeit) als unvorsätzlich *(culpa)*, in der dritten aber als vorsätzliche Schuld *(dolus)*, beurteilt werden, und hat zu ihrem Charakter eine gewisse Tücke des menschlichen Herzens *(dolus malus)*, sich wegen seiner eigenen guten oder bösen Gesinnungen selbst zu betrügen, und, wenn nur die Handlungen das Böse nicht zur Folge haben, was sie nach ihren Maximen wohl haben könnten, sich seiner Gesinnung wegen nicht zu beunruhigen, sondern vielmehr vor dem Gesetze gerechtfertigt zu halten. Daher rührt die Gewissensruhe so vieler (ihrer Meinung nach gewissenhafter) Menschen, wenn sie mitten unter Handlungen, bei denen das Gesetz nicht zu Rate gezogen ward, wenigstens nicht das meiste galt, nur den bösen Folgen glücklich entwischten, und wohl gar die Einbildung von Verdienst, keiner solcher Vergehungen sich schuldig zu fühlen, mit denen sie andere behaftet sehen: ohne doch nachzuforschen, ob es nicht bloß etwa Verdienst des

Glücks sei, und ob nach der Denkungsart, die sie in ihrem Innern wohl aufdecken könnten, wenn sie nur wollten, nicht gleiche Laster von ihnen verübt worden wären, wenn nicht Unvermögen, Temperament, Erziehung, Umstände der Zeit und des Orts, die in Versuchung führen, (lauter Dinge, die uns nicht zugerechnet werden können), davon entfernt gehalten hätten. Diese Unredlichkeit, sich selbst blauen Dunst vorzumachen, welche die Gründung echter moralischer Gesinnung in uns abhält, erweitert sich denn auch äußerlich zur Falschheit und Täuschung anderer; welche, wenn sie nicht Bosheit genannt werden soll, doch wenigstens Nichtswürdigkeit zu heißen verdient, und liegt in dem radikalen Bösen der menschlichen Natur, welches (indem es die moralische Urteilskraft in Ansehung dessen, wofür man einen Menschen halten solle, verstimmt und die Zurechnung innerlich und äußerlich ganz ungewiß macht) den faulen Fleck unserer Gattung ausmacht, der, solange wir ihn nicht herausbringen, den Keim des Guten hindert, sich, wie er sonst wohl tun würde, zu entwickeln.

Ein Mitglied des Englischen Parlaments stieß in der Hitze die Behauptung aus: „Ein jeder Mensch hat seinen Preis, für den er sich weggibt.“ Wenn dieses wahr ist, (welches dann ein jeder bei sich ausmachen mag); wenn es überall keine Tugend gibt, für die nicht ein Grad der Versuchung gefunden werden kann, der vermögend ist, sie zu stürzen; wenn, ob der böse oder der gute Geist uns für seine Partei gewinne, es nur darauf ankömmt, wer das meiste bietet und die prompteste Zahlung leistet: so möchte wohl vom Menschen allgemein wahr sein, was der Apostel sagt: „Es ist hier kein Unterschied, sie sind allzumal Sünder — es ist keiner, der Gutes tue (nach dem Geiste des Gesetzes), auch nicht einer.

Allgemeine Anmerkung

Von der Wiederherstellung der ursprünglichen Anlage zum Guten in ihre Kraft.

Was der Mensch im moralischen Sinne ist oder werden soll, gut oder böse, dazu muß er sich selbst machen, oder gemacht haben. Beides muß eine Wirkung seiner freien Willkür sein; denn sonst könnte es ihm nicht zugerechnet werden, folglich er weder moralisch gut noch böse sein. Wenn es heißt, er ist gut geschaffen, so kann das nichts mehr bedeuten, als er ist zum Guten erschaffen, und die ursprüngliche Anlage im Menschen ist gut; der Mensch ist es selber dadurch noch nicht, sondern nachdem er die Triebfedern, die diese Anlage enthält, in seine Maxime aufnimmt oder nicht, (welches seiner freien Wahl gänzlich überlassen sein muß), macht er, daß er gut oder böse wird. Gesetzt, zum Gut- oder Besserwerden sei noch eine übernatürliche Mitwirkung nötig, so mag diese nur in der Verminderung der Hindernisse bestehen, oder auch positiver Beistand sein, der Mensch muß sich doch vorher würdig machen, sie zu empfangen, und diese Beihilfe annehmen, (welches nichts geringes ist) d. i. die positive Kraftvermehrung in seine Maxime aufnehmen, wodurch es allein möglich wird, daß ihm das Gute zugerechnet, und er für einen guten Menschen erkannt werde.

Wie es nun möglich sei, daß ein natürlicherweise böser Mensch sich selbst zum guten Menschen mache, das übersteigt alle unsere Begriffe; denn wie kann ein böser Baum gute Früchte bringen? Da aber doch nach dem vorher abgelegten Geständnisse ein ursprünglich (der Anlage nach) guter Baum arge Früchte hervorgebracht hat und der Verfall vom Guten ins Böse (wenn man wohl bedenkt, daß dieses aus der Freiheit entspringt), nicht begreiflicher ist, als das Wiederaufstehen aus dem Bösen zum Guten, so kann die Möglichkeit des letztern nicht bestritten werden. Denn, ungeachtet jenes Abfalls, erschallt doch das Gebot: wir sollen bessere Menschen werden, unvermindert in unserer Seele; folglich müssen wir es auch können, sollte auch das, was wir tun können, für sich allein unzureichend sein, und wir uns dadurch nur eines für uns unerforschlichen höheren Beistandes empfänglich machen. — Freilich muß hiebei vorausgesetzt werden, daß ein Keim des Guten in seiner ganzen Reinigkeit übriggeblieben, nicht vertilgt oder verderbt werden konnte, welcher gewiß nicht die Selbstliebe sein kann, die, als Prinzip aller unserer Maximen angenommen, gerade die Quelle alles Bösen ist.

Die Wiederherstellung der ursprünglichen Anlage zum Guten in uns ist also nicht Erwerbung einer verlornen Triebfeder zum Guten; denn diese, die in der Achtung fürs moralische Gesetz besteht, haben wir nie verlieren können, und wäre das letztere möglich, so würden wir sie auch nie wieder erwerben. Sie ist also nur die Herstellung der Reinigkeit desselben, als obersten Grundes aller unserer Maximen, nach welcher dasselbe nicht bloß mit andern Triebfedern verbunden, oder wohl gar diesen (den Neigungen) als Bedingungen untergeordnet, sondern in seiner ganzen Reinigkeit als für sich zureichende Triebfeder der Bestimmung der Willkür in dieselbe aufgenommen werden soll. Das urspünglich Gute ist die Heiligkeit der Maximen in Befolgung seiner Pflicht; wodurch der Mensch, der diese Reinigkeit in seine Maxime aufnimmt, obzwar darum noch nicht selbst heilig; (denn zwischen der Maxime und der Tat ist noch ein großer Zwischenraum), dennoch auf dem Wege dazu ist, sich ihr im unendlichen Fortschritt zu nähern. Der zur Fertigkeit gewordene feste Vorsatz in Befolgung seiner Pflicht heißt auch Tugend, der Legalität nach als ihrem empirischen Charakter *(virtus phaenomenon)*. Sie hat also die beharrliche Maxime gesetzmäßiger Handlungen; die Triebfeder, deren die Willkür hiezu bedarf, mag man nehmen, woher man wolle. Daher wird Tugend in diesem Sinne nach und nach erworben und heißt einigen eine lange Gewohnheit (in Beobachtung des Gesetzes), durch die der Mensch vom Hange zum Laster durch allmähliche Reformen seines Verhaltens und Befestigung seiner Maximen in einen entgegengesetzten Hang übergekommen ist. Dazu ist nun nicht eben eine Herzensänderung nötig; sondern nur eine Änderung der Sitten. Der Mensch findet sich tugendhaft, wenn er sich in Maximen, seine Pflicht zu beobachten, befestigt fühlt: obgleich nicht aus dem obersten Grunde aller Maximen, nämlich aus Pflicht; sondern der Unmäßige z. B. kehrt zur Mäßigkeit um der Gesundheit, der Lügenhafte zur Wahrheit um der Ehre, der Ungerechte zur bürgerlichen Ehrlichkeit um der Ruhe oder des Erwerbs willen usw. zurück. Alle nach dem gepriesenen Prinzip der Glückseligkeit. Daß aber jemand nicht bloß ein gesetzlich, sondern ein moralisch guter (Gott wohlgefälliger) Mensch, d. i. tugendhaft nach dem intelligiblen Charakter *(virtus Noumenon)*, werde, welcher, wenn er etwas als Pflicht erkennt, keiner andern Triebfeder weiter bedarf, als dieser Vorstellung der Pflicht selbst: das kann nicht durch allmähliche Reform, solange die Grundlage der Maximen unlauter bleibt, sondern muß durch eine Revolution in der Gesinnung im Menschen (einen Übergang zur Maxime der Heiligkeit derselben) bewirkt werden; und er kann ein neuer Mensch nur durch eine Art von Wiedergeburt gleich als durch eine neue Schöpfung (Ev. Joh. III, 5; verglichen mit 1 Mose I, 2), und Änderung des Herzens werden.

Wenn der Mensch aber im Grunde seiner Maximen verderbt ist, wie ist es möglich, daß er durch eigene Kräfte diese Revolution zustande bringe und von selbst ein guter Mensch werde? Und doch gebietet die Pflicht es zu sein, sie gebietet uns aber nichts, als was uns tunlich ist. Dieses ist nicht anders zu vereinigen, als daß die Revolution für die Denkungsart, die allmähliche Reform aber für die Sinnesart, (welcher jener Hindernisse entgegenstellt), notwendig, und daher auch dem Menschen möglich sein muß. Das ist: wenn er den obersten Grund seiner Maximen, wodurch er ein böser Mensch war, durch eine einzige unwandelbare Entschließung umkehrt, (und hiemit einen neuen Menschen anzieht); so ist er sofern, dem Prinzip und der Denkungsart nach, ein fürs Gute empfängliches Subjekt; aber nur in kontinuierlichem Wirken und Werden ein guter Mensch: d. i. er kann hoffen, daß er bei einer solchen Reinigkeit des Prinzips, welches er sich zur obersten Maxime seiner Willkür genommen hat, und der Festigkeit desselben, sich auf dem guten (obwohl schmalen) Wege eines beständigen Fortschreitens vom Schlechten zum Bessern befinde. Dies ist für denjenigen, der den intelligibelen Grund des Herzens (aller Maximen der Willkür) durchschauet, für den also diese Unendlichkeit des Fortschritts Einheit ist, d. i. für Gott soviel, als wirklich ein guter (ihm gefälliger) Mensch sein; und insofern kann diese Veränderung als Revolution betrachtet werden; für die Beurteilung der Menschen aber, die sich und die Stärke ihrer Maximen nur nach der Oberhand, die sie über Sinnlichkeit in der Zeit gewinnen, schätzen können, ist sie nur als ein immer fortdauerndes Streben zum Bessern, mithin als allmähliche Reform des Hanges zum Bösen, als verkehrter Denkungsart, anzusehen.

Hieraus folgt, daß die moralische Bildung[99] des Menschen nicht von der Besserung der Sitten, sondern von der Umwandlung der Denkungsart und von Gründung eines Charakters anfangen müsse; ob man zwar gewöhnlicherweise anders verfährt, und wider Laster einzeln kämpft, die allgemeine Wurzel derselben aber unberührt läßt. Nun ist selbst der eingeschränkteste Mensch des Eindrucks einer desto größeren Achtung für eine pflichtmäßige Handlung fähig, je mehr er ihr in Gedanken andere Triebfedern, die durch die Selbstliebe auf die Maxime der Handlung Einfluß haben könnten, entzieht; und selbst Kinder sind fähig, auch die kleinste Spur von Beimischung unechter Triebfedern aufzufinden; da denn die Handlung bei ihnen augenblicklich allen moralischen Wert verliert. Diese Anlage zum Guten wird dadurch, daß man das Beispiel selbst von guten Menschen, (was die Gesetzmäßigkeit derselben betrifft), anführt[100], und seine moralischen Lehrlinge die Unlauterkeit mancher Maximen aus den wirklichen Triebfedern ihrer Handlungen beurteilen läßt, unvergleichlich kultiviert und geht allmählich in die Denkungsart über: so daß Pflicht bloß für sich selbst in ihren Herzen ein merkliches Gewicht zu bekommen anhebt. Allein tugendhafte Handlungen, soviel Aufopferung sie auch gekostet haben mögen, bewundern zu lehren, ist noch nicht die rechte Stimmung, die das Gemüt des Lehrlings fürs moralische Gute erhalten soll. Denn so tugendhaft jemand auch sei, so ist doch alles, was er immer Gutes tun kann, bloß Pflicht; seine Pflicht aber tun, ist nichts mehr, als das tun, was in der gewöhnlichen sittlichen Ordnung ist, mithin nicht bewundert zu werden verdient. Vielmehr ist diese Bewunderung eine Abstimmung unsers Gefühls für Pflicht, gleich als ob es etwas Außerordentliches und Verdienstliches wäre, ihr Gehorsam zu leisten.

Aber eines ist in unsrer Seele, welches, wenn wir es gehörig ins Auge fassen, wir nicht aufhören können, mit der höchsten Verwunderung zu betrachten, und wo die Bewunderung rechtmäßig, zugleich auch seelenerhebend ist, und das ist: die ursprüngliche moralische Anlage in uns überhaupt. — Was ist das, (kann man sich selbst fragen), in uns, wodurch wir von der Natur durch soviel Bedürfnisse beständig abhängige Wesen, doch zugleich über diese in der Idee einer ursprünglichen Anlage (in uns) soweit erhoben werden, daß wir sie insgesamt für nichts, und uns selbst des Daseins für unwürdig halten, wenn wir ihrem Genusse, der uns doch das Leben allein wünschenswert machen kann, einem Gesetze zuwider nachhängen sollten, durch welches unsere Vernunft mächtig gebietet, ohne doch dabei weder etwas zu verheißen noch zu drohen? Das Gewicht dieser Frage muß ein jeder Mensch von der gemeinsten Fähigkeit, der vorher von der Heiligkeit, die in der Idee der Pflicht liegt, belehrt worden, der sich aber nicht bis zur Nachforschung des Begriffes der Freiheit, welcher allererst aus diesem Gesetze hervorgeht, versteigt, innigst fühlen; und selbst die Unbegreiflichkeit dieser eine göttliche Abkunft verkündigenden Anlage muß auf das Gemüt bis zur Begeisterung wirken und es zu den Aufopferungen stärken, welche ihm die Achtung für seine Pflicht nur auferlegen mag. Dieses Gefühl der Erhabenheit seiner moralischen Bestimmung öfter rege zu machen, ist als Mittel der Erweckung sittlicher Gesinnungen vorzüglich anzupreisen[101], weil es dem angebornen Hange zur Verkehrung der Triebfedern in den Maximen unserer Willkür gerade entgegenwirkt, um in der unbedingten Achtung fürs Gesetz, als der höchsten Bedingung aller zu nehmenden Maximen, die ursprüngliche sittliche Ordnung unter den Triebfedern, und hiemit die Anlage zum Guten im menschlichen Herzen in ihrer Reinigkeit wiederherzustellen.

Aber dieser Wiederherstellung durch eigene Kraftanwendung steht ja der Satz von der angebornen Verderbtheit der Menschen für alles Gute entgegen? Allerdings, was die Begreiflichkeit d. i. unsere Einsicht von der Möglichkeit derselben betrifft, wie alles dessen, was als Begebenheit in der Zeit (Veränderung) und sofern nach Naturgesetzen als notwendig, und dessen Gegenteil doch zugleich unter moralischen Gesetzen, als durch Freiheit möglich vorgestellt werden soll; aber der Möglichkeit dieser Wiederherstellung selbst ist er nicht entgegen. Denn, wenn das moralische Gesetz gebietet, wir sollen jetzt bessere Menschen sein; so folgt unumgänglich, wir müssen es auch können. Der Satz vom angebornen Bösen ist in der moralischen Dogmatik von gar keinem Gebrauch: denn die Vorschriften derselben enthalten eben dieselben Pflichten und bleiben auch in derselben Kraft, ob ein angeborner Hang zur Übertretung in uns sei oder nicht. In der moralischen Asketik aber will dieser Satz mehr, aber doch nichts mehr sagen, als: wir können in der sittlichen Ausbildung der anerschaffenen moralischen Anlage zum Guten nicht von einer uns natürlichen Unschuld den Anfang machen, sondern müssen von der Voraussetzung einer Bösartigkeit der Willkür in Annehmung ihrer Maximen der ursprünglichen, sittlichen Anlage zuwider anheben und weil der Hang dazu unvertilgbar ist, mit der unablässigen Gegenwirkung gegen denselben. Da dieses nun bloß auf eine ins Unendliche hinausgehende Fortschreitung vom Schlechten zum Bessern führt, so folgt: daß die Umwandlung der Gesinnung des bösen in die eines guten Menschen in der Veränderung des obersten inneren Grundes der Annehmung aller seiner Maximen dem sittlichen Gesetze gemäß zu setzen sei, sofern dieser neue Grund (das neue Herz) nun selbst unveränderlich ist. Zur Überzeugung aber hievon kann nun zwar der Mensch natürlicherweise nicht gelangen, weder durch unmittelbares Bewußtsein, noch durch den Beweis seines bis dahin geführten Lebenswandels; weil die Tiefe des Herzens (der subjektive erste Grund seiner Maximen) ihm selbst unerforschlich ist; aber auf den Weg, der dahin führt, und der ihm von einer im Grunde gebesserten Gesinnung angewiesen wird, muß er hoffen können, durch eigene Kraftanwendung zu gelangen: weil er ein guter Mensch werden soll, aber nur nach demjenigen, was ihm als von ihm selbst getan zugerechnet werden kann, als moralisch-gut zu beurteilen ist.

Wider diese Zumutung der Selbstbesserung bietet nun die zur moralischen Bearbeitung von Natur verdrossene Vernunft unter dem Vorwande des natürlichen Unvermögens allerlei unlautere Religionsideen auf (wozu gehört: Gott selbst das Glückseligkeitsprinzip zur obersten Bedingung seiner Gebote anzudichten). Man kann aber alle Religionen in die der Gunstbewerbung (des bloßen Kultus) und die moralische, d. i. die Religion des guten Lebenswandels einteilen. Nach der erstern schmeichelt sich entweder der Mensch: Gott könne ihn wohl ewig glücklich machen, ohne daß er eben nötig habe, ein besserer Mensch zu werden, (durch Erlassung seiner Verschuldungen); oder auch, wenn ihm dieses nicht möglich zu sein scheint: Gott könne ihn wohl zum besseren Menschen machen, ohne daß er selbst etwas mehr dabei zu tun habe, als darum zu bitten; welches, da es vor einem allsehenden Wesen nichts weiter ist, als wünschen, eigentlich nichts getan sein würde: denn wenn es mit dem bloßen Wunsch ausgerichtet wäre, so würde jeder Mensch gut sein. Nach der moralischen Religion aber, (dergleichen unter allen öffentlichen, die es je gegeben hat, allein die christliche ist), ist es ein Grundsatz: daß ein jeder, soviel als in seinen Kräften ist, tun müsse, um ein besserer Mensch zu werden, und nur alsdann, wenn er sein angebornes Pfund nicht vergraben, (Lucä XIX, 12—16), wenn er die ursprüngliche Anlage zum Guten benutzt hat, um ein besserer Mensch zu werden, er hoffen könne, was nicht in seinem Vermögen ist, werde durch höhere Mitwirkung ergänzt werden. Auch ist es nicht schlechterdings notwendig, daß der Mensch wisse, worin diese bestehe; vielleicht gar unvermeidlich, daß, wenn die Art, wie sie geschieht, zu einer gewissen Zeit offenbart worden, verschiedene Menschen zu einer andern Zeit sich verschiedene Begriffe, und zwar mit aller Aufrichtigkeit, davon machen würden. Aber alsdann gilt auch der Grundsatz: „Es ist nicht wesentlich, und also nicht jedermann notwendig zu wissen, was Gott zu seiner Seligkeit tue oder getan habe"; aber wohl, was er selbst zu tun habe, um dieses Beistandes würdig zu werden.

C. DIE METHODENLEHRE[102]

1. ZUR MORALISCHEN ERZIEHUNG

a. Aus der Kritik der praktischen Vernunft (1788):

Zweiter Teil, Methodenlehre der reinen praktischen Vernunft[103]

Unter der Methodenlehre der reinen praktischen Vernunft kann man nicht die Art (sowohl im Nachdenken als im Vortrage) mit reinen praktischen Grundsätzen in Absicht auf ein wissenschaftliches Erkenntnis derselben zu verfahren, verstehen, welches man sonst im Theoretischen eigentlich allein Methode nennt (denn populäres Erkenntnis bedarf einer Manier, Wissenschaft aber einer Methode, d. i. eines Verfahrens nach Prinzipien der Vernunft, wodurch das Mannigfaltige einer Erkenntnis allein ein System werden kann). Vielmehr wird unter dieser Methodenlehre die Art verstanden, wie man den Gesetzen der reinen praktischen Vernunft Eingang in das menschliche Gemüt, Einfluß auf die Maximen desselben verschaffen, d. i. die objektiv praktische Vernunft auch subjektiv praktisch machen könne.

Nun ist zwar klar, daß diejenigen Bestimmungsgründe des Willens, welche allein die Maximen eigentlich moralisch machen und ihnen einen sittlichen Wert geben, die unmittelbare Vorstellung des Gesetzes und die objektiv notwendige Befolgung desselben als Pflicht, als die eigentlichen Triebfedern der Handlungen vorgestellt werden müssen, weil sonst zwar Legalität der Handlungen, aber nicht Moralität der Gesinnungen bewirkt werden würde. Allein nicht so klar, vielmehr beim ersten Anblicke ganz unwahrscheinlich muß es jedermann vorkommen, daß auch subjektiv jene Darstellung der reinen Tugend mehr Macht über das menschliche Gemüt haben und eine weit stärkere Triebfeder abgeben könne, selbst jene Legalität der Handlungen zu bewirken und kräftigere Entschließungen hervorzubringen, das Gesetz aus reiner Achtung für dasselbe jeder anderer Rücksicht vorzuziehen, als alle Anlockungen, die aus Vorspiegelungen von Vergnügen und überhaupt allem dem, was man zur Glückseligkeit zählen mag, oder auch alle Androhungen von Schmerz und Übeln jemals wirken können. Gleichwohl ist es wirklich so bewandt, und wäre es nicht so mit der menschlichen Natur beschaffen, so würde auch keine Vorstellungsart des Gesetzes durch Umschweife und empfehlende Mittel jemals Moralität der Gesinnung hervorbringen. Alles wäre lauter Gleißnerei, das Gesetz würde gehaßt, oder wohl gar verachtet, indessen doch um eigenen Vorteils willen befolgt werden. Der Buchstabe des Gesetzes (Legalität) würde in unseren Handlungen anzutreffen sein, der Geist desselben aber in unseren Gesinnungen (Moralität) gar nicht, und da wir mit aller unserer Bemühung uns doch in unserem Urteile nicht ganz von der Vernunft losmachen können, so würden wir unvermeidlich in unseren eigenen Augen als nichstwürdige, verworfene Menschen erscheinen müssen, wenn wir uns gleich für diese Kränkung vor dem inneren Richterstuhl dadurch schadlos zu halten versuchten, daß wir uns an denen Vergnügen ergötzten, die ein von uns angenommenes natürliches oder göttliches Gesetz unserem Wahne nach mit dem Maschinenwesen ihrer Polizei, die sich bloß nach dem richtete, was man tut, ohne sich um die Bewegungsgründe, warum man es tut, zu bekümmern, verbunden hätte.

Zwar kann man nicht in Abrede sein, daß, um ein entweder noch ungebildetes, oder auch verwildertes Gemüt zuerst ins Gleis des moralisch Guten zu bringen, es einiger vorbereitenden Anleitungen bedürfe[104], es durch seinen eigenen Vorteil zu locken, oder durch den Schaden zu schrecken; allein sobald dieses Maschinenwerk, dieses Gängelband nur einige Wirkung getan hat, so muß durchaus der reine moralische Bewegungsgrund an die Seele gebracht werden, der nicht allein dadurch, daß er der einzige ist, welcher einen Charakter (praktische konsequente Denkungsart nach unveränderlichen Maximen) gründet, sondern auch darum, weil er den Menschen seine eigene Würde fühlen lehrt, dem Gemüte eine ihm selbst unerwartete Kraft gibt, sich von aller sinnlichen Anhänglichkeit, sofern sie herrschend werden will, loszureißen und in der Unabhängigkeit seiner intelligibelen Natur und der Seelengröße, dazu er sich bestimmt sieht, für die Opfer, die er darbringt, reichliche Entschädigung zu finden. Wir wollen also diese Eigenschaft unseres Gemüts, diese Empfänglichkeit eines reinen moralischen Interesse und mithin die bewegende Kraft der reinen Vorstellung der Tugend, wenn sie gehörig ans menschliche Herz gebracht wird, als die mächtigste und, wenn es auf die Dauer und Pünktlichkeit in Befolgung moralischer Maximen ankommt, einzige Triebfeder zum Guten durch Beobachtungen, die ein jeder anstellen kann, beweisen; wobei doch zugleich erinnert werden muß, daß, wenn diese Beobachtungen nur die Wirklichkeit eines solchen Gefühls, nicht aber dadurch zustande gebrachte sittliche Besserung beweisen, dieses der einzigen Methode, die objektiv praktischen Gesetze der reinen Vernunft durch bloße reine Vorstellung der Pflicht subjektiv praktisch zu machen, keinen Abbruch tue, gleich als ob sie eine leere Phantasterei wäre. Denn da diese Methode noch niemals in Gang gebracht worden, so kann auch die Erfahrung noch nichts von ihrem Erfolg aufzeigen, sondern man kann nur Beweistümer der Empfänglichkeit solcher

Triebfedern fordern, die ich jetzt kürzlich vorlegen und darnach die Methode der Gründung und Kultur echter moralischer Gesinnungen mit wenigem entwerfen will.

Wenn man auf den Gang der Gespräche in gemischten Gesellschaften, die nicht bloß aus Gelehrten und Vernünftlern, sondern auch aus Leuten von Geschäften oder Frauenzimmer bestehen, acht hat, so bemerkt man, daß außer dem Erzählen und Scherzen noch eine Unterhaltung, nämlich das Räsonnieren, darin Platz findet, weil das erstere, wenn es Neuigkeit und mit ihr Interesse bei sich führen soll, bald erschöpft, das zweite aber leicht schal wird. Unter allem Räsonnieren ist aber keines, was mehr den Beitritt der Personen, die sonst bei allem Vernünfteln bald lange Weile haben, erregt und eine gewisse Lebhaftigkeit in die Gesellschaft bringt, als das über den sittlichen Wert dieser oder jener Handlung, dadurch der Charakter irgend einer Person ausgemacht werden soll. Diejenige, welchen sonst alles Subtile und Grüblerische in theoretischen Fragen trocken und verdrießlich ist, treten bald bei, wenn es darauf ankommt, den moralischen Gehalt einer erzählten guten und bösen Handlung auszumachen, und sind so genau, so grüblerisch, so subtil, alles, was die Reinigkeit der Absicht und mithin den Grad der Tugend in derselben vermindern, oder auch nur verdächtig machen könnte, auszusinnen, als man bei keinem Objekte der Spekulation sonst von ihnen erwartet. Man kann in diesen Beurteilungen oft den Charakter der über andere urteilenden Personen selbst hervorschimmern sehen, deren einige vorzüglich geneigt scheinen, indem sie ihr Richteramt vornehmlich über Verstorbene ausüben, das Gute, was von dieser oder jener Tat derselben erzählt wird, wider alle kränkende Einwürfe der Unlauterkeit und zuletzt den ganzen sittlichen Wert der Person wider den Vorwurf der Verstellung und geheimen Bösartigkeit zu verteidigen, andere dagegen mehr auf Anklagen und Beschuldigungen sinnen, diesen Wert anzufechten. Doch kann man den letzteren nicht immer die Absicht beimessen, Tugend aus allen Beispielen der Menschen gänzlich wegvernünfteln zu wollen, um sie dadurch zum leeren Namen zu machen, sondern es ist oft nur wohlgemeinte Strenge in Bestimmung des echten sittlichen Gehalts nach einem unnachsichtlichen Gesetze, mit welchem und nicht mit Beispielen verglichen der Eigendünkel im Moralischen sehr sinkt, und Demut nicht etwa bloß gelehrt, sondern bei scharfer Selbstprüfung von jedem gefühlt wird. Dennoch kann man den Verteidigern der Reinigkeit der Absicht in gegebenen Beispielen es mehrenteils ansehen, daß sie ihr da, wo sie die Vermutung der Rechtschaffenheit für sich hat, auch den mindesten Fleck gerne abwischen möchten, aus dem Bewegungsgrunde, damit nicht, wenn allen Beispielen ihre Wahrhaftigkeit gestritten und aller menschlichen Tugend die Lauterkeit weggeleugnet würde, diese nicht endlich gar für ein bloßes Hirngespinst gehalten und so alle Bestrebung zu derselben als eitles Geziere und trüglicher Eigendünkel geringschätzig gemacht werde.

Ich weiß nicht, warum die Erzieher der Jugend von diesem Hange der Vernunft, in aufgeworfenen praktischen Fragen selbst die subtilste Prüfung mit Vergnügen einzuschlagen, nicht schon längst Gebrauch gemacht haben, und nachdem sie einen bloß moralischen Katechism zum Grunde legten, sie nicht die Biographien alter und neuer Zeiten in der Absicht durchsuchten, um Belege zu den vorgelegten Pflichten bei der Hand zu haben, an denen sie vornehmlich durch die Vergleichung ähnlicher Handlungen unter verschiedenen Umständen die Beurteilung ihrer Zöglinge in Tätigkeit setzten, um den mindern oder größeren moralischen Gehalt derselben zu bemerken, als worin sie selbst die frühe Jugend, die zu aller Spekulation sonst noch unreif ist, bald sehr scharfsichtig und dabei, weil sie den Fortschritt ihrer Urteilskraft fühlt, nicht wenig interessiert finden werden, was aber das Vornehmste ist, mit Sicherheit hoffen können, daß die öftere Übung, das Wohlverhalten in seiner ganzen Reinigkeit zu kennen und ihm Beifall zu geben, dagegen selbst die kleinste Abweichung von ihr mit Bedauern oder Verachtung zu bemerken, ob es zwar bis dahin nur als ein Spiel der Urteilskraft, in welchem Kinder miteinander wetteifern können, getrieben wird, dennoch einen dauerhaften Eindruck der Hochschätzung auf der einen und des Abscheues auf der andern Seite zurücklassen werde, welche durch bloße Gewohnheit, solche Handlungen als beifalls- oder tadelswürdig öfters anzusehen, zur Rechtschaffenheit im künftigen Lebenswandel eine gute Grundlage ausmachen würden. Nur wünsche ich sie mit Beispielen sogenannter e d l e r (überverdienstlicher) Handlungen, mit welchen unsere empfindsame Schriften so viel um sich werfen, zu verschonen und alles bloß auf Pflicht und den Wert, den ein Mensch sich in seinen eigenen Augen durch das Bewußtsein, sie nicht übertreten zu haben, geben kann und muß, auszusetzen, weil, was auf leere Wünsche und Sehnsuchten nach unersteiglicher Vollkommenheit hinausläuft, lauter Romanhelden hervorbringt, die, indem sie sich auf ihr Gefühl für das überschwenglich Große viel zugute tun, sich dafür von der Beobachtung der gemeinen und gangbaren Schuldigkeit, die alsdenn ihnen nur unbedeutend klein scheint, freisprechen.

Wenn man aber frägt, was denn eigentlich die r e i n e Sittlichkeit ist, an der als dem Probemetall man jeder Handlung moralischen Gehalt prüfen müsse, so muß ich gestehen, daß nur Philosophen die Entscheidung dieser Frage zweifelhaft machen können; denn in der gemeinen Menschenvernunft ist sie, zwar nicht durch abgezogene allgemeine Formeln, aber doch durch den gewöhnlichen Gebrauch, gleichsam als der Unterschied zwischen der rechten und linken Hand, längst entschieden. Wir wollen also vorerst das Prüfungsmerkmal der reinen Tugend an einem Beispiele zeigen, und indem wir uns vorstellen, daß es etwa einem zehnjährigen Knaben zur Beurteilung vorgelegt worden, sehen, ob er auch von selber, ohne durch den Lehrer dazu angewiesen zu sein, notwendig so urteilen müßte. Man erzähle die Geschichte eines redlichen Mannes, den man bewegen will, den Verleumdern einer unschuldigen, übrigens nichts vermögenden Person (wie etwa ANNA von BOLEN auf Anklage HEINRICH VIII. von England) beizutreten. Man bietet Gewinne, d. i. große Geschenke oder hohen Rang an, er schlägt sie aus. Dieses wird bloßen Beifall und Billigung in der Seele des Zuhörers wirken, weil es Gewinn ist. Nun fängt man es mit Androhung des Verlusts an. Es sind unter diesen Verleumdern seine besten Freunde, die ihm jetzt ihre Freundschaft aufsagen, nahe Verwandte, die ihn (der ohne Vermögen ist) zu enterben drohen, Mächtige, die ihn in jedem Orte und Zustande verfolgen und kränken können, ein Landesfürst, der ihn mit dem Verlust der Freiheit, ja des Lebens selbst bedroht. Um ihn aber, damit das Maß des Leidens voll sei, auch den Schmerz fühlen zu lassen, den nur das sittlich gute Herz recht inniglich fühlen kann, mag man seine mit äußerster Not und Dürftigkeit bedrohte Familie ihn um Nachgiebigkeit anflehend, ihn selbst, obzwar rechtschaffen, doch eben nicht von festen, unempfindlichen Organen des Gefühls für Mitleid sowohl als eigener Not, in einem Augenblick, darin er wünscht den Tag nie erlebt zu haben, der ihn einem so unaussprechlichen Schmerz aussetzte, dennoch seinem Vorsatze der Redlichkeit, ohne zu wanken oder nur zu zweifeln, treu bleibend vorstellen: so wird mein jugendlicher Zuhörer stufenweise von der bloßen Billigung zur Bewunderung, von da zum Erstaunen, endlich bis zur größten Verehrung und einem lebhaften Wunsche, selbst ein solcher Mann sein zu können (obzwar freilich nicht in seinem Zustande), erhoben werden; und gleichwohl ist hier die Tugend nur darum so viel wert, weil sie so viel kostet, nicht weil sie etwas einbringt. Die ganze Bewunderung und selbst Bestrebung zur Ähnlichkeit mit diesem Charakter beruht hier gänzlich auf der Reinigkeit des sittlichen Grundsatzes, welche nur dadurch recht in die Augen fallend vorgestellt werden kann, daß man alles, was Menschen nur zur Glückseligkeit zählen mögen, von den Triebfedern der Handlung wegnimmt. Also muß die Sittlichkeit auf das menschliche Herz desto mehr Kraft haben, je reiner sie dargestellt wird. Woraus denn folgt, daß, wenn das Gesetz der Sitten und das Bild der Heiligkeit und Tugend auf unsere Seele überall einigen Einfluß ausüben soll, sie diesen nur sofern ausüben könne, als sie rein, unvermengt von Absichten auf sein Wohlbefinden, als Triebfeder ans Herz gelegt wird, darum weil sie sich im Leiden am herrlichsten zeigt. Dasjenige aber, dessen Wegräumung die Wirkung einer bewegenden Kraft verstärkt, muß ein Hindernis gewesen sein. Folglich ist alle Beimischung der Triebfedern, die von eigener Glückseligkeit hergenommen werden, ein Hindernis, dem moralischen Gesetze Einfluß aufs menschliche Herz zu verschaffen. — Ich behaupte ferner, daß selbst in jener bewunderten Handlung, wenn der Bewegungsgrund, daraus sie geschah, die Hochschätzung seiner Pflicht war, alsdenn eben diese Achtung fürs Gesetz, nicht etwa ein Anspruch auf die innere Meinung von Großmut und edler, verdienstlicher Denkungsart, gerade auf das Gemüt des Zuschauers die größte Kraft habe, folglich Pflicht, nicht Verdienst den nicht allein bestimmtesten, sondern, wenn sie im rechten Lichte ihrer Unverletzlichkeit vorgestellt wird, auch den eindringendsten Einfluß aufs Gemüt haben müsse.

In unsern Zeiten, wo man mehr mit schmelzenden, weichherzigen Gefühlen, oder hochfliegenden, aufblähenden und das Herz eher welk als stark machenden Anmaßungen über das Gemüt mehr auszurichten hofft, als durch die der menschlichen Unvollkommenheit und dem Fortschritte im Guten angemeßnere trockne und ernsthafte Vorstellung der Pflicht, ist die Hinweisung auf diese Methode nötiger als jemals. Kindern Handlungen als edele, großmütige, verdienstliche zum Muster aufzustellen, in der Meinung, sie durch Einflößung eines Enthusiasmus für dieselbe einzunehmen, ist vollends zweckwidrig. Denn da sie noch in der Beobachtung der gemeinsten Pflicht und selbst in der richtigen Beurteilung derselben soweit zurück sind, so heißt das soviel, als sie beizeiten zu Phantasten zu machen. Aber auch bei dem belehrtern und erfahrnern Teil der Menschen ist diese vermeinte Triebfeder, wo nicht von nachteiliger, wenigstens von keiner echten moralischen Wirkung aufs Herz, die man dadurch doch hat zuwegebringen wollen.

Alle Gefühle, vornehmlich die, so ungewohnte Anstrengung bewirken sollen, müssen in dem Augenblicke, da sie in ihrer Heftigkeit sind, und ehe sie verbrausen, ihre Wirkung tun, sonst tun sie nichts; indem das Herz natürlicherweise zu seiner natürlichen, gemäßigten Lebensbewegung zurückkehrt und sonach in die Mattigkeit verfällt, die ihm vorher eigen war, weil zwar etwas, was es reizte, nichts aber, das es stärkte, an dasselbe gebracht war. Grundsätze müssen auf Begriffe errichtet werden, auf alle andere Grundlage können nur Anwandelungen zustande kommen, die der Person keinen moralischen Wert, ja nicht einmal eine Zuversicht auf sich selbst verschaffen können, ohne die das Bewußtsein seiner moralischen Gesinnung und eines solchen Charakters, das höchste Gut im Menschen, gar nicht stattfinden kann. Diese Begriffe nun, wenn sie subjektiv praktisch werden sollen, müssen nicht bei den objektiven Gesetzen der Sittlichkeit stehen bleiben, um sie zu bewundern und in Beziehung auf die Menschheit hochzuschätzen, sondern ihre Vorstellung in Relation auf den Menschen und auf sein Individuum betrachten; da denn jenes Gesetz in einer zwar höchst achtungswürdigen, aber nicht so gefälligen Gestalt erscheint, als ob es zu dem Elemente gehöre, daran er natürlicherweise gewohnt ist, sondern wie es ihn nötiget, dieses oft nicht ohne Selbstverleugnung zu verlassen und sich in ein höheres zu begeben, darin er sich mit unaufhörlicher Besorgnis des Rückfalls nur mit Mühe erhalten kann. Mit einem Worte, das moralische Gesetz verlangt Befolgung aus Pflicht, nicht aus Vorliebe, die man gar nicht voraussetzen kann und soll.

Laßt uns nun im Beispiele sehen, ob in der Vorstellung einer Handlung als edler und großmütiger Handlung mehr subjektiv bewegende Kraft einer Triebfeder liege, als wenn diese bloß als Pflicht in Verhältnis auf das ernste moralische Gesetz vorgestellt wird. Die Handlung, da jemand mit der größten Gefahr des Lebens Leute aus dem Schiffbruche zu retten sucht, wenn er zuletzt dabei selbst sein Leben einbüßt, wird zwar einerseits zur Pflicht, andererseits aber und größtenteils auch für verdienstliche Handlung angerechnet, aber unsere Hochschätzung derselben wird gar sehr durch den Begriff von Pflicht gegen sich selbst, welche hier etwas Abbruch zu leiden scheint, geschwächt. Entscheidender ist die großmütige Aufopferung seines Lebens zur Erhaltung des Vaterlandes, und doch, ob es auch so vollkommen Pflicht sei, sich von selbst und unbefohlen dieser Absicht zu weihen, darüber bleibt einiger Skrupel übrig, und die Handlung hat nicht die ganze Kraft eines Musters und Antriebes zur Nachahmung in sich. Ist es aber unerlaßliche Pflicht, deren Übertretung das moralische Gesetz an sich und ohne Rücksicht auf Menschenwohl verletzt und dessen Heiligkeit gleichsam mit Füßen tritt (dergleichen Pflichten man Pflichten gegen Gott zu nennen pflegt, weil wir uns in ihm das Ideal der Heiligkeit in Substanz denken), so widmen wir der Befolgung desselben mit Aufopferung alles dessen, was für die innigste aller unserer Neigungen nur immer einen Wert haben mag, die allervollkommenste Hochachtung, und wir finden unsere Seele durch ein solches Beispiel gestärkt und erhoben, wenn wir an demselben uns überzeugen können, daß die menschliche Natur zu einer so großen Erhebung über alles, was Natur nur immer an Triebfedern zum Gegenteil aufbringen mag, fähig sei. JUVENAL stellt ein solches Beispiel in einer Steigerung vor, die den Leser die Kraft der Triebfeder, die im reinen Gesetze der Pflicht als Pflicht steckt, lebhaft empfinden läßt:

> Esto bonus miles, tutor bonus, arbiter idem
> Integer; ambiguae si quando citabere testis
> Incertaeque rei, Phalaris licet imperet, ut sis
> Falsus, et admoto dictet periuria tauro,
> Summum crede nefas animam praeferre pudori
> Et propter vitam vivendi perdere causas.[105]

Wenn wir irgend etwas Schmeichelhaftes vom Verdienstlichen in unsere Handlung bringen können, denn ist die Triebfeder schon mit

Eigenliebe etwas vermischt, hat also einige Beihilfe von der Seite der Sinnlichkeit. Aber der Heiligkeit der Pflicht allein alles nachsetzen und sich bewußt werden, daß man es könne, weil unsere eigene Vernunft dieses als ihr Gebot anerkennt und sagt, daß man es tun solle, das heißt sich gleichsam über die Sinnenwelt selbst gänzlich erheben, und ist in demselben Bewußtsein des Gesetzes auch als Triebfeder eines die Sinnlichkeit beherrschenden Vermögens unzertrennlich, wenngleich nicht immer mit Effekt verbunden, der aber doch auch durch die öftere Beschäftigung mit derselben und die anfangs kleinern Versuche ihres Gebrauchs Hoffnung zu seiner Bewirkung gibt, um in uns nach und nach das größte, aber reine moralische Interesse daran hervorzubringen.

Die Methode nimmt also folgenden Gang. Zuerst ist es nur darum zu tun, die Beurteilung nach moralischen Gesetzen zu einer natürlichen, alle unsere eigene sowohl als die Beobachtung fremder freier Handlungen begleitenden Beschäftigung und gleichsam zur Gewohnheit zu machen und sie zu schärfen, indem man vorerst frägt, ob die Handlung objektiv dem moralischen Gesetze, und welchem, gemäß sei; wobei man denn die Aufmerksamkeit auf dasjenige Gesetz, welches bloß einen Grund zur Verbindlichkeit an die Hand gibt, von dem unterscheidet, welches in der Tat verbindend ist *(leges obligandi a legibus obligantibus*[106]*)*, (wie z. B. das Gesetz desjenigen, was das Bedürfnis der Menschen, im Gegensatze dessen, was das Recht derselben von mir fordert, wovon das letztere wesentliche, das erstere aber nur außerwesentliche Pflichten vorschreibt) und so verschiedene Pflichten, die in einer Handlung zusammenkommen, unterscheiden lehrt. Der andere Punkt, worauf die Aufmerksamkeit gerichtet werden muß, ist die Frage, ob die Handlung auch (subjektiv) um des moralischen Gesetzes willen geschehen, und also sie nicht allein sittliche Richtigkeit als Tat, sondern auch sittlichen Wert als Gesinnung, ihrer Maxime nach, habe. Nun ist kein Zweifel, daß diese Übung und das Bewußtsein einer daraus entspringenden Kultur unserer bloß über das Praktische urteilenden Vernunft ein gewisses Interesse selbst am Gesetze derselben, mithin an sittlich guten Handlungen nach und nach hervorbringen müsse. Denn wir gewinnen endlich das lieb, dessen Betrachtung uns den erweiterten Gebrauch unserer Erkenntniskräfte empfinden läßt, welchen vornehmlich dasjenige befördert, worin wir moralische Richtigkeit antreffen, weil sich die Vernunft in einer solchen Ordnung der Dinge mit ihrem Vermögen, a priori nach Prinzipien zu bestimmen, was geschehen soll, allein gut finden kann. Gewinnt doch ein Naturbeobachter Gegenstände, die seinen Sinnen anfangs anstößig sind, endlich lieb, wenn er die große Zweckmäßigkeit ihrer Organisation daran entdeckt und so seine Vernunft an ihrer Betrachtung weidet, und LEIBNIZ brachte ein Insekt, welches er durchs Mikroskop sorgfältig betrachtet hatte, schonend wiederum auf sein Blatt zurück, weil er sich durch seinen Anblick belehrt gefunden und von ihm gleichsam eine Wohltat genossen hatte.

Aber diese Beschäftigung der Urteilskraft, welche uns unsere eigene Erkenntniskräfte fühlen läßt, ist noch nicht das Interesse an den Handlungen und ihrer Moralität selbst. Sie macht bloß, daß man sich gerne mit einer solchen Beurteilung unterhält, und gibt der Tugend oder der Denkungsart nach moralischen Gesetzen eine Form der Schönheit, die bewundert, darum aber noch nicht gesucht wird *(laudatur et alget*[107]*)*; wie alles, dessen Betrachtung subjektiv ein Bewußtsein der Harmonie unserer Vorstellungskräfte bewirkt, und wobei wir unser ganzes Erkenntnisvermögen (Verstand und Einbildungskraft) gestärkt fühlen, ein Wohlgefallen hervorbringt, das sich auch andern mitteilen läßt, wobei gleichwohl die Existenz des Objekts uns gleichgültig bleibt, indem es nur als die Veranlassung angesehen wird, der über die Tierheit erhabenen Anlage der Talente in uns inne zu werden. Nun tritt aber die zweite Übung ihr Geschäft an, nämlich in der lebendigen Darstellung der moralischen Gesinnung an Beispielen die Reinigkeit des Willens bemerklich zu machen, vorerst nur als negativer Vollkommenheit desselben, sofern in einer Handlung aus Pflicht gar keine Triebfedern der Neigungen als Bestimmungsgründe auf ihn einfließen; wodurch der Lehrling doch auf das Bewußtsein seiner Freiheit aufmerksam erhalten wird, und obgleich diese Entsagung eine anfängliche Empfindung von Schmerz erregt, dennoch dadurch, daß sie jenen Lehrling dem Zwange selbst wahrer Bedürfnisse entzieht, ihm zugleich eine Befreiung von der mannigfaltigen Unzufriedenheit, darin ihn alle diese Bedürfnisse verflechten, angekündigt und das Gemüt für die Empfindung der Zufriedenheit aus anderen Quellen empfänglich gemacht wird. Das Herz wird doch von einer Last, die es jederzeit ingeheim drückt, befreit und erleichtert, wenn an reinen moralischen Entschließungen, davon Beispiele vorgelegt werden, dem Menschen ein inneres, ihm selbst sonst nicht einmal recht bekanntes Vermögen, die innere Freiheit, aufgedeckt wird, sich von der ungestümen Zudringlichkeit der Neigungen dermaßen loszumachen, daß gar keine, selbst die beliebteste nicht, auf eine Entschließung, zu der wir uns jetzt unserer Vernunft bedienen sollen, Einfluß habe. In einem Falle, wo ich nur allein weiß, daß das Unrecht auf meiner Seite sei, und obgleich das freie Geständnis desselben und die Anerbietung zur Genugtuung an der Eitelkeit, dem Eigennutze, selbst dem sonst nicht unrechtmäßigen Widerwillen gegen den, dessen Recht von mir geschmälert ist, so großen Widerspruch findet, dennoch mich über alle diese Bedenklichkeiten wegsetzen kann, ist doch ein Bewußtsein einer Unabhängigkeit von Neigungen und von Glücksumständen und der Möglichkeit sich selbst genug zu sein enthalten, welche mir überall auch in anderer Absicht heilsam ist. Und nun findet das Gesetz der Pflicht durch den positiven Wert, den uns die Befolgung desselben empfinden läßt, leichteren Eingang durch die Achtung für uns selbst im Bewußtsein unserer Freiheit. Auf diese, wenn sie wohl gegründet ist, wenn der Mensch nichts stärker scheuet, als sich in der inneren Selbstprüfung in seinen eigenen Augen geringschätzig und verwerflich zu finden, kann nun jede gute sittliche Gesinnung gepfropft werden, weil dieses der beste, ja der einzige Wächter ist, das Eindringen unedler und verderbender Antriebe vom Gemüte abzuhalten.

Ich habe hiemit nur auf die allgemeinsten Maximen der Methodenlehre einer moralischen Bildung und Übung hinweisen wollen. Da die Mannigfaltigkeit der Pflichten für jede Art derselben noch besondere Bestimmungen erforderte und so ein weitläufiges Geschäfte ausmachen würde, so wird man mich für entschuldigt halten, wenn ich in einer Schrift wie diese, die nur Vorübung ist, es bei diesen Grundzügen bewenden lasse.

Beschluß.

Zwei Dinge erfüllen das Gemüt mit immer neuer und zunehmender Bewunderung und Ehrfurcht, je öfter und anhaltender sich das Nachdenken damit beschäftigt: der bestirnte Himmel über mir und das moralische Gesetz in mir. Beide darf ich nicht als in Dunkelkeiten verhüllt, oder im Überschwenglichen, außer meinem Gesichtskreise suchen und bloß vermuten; ich sehe sie vor mir und verknüpfe sie unmittelbar mit dem Bewußtsein meiner Existenz. Das erste fängt von dem Platze an, den ich in der äußern Sinnenwelt einnehme und erweitert die Verknüpfung, darin ich stehe, ins unabsehlich Große mit Welten über Welten und Systemen von Systemen, überdem noch in grenzenlose Zeiten ihrer periodischen Bewegung, deren Anfang und Fortdauer. Das zweite fängt von meinem unsichtbaren Selbst, meiner Persönlichkeit, an und stellt mich in einer Welt dar, die wahre Unendlichkeit hat, aber nur dem Verstande spürbar ist, und mit welcher (dadurch aber auch zugleich mit allen jenen sichtbaren Welten) ich mich nicht wie dort in bloß zufälliger, sondern allgemeiner und notwendiger Verknüpfung erkenne. Der erstere Anblick einer zahllosen Weltenmenge vernichtet gleichsam meine Wichtigkeit, als eines tierischen Geschöpfs, das die Materie, daraus es ward, dem Planeten (einem bloßen Punkt im Weltall) wieder zurückgeben muß, nachdem es eine kurze Zeit (man weiß nicht wie) mit Lebenskraft versehen gewesen. Der zweite erhebt dagegen meinen Wert, als einer Intelligenz, unendlich durch meine Persönlichkeit, in welcher das moralische Gesetz mir ein von der Tierheit und selbst von der ganzen Sinnenwelt unabhängiges

Leben offenbart, wenigstens soviel sich aus der zweckmäßigen Bestimmung meines Daseins durch dieses Gesetz, welche nicht auf Bedingungen und Grenzen dieses Lebens eingeschränkt ist, sondern ins Unendliche geht, abnehmen läßt.

Allein Bewunderung und Achtung können zwar zur Nachforschung reizen, aber den Mangel derselben nicht ersetzen. Was ist nun zu tun, um diese auf nutzbare und der Erhabenheit des Gegenstandes angemessene Art anzustellen? Beispiele mögen hiebei zur Warnung, aber auch zur Nachahmung dienen. Die Weltbetrachtung fing von dem herrlichsten Anblicke an, den menschliche Sinne nur immer vorlegen und unser Verstand in ihrem weiten Umfange zu verfolgen nur immer vertragen kann, und endigte — mit der Sterndeutung. Die Moral fing mit der edelsten Eigenschaft in der menschlichen Natur an, deren Entwickelung und Kultur auf unendlichen Nutzen hinaussieht, und endigte — mit der Schwärmerei oder dem Aberglauben. So geht es allen noch rohen Versuchen, in denen der vornehmste Teil des Geschäftes auf den Gebrauch der Vernunft ankommt, der nicht so wie der Gebrauch der Füße sich von selbst vermittelst der öftern Ausübung findet, vornehmlich wenn er Eigenschaften betrifft, die sich nicht so unmittelbar in der gemeinen Erfahrung darstellen lassen. Nachdem aber, wiewohl spät, die Maxime in Schwang gekommen war, alle Schritte vorher wohl zu überlegen, die die Vernunft zu tun vorhat, und sie nicht anders als im Gleise einer vorher wohl überdachten Methode ihren Gang machen zu lassen, so bekam die Beurteilung des Weltgebäudes eine ganz andere Richtung und mit dieser zugleich einen ohne Vergleichung glücklichern Ausgang. Der Fall eines Steins, die Bewegung einer Schleuder, in ihre Elemente und dabei sich äußernde Kräfte aufgelöst und mathematisch bearbeitet, brachte zuletzt diejenige klare und für alle Zukunft unveränderliche Einsicht in den Weltbau hervor, die bei fortgehender Beobachtung hoffen kann, sich immer nur zu erweitern, niemals aber zurückgehen zu müssen fürchten darf.

Diesen Weg nun in Behandlung der moralischen Anlagen unserer Natur gleichfalls einzuschlagen, kann uns jenes Beispiel anrätig sein und Hoffnung zu ähnlichem guten Erfolg geben. Wir haben doch die Beispiele der moralisch urteilenden Vernunft bei Hand. Diese nun in ihre Elementarbegriffe zu zergliedern, in Ermangelung der M a t h e m a t i k aber ein der C h e m i e ähnliches Verfahren der S c h e i d u n g des Empirischen vom Rationalen, das sich in ihnen vorfinden möchte, in wiederholten Versuchen am gemeinen Menschenverstande vorzunehmen, kann uns beides r e i n und, was jedes für sich allein leisten könne, mit Gewißheit kennbar machen und so teils der Verirrung einer noch r o h e n, ungeübten Beurteilung, teils (welches weit nötiger ist) den G e n i e s c h w ü n g e n vorbeugen, durch welche, wie es von Adepten des Steins der Weisen zu geschehen pflegt, ohne alle methodische Nachforschung und Kenntnis der Natur geträumte Schätze versprochen und wahre verschleudert werden. Mit einem Worte: Wissenschaft (kritisch gesucht und methodisch eingeleitet) ist die enge Pforte, die zur Weisheitslehre führt, wenn unter dieser nicht bloß verstanden wird, was man tun, sondern was Lehrern zur Richtschnur dienen soll, um den Weg zur Weisheit, den jedermann gehen soll, gut und kenntlich zu bahnen und andere vor Irrwegen zu sicheren: eine Wissenschaft, deren Aufbewahrerin jederzeit die Philosophie bleiben muß, an deren subtiler Untersuchung das Publikum keinen Anteil, wohl aber an den Lehren zu nehmen hat, die ihm nach einer solchen Bearbeitung allererst recht hell einleuchten können.

b. Metaphysik der Sitten (1797):

Zweiter Teil, Metaphysische Anfangsgründe der Tugendlehre: Ethische Methodenlehre

(Verzichtet wurde auf den Abdruck der Abschnitte „Beschluß“ und „Schlußanmerkung“.)

Erster Abschnitt

Die ethische Didaktik.

§ 49.

Daß Tugend erworben werden müsse (nicht angeboren sei), liegt, ohne sich deshalb auf anthropologische Kenntnisse aus der Erfahrung berufen zu dürfen, schon in dem Begriffe derselben. Denn das sittliche Vermögen des Menschen wäre nicht Tugend, wenn es nicht durch die Stärke des Vorsatzes in dem Streit mit so mächtigen entgegenstehenden Neigungen hervorgebracht wäre. Sie ist das Produkt aus der reinen praktischen Vernunft, sofern diese im Bewußtsein ihrer Überlegenheit (aus Freiheit) über jene die Obermacht gewinnt.

Daß sie könne und müsse gelehrt werden, folgt schon daraus, daß sie nicht angeboren ist; die Tugendlehre ist also eine Doktrin. Weil aber durch die bloße Lehre, wie man sich verhalten solle, um dem Tugendbegriffe angemessen zu sein, die Kraft zur Ausübung der Regeln noch nicht erworben wird, so meinten die Stoiker hiemit nur, die Tugend könne nicht durch bloße Vorstellungen der Pflicht, durch Ermahnungen (paränetisch), gelehrt, sondern sie müsse durch Versuche der Bekämpfung des inneren Feindes im Menschen (asketisch) kultiviert, geübt werden; denn man kann nicht alles sofort, was man will, wenn man nicht vorher seine Kräfte versucht und geübt hat, wozu aber freilich die Entschließung auf einmal vollständig genommen werden muß: weil die Gesinnung *(animus)* sonst bei einer Kapitulation mit dem Laster, um es allmählich zu verlassen, an sich unlauter und selbst lasterhaft sein, mithin auch keine Tugend (als die auf einem einzigen Prinzip beruhet) hervorbringen könnte.

§ 50.

Was nun die doktrinale Methode betrifft (denn methodisch muß eine jede wissenschaftliche Lehre sein; sonst wäre der Vortrag tumultuarisch): so kann sie auch nicht fragmentarisch, sondern muß systematisch sein, wenn die Tugendlehre eine Wissenschaft vorstellen soll. — Der Vortrag aber kann entweder akroamatisch, da alle andere, welchen er geschieht, bloße Zuhörer sind, oder erotematisch sein, wo der Lehrer das, was er seine Jünger lehren will, ihnen abfrägt; und diese erotematische Methode ist wiederum entweder die, da er es ihrer Vernunft, die dialogische Lehrart, oder bloß ihrem Gedächtnisse abfrägt, die katechetische Lehrart. Denn wenn jemand der Vernunft des anderen etwas abfragen will, so kann es nicht anders als dialogisch, d. i. dadurch geschehen: daß Lehrer und Schüler einander wechselseitig fragen und antworten. Der Lehrer leitet durch Fragen den Gedankengang seines Lehrjüngers dadurch, daß er die Anlage zu gewissen Begriffen in demselben durch vorgelegte Fälle bloß entwickelt (er ist die Hebamme seiner Gedanken); der Lehrling, welcher hiebei inne wird, daß er selbst zu denken vermöge, veranlaßt durch seine Gegenfragen (über Dunkelheit oder den eingeräumten Sätzen entgegenstehende Zweifel), daß der Lehrer nach dem *docendo discimus*[108] selbst lernt, wie er gut fragen müsse. [Denn es ist eine an die Logik ergehende, noch nicht genugsam beherzigte Forderung: daß sie auch Regeln an die Hand gebe, wie man zweckmäßig suchen solle, d. i. nicht immer bloß für bestimmende, sondern auch für vorläufige Urteile *(iudicia praevia)*, durch die man auf Gedanken gebracht wird; eine Lehre, die selbst dem Mathematiker zu Erfindungen ein Fingerzeig sein kann und die von ihm auch oft angewandt wird.]

§ 51.

Das erste und notwendigste doktrinale Instrument der Tugendlehre für den noch rohen Zögling ist ein moralischer Katechism. Dieser muß vor dem Religionskatechism hergehen und kann nicht bloß als Einschiebsel in die Religionslehre mit verwebt, sondern muß abgesondert, als ein für sich bestehendes Ganze, vorgetragen werden: denn nur durch rein moralische Grundsätze kann der Überschritt von der Tugendlehre zur Religion getan werden, weil dieser ihre Bekenntnisse sonst unlauter sein würden. — Daher haben gerade die würdigsten und größten Theologen Anstand genommen, für die statutarische Religionslehre einen Katechism abzufassen (und sich zugleich für ihn zu verbürgen); da man doch glauben sollte, es wäre das Kleinste, was man aus dem großen Schatz ihrer Gelehrsamkeit zu erwarten berechtigt wäre.

Dagegen hat ein rein moralischer Katechism, als Grundlehre der Tugendpflichten, keine solche Bedenklichkeit oder Schwierigkeit, weil er aus der gemeinen Menschenvernunft (seinem Inhalte nach) entwickelt werden kann und nur den didaktischen Regeln der ersten Unterweisung (der Form nach) angemessen werden darf. Das formale Prinzip eines solchen Unterrichts aber verstattet zu diesem Zweck nicht die sokratisch-dialogische Lehrart: weil der Schüler nicht einmal weiß, wie er fragen soll; der Lehrer ist also allein der Fragende. Die Antwort aber, die er aus der Vernunft des Lehrlings methodisch auslockt, muß in bestimmten, nicht leicht zu verändernden Ausdrücken abgefaßt und aufbewahrt, mithin seinem Gedächtnis anvertraut werden: als worin die katechetische Lehrart sich sowohl von der dogmatischen (da der Lehrer allein spricht), als auch der dialogischen (da beide Teile einander fragend und antwortend sind) unterscheidet.

§ 52.

Das experimentale (technische) Mittel der Bildung zur Tugend ist das gute Beispiel an dem Lehrer selbst (von exemplarischer Führung zu sein) und das warnende an andern; denn Nachahmung ist dem noch ungebildeten Menschen die erste Willensbestimmung zu Annehmung von Maximen, die er sich in der Folge macht. — Die Angewöhnung oder Abgewöhnung ist die Begründung einer beharrlichen Neigung ohne alle Maximen durch die öftere Befriedigung derselben; und ist ein Mechanism der Sinnesart statt eines Prinzips der Denkungsart (wobei das Verlernen in der Folge schwerer wird als das Erlernen). — Was aber die Kraft des Exempels (es sei zum Guten oder Bösen) betrifft, was sich dem Hange zur Nachahmung oder Warnung darbietet*), so kann das, was uns andere geben, keine Tugendmaxime begründen. Denn diese besteht gerade in der subjektiven Autonomie der praktischen Vernunft eines jeden Menschen, mithin daß nicht anderer Menschen

* Beispiel, ein deutsches Wort, was man gemeiniglich für Exempel als ihm gleichgeltend braucht, ist mit diesem nicht von einerlei Bedeutung. Woran ein Exempel nehmen und zur Verständlichkeit eines Ausdrucks ein Beispiel anführen, sind ganz verschiedene Begriffe. Das Exempel ist ein besonderer Fall von einer praktischen Regel, sofern diese die Tunlichkeit oder Untunlichkeit einer Handlung vorstellt. Hingegen ein Beispiel ist nur das Besondere *(concretum)*, als unter dem Allgemeinen nach Begriffen *(abstractum)* enthalten vorgestellt, und bloß theoretische Darstellung eines Begriffs.

Verhalten, sondern das Gesetz uns zur Triebfeder dienen müsse. Daher wird der Erzieher seinem verunarteten Lehrling nicht sagen: Nimm ein Exempel an jenem guten (ordentlichen, fleißigen) Knaben! denn das wird jenem nur zur Ursache dienen, diesen zu hassen, weil er durch ihn in ein nachteiliges Licht gestellt wird. Das gute Exempel (der exemplarische Wandel) soll nicht als Muster, sondern nur zum Beweise der Tunlichkeit des Pflichtmäßigen dienen. Also nicht die Vergleichung mit irgendeinem anderen Menschen (wie er ist), sondern mit der Idee (der Menschheit), wie er sein soll, also mit dem Gesetz, muß dem Lehrer das nie fehlende Richtmaß seiner Erziehung an die Hand geben.

Anmerkung.

Bruchstück eines moralischen Katechism.

Der Lehrer = L. frägt der Vernunft seines Schülers = S. dasjenige ab, was er ihn lehren will, und wenn dieser etwa nicht die Frage zu beantworten wüßte = 0, so legt er sie ihm (seine Vernunft leitend) in den Mund.

1. L. Was ist dein größtes, ja dein ganzes Verlangen im Leben? S. O. — L. Daß es dir alles und immer nach Wunsch und Willen gehe.
2. L. Wie nennt man einen solchen Zustand? S. O. L. Man nennt ihn Glückseligkeit (das beständige Wohlergehen, vergnügtes Leben, völlige Zufriedenheit mit seinem Zustande).
3. L. Wenn du nun alle Glückseligkeit (die in der Welt möglich ist) in deiner Hand hättest, würdest du sie alle für dich behalten, oder sie auch deinen Nebenmenschen mitteilen? — S. Ich würde sie mitteilen, andere auch glücklich und zufrieden machen.
4. L. Das beweist nun wohl, daß du noch so ziemlich ein gutes Herz hast; laß aber sehen, ob du dabei auch guten Verstand zeigest. — Würdest du wohl dem Faullenzer weiche Polster verschaffen, damit er im süßen Nichtstun sein Leben dahin bringe, oder dem Trunkenbolde es an Wein, und was sonst zur Berauschung gehört, nicht ermangeln lassen, dem Betrüger eine einnehmende Gestalt und Manieren geben, um andere zu überlisten, oder dem Gewalttätigen Kühnheit und starke Faust, um andere überwältigen zu können? Das sind ja so viel Mittel, die ein jeder sich wünscht, um nach seiner Art glücklich zu sein. S. Nein, das nicht.
5. L. Du siehst also: daß, wenn du auch alle Glückseligkeit in deiner Hand und dazu den besten Willen hättest, du jene doch nicht ohne Bedenken jedem, der zugreift, preisgeben, sondern erst untersuchen würdest, wie fern ein jeder der Glückseligkeit würdig wäre. — L. Für dich selbst aber würdest du doch wohl kein Bedenken haben, dich mit allem, was du zu deiner Glückseligkeit

rechnest, zuerst zu versorgen? S. Ja. L. Aber kommt dir da nicht auch die Frage in Gedanken, ob du wohl selbst auch der Glückseligkeit würdig sein mögest? S. Allerdings. L. Das nun in dir, was nur nach Glückseligkeit strebt, ist die Neigung; dasjenige aber, was deine Neigung auf die Bedingung einschränkt, dieser Glückseligkeit zuvor würdig zu sein, ist deine Vernunft, und daß du durch deine Vernunft deine Neigung einschränken und überwältigen kannst, das ist die Freiheit deines Willens.

6. L. Um nun zu wissen, wie du es anfängst, um der Glückseligkeit teilhaftig und doch auch nicht unwürdig zu werden, dazu liegt die Regel und Anweisung ganz allein in deiner Vernunft; das heißt so viel als: du hast nicht nötig, diese Regel deines Verhaltens von der Erfahrung, oder von anderen durch ihre Unterweisung abzulernen; deine eigene Vernunft lehrt und gebietet dir geradezu, was du zu tun hast. Zum Beispiel wenn dir ein Fall vorkömmt, da du durch eine fein ausgedachte Lüge dir oder deinen Freunden einen großen Vorteil verschaffen kannst, ja noch dazu dadurch auch keinem anderen schadest, was sagt dazu deine Vernunft? S. Ich soll nicht lügen; der Vorteil für mich und meinen Freund mag so groß sein, wie er immer wolle. Lügen ist niederträchtig und macht den Menschen unwürdig glücklich zu sein. — Hier ist eine unbedingte Nötigung durch ein Vernunftgebot (oder Verbot), dem ich gehorchen muß: wogegen alle meine Neigungen verstummen müssen. L. Wie nennt man diese unmittelbar durch die Vernunft dem Menschen auferlegte Notwendigkeit, einem Gesetze derselben gemäß zu handeln? S. Sie heißt Pflicht. L. Also ist dem Menschen die Beobachtung seiner Pflicht die allgemeine und einzige Bedingung der Würdigkeit glücklich zu sein, und diese ist mit jener ein und dasselbe.

7. L. Wenn wir uns aber auch eines solchen guten und tätigen Willens, durch den wir uns würdig (wenigstens nicht unwürdig) halten glücklich zu sein, auch bewußt sind, können wir darauf auch die sichere Hoffnung gründen, dieser Glückseligkeit teilhaftig zu werden? S. Nein! darauf allein nicht; denn es steht nicht immer in unserem Vermögen, sie uns zu verschaffen, und der Lauf der Natur richtet sich auch nicht so von selbst nach dem Verdienst, sondern das Glück des Lebens (unsere Wohlfahrt überhaupt) hängt von Umständen ab, die bei weitem nicht alle in des Menschen Gewalt sind. Also bleibt unsere Glückseligkeit immer nur ein Wunsch, ohne daß, wenn nicht irgend eine andere Macht hinzukommt, dieser jemals Hoffnung werden kann.

8. L. Hat die Vernunft wohl Gründe für sich, eine solche die Glückseligkeit nach Verdienst und Schuld der Menschen austeilende, über die ganze Natur gebietende und die Welt mit höchster Weisheit regierende Macht als wirklich anzunehmen, das ist an Gott zu

glauben? S. Ja; denn wir sehen an den Werken der Natur, die wir beurteilen können, so ausgebreitete und tiefe Weisheit, die wir uns nicht anders als durch eine unaussprechlich große Kunst eines Weltschöpfers erklären können, von welchem wir uns denn auch, was die sittliche Ordnung betrifft, in der doch die höchste Zierde der Welt besteht, eine nicht minder weise Regierung zu versprechen Ursache haben: nämlich daß, wenn wir uns nicht selbst der Glückseligkeit unwürdig machen, welches durch Übertretung unserer Pflicht geschieht, wir auch hoffen können, ihrer teilhaftig zu werden.

In dieser Katechese, welche durch alle Artikel der Tugend und des Lasters durchgeführt werden muß, ist die größte Aufmerksamkeit darauf zu richten, daß das Pflichtgebot ja nicht auf die aus dessen Beobachtung für den Menschen, den es verbinden soll, ja selbst auch nicht einmal für andere fließenden Vorteile oder Nachteile, sondern ganz rein auf das sittliche Prinzip gegründet werde, der letzteren aber nur beiläufig, als an sich zwar entbehrlicher, aber für den Gaumen der von Natur Schwachen zu bloßen Vehikeln dienender Zusätze, Erwähnung geschehe. Die Schändlichkeit, nicht die Schädlichkeit des Lasters (für den Täter selbst) muß überall hervorstechend dargestellt werden. Denn wenn die Würde der Tugend in Handlungen nicht über alles erhoben wird, so verschwindet der Pflichtbegriff selbst und zerrinnt in bloße pragmatische Vorschriften; da dann der Adel des Menschen in seinem eigenen Bewußtsein verschwindet und er für einen Preis feil ist und zu Kauf steht, den ihm verführerische Neigungen anbieten.

Wenn dieses nun weislich und pünktlich nach Verschiedenheit der Stufen des Alters, des Geschlechts und des Standes, die der Mensch nach und nach betritt, aus der eigenen Vernunft des Menschen entwickelt worden, so ist noch etwas, was den Beschluß machen muß, was die Seele inniglich bewegt und den Menschen auf eine Stelle setzt, wo er sich selbst nicht anders als mit der größten Bewunderung der ihm beiwohnenden ursprünglichen Anlagen betrachten kann, und wovon der Eindruck nie erlischt. — Wenn ihm nämlich beim Schlusse seiner Unterweisung seine Pflichten in ihrer Ordnung noch einmal summarisch vorerzählt (rekapituliert), wenn er bei jeder derselben darauf aufmerksam gemacht wird, daß alle Übel, Drangsale und Leiden des Lebens, selbst Bedrohung mit dem Tode, die ihn darüber, daß er seiner Pflicht treu gehorcht, treffen mögen, ihm doch das Bewußtsein, über sie alle erhoben und Meister zu sein, nicht rauben können, so liegt ihm nun die Frage ganz nahe: was ist das in dir, was sich getrauen darf, mit allen Kräften der Natur in dir und um dich in Kampf zu treten und sie, wenn sie mit deinen sittlichen Grundsätzen in Streit kommen, zu besiegen? Wenn diese Frage, deren Auflösung das Vermögen der spekulativen Vernunft gänzlich übersteigt und die sich dennoch von selbst einstellt, ans Herz gelegt wird, so muß selbst die Unbegreiflichkeit in diesem Selbsterkenntnisse der Seele eine Erhebung geben, die sie zum Heilighalten ihrer Pflicht nur desto stärker belebt, je mehr sie angefochten wird.

In dieser katechetischen Moralunterweisung würde es zur sittlichen Bildung von großem Nutzen sein, bei jeder Pflichtzergliederung einige kasuistische Fragen aufzuwerfen und die versammelten Kinder ihren Verstand versuchen zu lassen, wie ein jeder von ihnen die ihm vorgelegte verfängliche Aufgabe aufzulösen meinete. — Nicht allein daß dieses eine der Fähigkeiten des Ungebildeten am meisten angemessene Kultur der Vernunft ist (weil diese in Fragen, die, was Pflicht ist, betreffen, weit leichter entscheiden kann, als in Ansehung der spekulativen) und so den Verstand der Jugend überhaupt zu schärfen die schicklichste Art ist: sondern vornehmlich deswegen, weil es in der Natur des Menschen liegt, das zu lieben, worin und in dessen Bearbeitung er es bis zu einer Wissenschaft (mit der er nun Bescheid weiß) gebracht hat, und so der Lehrling durch dergleichen Übungen unvermerkt in das Interesse der Sittlichkeit gezogen wird.

Von der größten Wichtigkeit aber in der Erziehung ist es, den moralischen Katechism nicht mit dem Religionskatechism vermischt vorzutragen (zu amalgamieren), noch weniger ihn auf den letzteren folgen zu lassen; sondern jederzeit den ersteren und zwar mit dem größten Fleiße und Ausführlichkeit zur klärsten Einsicht zu bringen. Denn ohne dieses wird nachher aus der Religion nichts als Heuchelei, sich aus Furcht zu Pflichten zu bekennen und eine Teilnahme an derselben, die nicht im Herzen ist, zu lügen.

Zweiter Abschnitt.

Die ethische Asketik.

§ 53.

Die Regeln der Übung in der Tugend *(exercitiorum virtutis)* gehen auf die zwei Gemütsstimmungen hinaus, wackeren und fröhlichen Gemüts *(animus strenuus et hilaris)* in Befolgung ihrer Pflichten zu sein. Denn sie hat mit Hindernissen zu kämpfen, zu deren Überwältigung sie ihre Kräfte zusammen nehmen muß, und zugleich manche Lebensfreuden zu opfern, deren Verlust das Gemüt wohl bisweilen finster und mürrisch machen kann; was man aber nicht mit Lust, sondern bloß als Frondienst tut, das hat für den, der hierin seiner Pflicht gehorcht, keinen inneren Wert und wird nicht geliebt, sondern die Gelegenheit ihrer Ausübung so viel möglich geflohen.

Die Kultur der Tugend, d. i. die moralische Asketik, hat in Ansehung des Prinzips der rüstigen, mutigen und wackeren Tugendübung den Wahlspruch der Stoiker: gewöhne dich die zufälligen Lebensübel zu ertragen und die ebenso überflüssigen Ergötzlichkeiten zu entbehren *(assuesce incommodis et desuesce commoditatibus vitae)*. Es ist eine Art von Diätetik für den Menschen, sich moralisch gesund zu erhalten. Gesundheit ist aber nur ein negatives Wohlbefinden, sie selber kann nicht gefühlt werden. Es muß etwas dazu kommen, was einen angenehmen Lebensgenuß gewährt und doch bloß moralisch ist. Das ist das jederzeit fröhliche Herz in der Idee des tugendhaften EPIKURS. Denn wer sollte wohl mehr Ursache haben, frohen Muts zu sein und nicht darin selbst eine Pflicht finden, sich in eine fröhliche Gemütsstimmung zu versetzen und sie sich habituell zu machen, als der, welcher sich keiner vorsätzlichen Übertretung bewußt und wegen des Verfalls in eine solche gesichert ist *(hic murus aheneus esto etc.* HORAT.[109]*)*. — Die Mönchsasketik hingegen, welche aus abergläubischer Furcht, oder geheucheltem Abscheu an sich selbst mit Selbstpeinigung und Fleischeskreuzigung zu Werke geht, zweckt auch nicht auf Tugend, sondern auf schwärmerische Entsündigung ab, sich selbst Strafe aufzulegen und, anstatt sie moralisch (d. i. in Absicht auf die Besserung) zu bereuen, sie büßen zu wollen, welches bei einer selbstgewählten und an sich vollstreckten Strafe (denn die muß immer ein anderer auflegen) ein Widerspruch ist, und kann auch den Frohsinn, der die Tugend begleitet, nicht bewirken, vielmehr nicht ohne geheimen Haß gegen das Tugendgebot stattfinden. — Die ethische Gymnastik besteht also nur in der Bekämpfung der Naturtriebe, die das Maß erreicht, über sie bei vorkommenden, der Moralität Gefahr drohenden Fällen Meister werden zu können; mithin die wacker und im Bewußtsein seiner wiedererworbenen Freiheit fröhlich macht. Etwas bereuen (welches bei der Rückerinnerung ehemaliger Übertretungen unvermeidlich, ja wobei diese Erinnerung nicht schwinden zu lassen, es sogar Pflicht ist) und sich eine Pönitenz auferlegen (z. B. das Fasten), nicht in diätetischer, sondern frommer Rücksicht, sind zwei sehr verschiedene, moralisch gemeinte Vorkehrungen, von denen die letztere, welche freudenlos, finster und mürrisch ist, die Tugend selbst verhaßt macht und ihre Anhänger verjagt. Die Zucht (Disziplin), die der Mensch an sich selbst verübt, kann daher nur durch den Frohsinn, der sie begleitet, verdienstlich und exemplarisch werden.

2. ZUR ÄSTHETISCHEN BILDUNG ALS EINER PROPÄDEUTIK DER MORALISCHEN ERZIEHUNG[110]

a. Ausgewählte Abschnitte aus der Anthropologie in pragmatischer Hinsicht (1798)

Vom Gefühl für das Schöne,
d. i. der teils sinnlichen teils intellektuellen Lust in der reflektierten Anschauung, oder dem Geschmack.

§ 67. Geschmack in der eigentlichen Bedeutung des Worts ist, wie schon oben gesagt, die Eigenschaft eines Organs (der Zunge, des Gaumens und des Schlundes), von gewissen aufgelöseten Materien im Essen oder Trinken spezifisch affiziert zu werden. Er ist in seinem Gebrauch entweder bloß als Unterscheidungs- oder auch zugleich als Wohlgeschmack zu verstehen (z. B. ob etwas süß oder bitter sei, oder ob das Gekostete [Süße oder Bittere] angenehm sei). Der erstere kann allgemeine Übereinstimmung in der Art, wie gewisse Materien zu benennen sind, der letztere aber kann niemals ein allgemeingültiges Urteil abgeben: daß nämlich (z. B. das Bittere), was mir angenehm ist, auch jedermann angenehm sein werde. Der Grund davon ist klar; weil Lust oder Unlust nicht zum Erkenntnisvermögen in Ansehung der Objekte gehören, sondern Bestimmungen des Subjekts sind, also äußeren Gegenständen nicht beigelegt werden können. — Der Wohlgeschmack enthält also zugleich den Begriff von einer Unterscheidung durch Wohlgefallen oder Mißfallen, welche ich mit der Vorstellung des Gegenstandes in der Wahrnehmung oder Einbildung verbinde.

Nun wird aber auch das Wort Geschmack für ein sinnliches Beurteilungsvermögen genommen, nicht bloß nach der Sinnesempfindung für mich selbst, sondern auch nach einer gewissen Regel zu wählen, die als für jedermann geltend vorgestellt wird. Diese Regel kann empirisch sein; wo sie aber alsdann auf keine wahre Allgemeinheit, folglich auch nicht auf Notwendigkeit (es müsse im Wohlgeschmack jedes anderen Urteil mit dem meinigen übereinstimmen) — Anspruch machen kann. So gilt nämlich die Geschmacksregel in Ansehung der Mahlzeiten für die Deutschen, mit einer Suppe, für Engländer aber, mit derber Kost anzufangen; weil eine durch Nachahmung allmählich verbreitete Gewohnheit es zur Regel der Anordnung einer Tafel gemacht hat.

Aber es gibt auch einen Wohlgeschmack, dessen Regel a priori begründet sein muß, weil sie Notwendigkeit, folglich auch Gültigkeit für jedermann ankündigt, wie der Vorstellung eines Gegenstandes in Beziehung auf das Gefühl der Lust oder Unlust zu beurteilen sei (wo also die Vernunft ingeheim mit im Spiel ist, ob man zwar das Urteil desselben nicht aus Vernunftprinzipien ableiten und es darnach beweisen kann); und diesen Geschmack könnte man den vernünftelnden zum Unterschiede vom empirischen als dem Sinnengeschmack (jenen *gustus reflectens*, diesen *reflexus*) nennen.

Alle Darstellung seiner eigenen Person oder seiner Kunst mit Geschmack setzt einen gesellschaftlichen Zustand (sich mitzuteilen) voraus, der nicht immer gesellig (teilnehmend an der Lust anderer), sondern im Anfange gemeiniglich barbarisch, ungesellig und bloß wetteifernd ist. — In völliger Einsamkeit wird niemand sich oder sein Haus schmücken oder ausputzen; er wird es auch nicht gegen die Seinigen (Weib und Kinder), sondern nur gegen Fremde tun, um sich vorteilhaft zu zeigen. Im Geschmack (der Auswahl) aber, d. i. in der ästhetischen Urteilskraft, ist es nicht unmittelbar die Empfindung (das Materiale der Vorstellung des Gegenstandes), sondern wie es die freie (produktive) Einbildungskraft durch Dichtung zusammenpaart, d. i. die Form, was das Wohlgefallen an demselben hervorbringt: denn nur die Form ist es, was des Anspruchs auf eine allgemeine Regel für das Gefühl der Lust fähig ist. Von der Sinnenempfindung, die nach Verschiedenheit der Sinnesfähigkeit der Subjekte sehr verschieden sein kann, darf man eine solche allgemeine Regel nicht erwarten. — Man kann also den Geschmack so erklären: „Geschmack ist das Vermögen der ästhetischen Urteilskraft, allgemeingültig zu wählen.“

Er ist also ein Vermögen der gesellschaftlichen Beurteilung äußerer Gegenstände in der Einbildungskraft. — Hier fühlt das Gemüt seine Freiheit im Spiele der Einbildungen (also der Sinnlichkeit); denn die Sozialität mit andern Menschen setzt Freiheit voraus, — und dieses Gefühl ist Lust. — Aber die Allgemeingültigkeit dieser Lust für jedermann, durch welche die Wahl mit Geschmack (des Schönen) sich von der Wahl durch bloße Sinnenempfindung (des bloß subjektiv Gefallenden, d. i. des Angenehmen) unterscheidet, führt den Begriff eines Gesetzes bei sich; denn nur nach diesem kann die Gültigkeit des Wohlgefallens für den Beurteilenden allgemein sein. Das Vermögen der Vorstellung des Allgemeinen aber ist der Verstand. Also ist das Geschmacksurteil sowohl ein ästhetisches als ein Verstandesurteil, aber in beider Vereinigung (mithin das letztere nicht als rein) gedacht. — Die Beurteilung eines Gegenstandes durch Geschmack ist ein Urteil über die Einstimmung oder den Widerstreit der Freiheit im Spiele der Einbildungskraft und der Gesetzmäßigkeit des Verstandes und geht also nur die Form (diese Vereinbarkeit der Sinnenvorstellungen), nicht die Materie (die Sinnenlust) an, welche vielmehr, vornehmlich wenn das Gefühl derselben (der Reiz) stark ist, das Geschmackurteil überschreit. — Der Geschmack ist also nur ein Vermögen diese Einhelligkeit oder Mißhelligkeit im Zusammensein der Vorstellungen ästhetisch zu beurteilen, nicht Produkte, in welchen jene wahrgenommen wird, hervorzubringen, denn das wäre Genie, dessen aufbrausende Lebhaftigkeit durch die Sittsamkeit des Geschmacks gemäßigt und eingeschränkt zu werden oft bedarf.

Schönheit ist allein das, was für den Geschmack gehört; das Erhabene gehört zwar auch zur ästhetischen Beurteilung, aber nicht für den Geschmack. Aber es kann und soll die Vorstellung des Erhabenen doch an sich schön sein; sonst ist sie rauh, barbarisch und geschmackwidrig. Selbst die Darstellung des Bösen oder Häßlichen (z. B. der Gestalt des personifizierten Todes bei Milton) kann und muß schön sein, wenn einmal ein Gegenstand ästhetisch vorgestellt werden soll, und wenn es auch ein Thersites wäre; denn sonst bewirkt sie entweder Unschmackhaftigkeit oder Ekel: welche beide das Bestreben enthalten, eine Vorstellung, die zum Genuß dargeboten wird, von sich zu stoßen, da hingegen Schönheit den Begriff der Einladung zur innigsten Vereinigung mit dem Gegenstande, d. i. zum unmittelbaren Genuß, bei sich führt. — Mit dem Ausdruck einer schönen Seele sagt man alles, was sich, sie zum Zweck der innersten Vereinigung mit ihr zu machen, sagen läßt; denn Seelengröße und Seelenstärke betreffen die Materie (die Werkzeuge zu gewissen Zwecken), aber die Seelenschönheit die reine Form, unter der alle Zwecke sich müssen vereinigen lassen und die daher, wo sie angetroffen wird, gleich dem Eros der Fabelwelt, urschöpferisch, aber auch überirdisch ist, — diese Seelenschönheit ist doch der Mittelpunkt, um welchen das Geschmacksurteil alle seine Urteile der mit der Freiheit des Verstandes vereinbaren sinnlichen Lust versammelt.

§ 68. Das Erhabene *(sublime)* ist die ehrfurchterregende Großheit *(magnitudo reverenda)* dem Umfange oder dem Grade nach, zu dem die Annäherung (um ihm mit seinen Kräften angemessen zu sein) einladend, die Furcht aber, in der Vergleichung mit demselben in seiner eigenen Schätzung zu verschwinden, zugleich abschreckend ist (z. B. der Donner über unserem Haupte oder ein hohes, wildes Gebirge); wobei, wenn man selbst in Sicherheit ist, Sammlung seiner Kräfte, um die Erscheinung zu fassen, und dabei Besorgnis, ihre Größe nicht erreichen zu können, Verwunderung (ein angenehmes Gefühl durch kontinuierliche Überwindung des Schmerzes) erregt wird.

Das Erhabene ist zwar das Gegengewicht, aber nicht das Widerspiel vom Schönen; weil die Bestrebung und der Versuch, sich zu der Fassung *(apprehensio)* des Gegenstandes zu erheben, dem Subjekt ein Gefühl seiner eigenen Größe und Kraft erweckt; aber die Gedankenvorstellung desselben in der Beschreibung oder Darstellung kann und muß immer schön sein. Denn sonst wird die Verwunderung Abschreckung, welche von Bewunderung, als einer Beurteilung, wobei man des Verwunderns nicht satt wird, sehr unterschieden ist.

Die Großheit, die zweckwidrig ist *(magnitudo monstrosa)*, ist das Ungeheure. Daher haben die Schriftsteller, welche die weitläufige Größe des russischen Reichs erheben wollten, es schlecht getroffen, daß sie es als ungeheuer betitelten; denn hierin liegt ein Tadel: als ob es für einen einzigen Beherrscher zu groß sei. — Abenteuerlich ist ein Mensch, der den Hang hat, sich in Begebenheiten zu verflechten, deren wahre Erzählung einem Roman ähnlich ist.

Das Erhabene ist also zwar nicht ein Gegenstand für den Geschmack, sondern für das Gefühl der Rührung; aber die künstliche Darstellung desselben in der Beschreibung und Bekleidung (bei Nebenwerken, *parerga*) kann und soll schön sein; weil es sonst wild, rauh und abstoßend und so dem Geschmack zuwider ist.

Der Geschmack enthält eine Tendenz zur äußeren Beförderung der Moralität.

§ 69. Der Geschmack (gleichsam als formaler Sinn) geht auf Mitteilung seines Gefühls der Lust oder Unlust an andere und enthält eine Empfänglichkeit, durch diese Mitteilung selbst mit Lust affiziert, ein Wohlgefallen *(complacentia)* daran gemeinschaftlich mit anderen (gesellschaftlich) zu empfinden. Nun ist das Wohlgefallen, was nicht bloß als für das empfindende Subjekt, sondern auch für jeden andern, d. i. als allgemeingültig betrachtet werden kann, weil es Notwendigkeit (dieses Wohlgefallens), mithin ein Prinzip desselben a priori enthalten muß, um als ein solches gedacht werden zu können, ein Wohlgefallen an der Übereinstimmung der Lust des Subjekts mit dem Gefühl jedes anderen nach einem allgemeinen Gesetz, welches aus der allgemeinen Gesetzgebung des Fühlenden, mithin aus der Vernunft entspringen muß: d. i. die Wahl nach diesem Wohlgefallen steht der Form nach unter dem Prinzip der Pflicht. Also hat der ideale Geschmack eine Tendenz zur äußeren Beförderung der Moralität. — Den Menschen für seine gesellschaftliche Lage gesittet zu machen, will zwar nicht ganz soviel sagen, als ihn sittlich-gut (moralisch) zu bilden, aber bereitet doch durch die Bestrebung in dieser Lage anderen wohlzugefallen (beliebt oder bewundert zu

werden) dazu vor. — Auf diese Weise könnte man den Geschmack Moralität in der äußeren Erscheinung nennen; obzwar dieser Ausdruck, nach den Buchstaben genommen, einen Widerspruch enthält; denn Gesittetsein enthält doch den Anschein oder Anstand vom Sittlichguten und selbst einen Grad davon, nämlich die Neigung, auch schon in dem Schein desselben einen Wert zu setzen.

§ 70. Gesittet, wohlanständig, manierlich, geschliffen (mit Abstoßung der Rauhigkeit) zu sein, ist doch nur die negative Bedingung des Geschmacks. Die Vorstellung dieser Eigenschaften in der Einbildungskraft kann eine äußerlich intuitive oder eine diskursive und nur innerlich intuitive Vorstellung sein. — Die intuitive Vorstellungsart eines Gegenstandes oder seiner eigenen Person mit Geschmack ist nur für zwei Sinne, für das Gehör und Gesicht. Musik und bildende Kunst (Malerei, Bildhauer-, Bau- und Gartenkunst) machen Ansprüche auf Geschmack, als Empfänglichkeit eines Gefühls der Lust für die bloßen Formen äußerer Anschauung, erstere in Ansehung des Gehörs, die andere des Gesichts. Dagegen enthält die diskursive Vorstellungsart durch laute Sprache oder durch Schrift zwei Künste, darin der Geschmack sich zeigen kann: die Beredsamkeit und Dichtkunst.

Anthropologische Bemerkungen über den Geschmack.

A.
Vom Modegeschmack.

§ 71. Es ist ein natürlicher Hang des Menschen, in seinem Betragen sich mit einem bedeutendern (des Kindes mit den Erwachsenen, des Geringeren mit den Vornehmeren) in Vergleichung zu stellen und seine Weise nachzuahmen. Ein Gesetz dieser Nachahmung, um bloß nicht geringer zu erscheinen als andere und zwar in dem, wobei übrigens auf keinen Nutzen Rücksicht genommen wird, heißt Mode. Diese gehört also unter den Titel der Eitelkeit, weil in der Absicht kein innerer Wert ist; imgleichen der Torheit, weil dabei doch ein Zwang ist, sich durch bloßes Beispiel, das uns viele in der Gesellschaft geben, knechtisch leiten zu lassen. In der Mode sein, ist eine Sache des Geschmacks; der außer der Mode einem vorigen Gebrauch anhängt, heißt altväterisch; der gar einen Wert darin setzt, außer der Mode zu sein, ist ein Sonderling. Besser ist es aber doch immer, ein Narr in der Mode als ein Narr außer der Mode zu sein; wenn man jene Eitelkeit überhaupt mit diesem harten Namen belegen will: welchen Titel doch die Modesucht wirklich verdient, wenn sie jener Eitelkeit wahren Nutzen oder gar Pflichten aufopfert. — Alle Moden sind schon ihrem Begriffe nach veränderliche Lebensweisen. Denn wenn das Spiel der Nach-

ahmung fixiert wird, so wird diese zum Gebrauch; wobei dann auf den Geschmack gar nicht mehr gesehen wird. Die Neuigkeit ist es also, was die Mode beliebt macht, und erfinderisch in allerlei äußeren Formen zu sein, wenn diese auch öfters ins Abenteuerliche und zum Teil Häßliche ausarten, gehört zum Ton der Hofleute, vornehmlich der Damen, denen dann andere begierig nachfolgen und sich in niedrigern Ständen noch lange damit schleppen, wenn jene sie schon abgelegt haben. — Also ist die Mode eigentlich nicht eine Sache des Geschmacks (denn sie kann äußerst geschmackwidrig sein), sondern der bloßen Eitelkeit vornehm zu tun und des Wetteifers einander dadurch zu übertreffen (die *élegants de la cour,* sonst *petits maîtres* genannt, sind Windbeutel).

Mit dem wahren, idealen Geschmack läßt sich Pracht, mithin etwas Erhabenes, was zugleich schön ist, verbinden (wie ein prachtvoller bestirnter Himmel, oder, wenn es nicht zu niedrig klingt, eine St. Peterskirche in Rom). Aber Pomp, eine prahlerische Ausstellung zur Schau, kann zwar auch mit Geschmack verbunden werden, aber nicht ohne Weigerung des letzteren; weil der Pomp für den großen Haufen, der viel Pöbel in sich faßt, berechnet ist, dessen Geschmack, als stumpf, mehr Sinnenempfindung als Beurteilungsfähigkeit erfordert.

B.
Vom Kunstgeschmack.

Ich ziehe hier nur die redenden Künste: Beredsamkeit und Dichtkunst, in Betrachtung, weil diese auf eine Stimmung des Gemüts angelegt sind, wodurch dieses unmittelbar zur Tätigkeit aufgeweckt wird, und so in einer pragmatischen Anthropologie, wo man den Menschen nach dem zu kennen sucht, was aus ihm zu machen ist, ihren Platz hat.

Man nennt das durch Ideen belebende Prinzip des Gemüts Geist. — Geschmack ist ein bloßes regulatives Beurteilungsvermögen der Form in der Verbindung des Mannigfaltigen in der Einbildungskraft; Geist aber das produktive Vermögen der Vernunft, ein Muster für jene Form a priori der Einbildungskraft unterzulegen. Geist und Geschmack: der erste, um Ideen zu schaffen, der zweite, um sie für die den Gesetzen der produktiven Einbildungskraft angemessene Form zu beschränken und so ursprünglich (nicht nachahmend) zu bilden *(fingendi).* Ein mit Geist und Geschmack abgefaßtes Produkt kann überhaupt Poesie genannt werden und ist ein Werk der schönen Kunst: es mag den Sinnen vermittelst der Augen oder der Ohren unmittelbar vorgelegt werden, welche auch Dichtkunst *(poetica in sensu lato)* genannt werden kann: sie mag Maler-, Garten-, Baukunst oder Ton- und Versmacherkunst *(poetica in sensu stricto)* sein. Dichtkunst aber im Gegensatz mit der Beredsamkeit ist von dieser nur der wechselseitigen Unterordnung des Verstandes und der Sinnlichkeit nach unterschieden, so daß die erstere ein Spiel der Sinnlichkeit, durch den Verstand geordnet, die zweite aber ein Geschäfte des Verstandes, durch Sinnlichkeit belebt, beide aber, der Redner sowohl als der Poet (in weitem Sinn), Dichter sind und aus sich selbst neue Gestalten (Zusammenstellungen des Sinnlichen) in ihrer Einbildungskraft hervorbringen*.

Weil die Dichtergabe ein Kunstgeschick und, mit Geschmack verbunden, ein Talent für schöne Kunst ist, die zum Teil auf (obzwar süße, oft auch indirekt heilsame) Täuschung ausgeht, so kann es nicht fehlen, daß von ihr nicht großer (oft auch nachteiliger) Gebrauch im Leben gemacht werde. — Über den Charakter des Dichters also oder auch über den Einfluß, den sein Geschäft auf ihn und andere hat, und die Würdigung desselben verlohnt es wohl einige Fragen und Bemerkungen aufzustellen.

Warum gewinnt unter den schönen (redenden) Künsten die Poesie den Preis über die Beredsamkeit bei eben denselben Zwecken? — Weil sie zugleich Musik (singbar) und Ton, ein für sich allein angenehmer Laut ist, dergleichen die bloße Sprache nicht ist. Selbst die Beredsamkeit borgt von der Poesie einen dem Ton nahekommenden Laut, den Accent, ohne welchen die Rede der nötigen dazwischen kommenden Augenblicke der Ruhe und der Belebung entbehrte. Die Poesie gewinnt aber nicht bloß den Preis über die Beredsamkeit, sondern auch über jede andere schöne Kunst: über die Malerei (wozu die Bildhauerkunst gehört) und selbst über die Musik. Denn die letztere ist nur darum schöne (nicht bloß angenehme) Kunst, weil sie der Poesie zum Vehikel dient. Auch gibt es unter den Poeten nicht so viel seichte (zu Geschäften untaugliche) Köpfe als unter den Tonkünstlern; weil jene doch auch zum Verstande, diese aber bloß zu den Sinnen reden. — Ein gutes Gedicht ist das ein-

---

* Die Neuigkeit der Darstellung eines Begriffs ist eine Hauptforderung der schönen Kunst an den Dichter, wenngleich der Begriff selbst auch nicht neu sein sollte. — Für den Verstand aber (abgesehen vom Geschmack) hat man folgende Ausdrücke für die Vermehrung unserer Kenntnisse durch neue Wahrnehmung. — Etwas entdecken (zuerst wahrnehmen, was schon da war) z. B. Amerika, die magnetische, nach den Polen sich richtende Kraft, die Luftelektrizität. — Etwas erfinden (was noch nicht da war, zur Wirklichkeit bringen), z. B. den Kompas, den Aerostat. — Etwas ausfindig machen, das Verlorne durch Nachsuchen wiederfinden. — Ersinnen und ausdenken (z. B. von Werkzeugen für Künstler oder Maschinen). — Erdichten, das mit Bewußtsein Unwahre als wahr vorstellig machen, wie in Romanen, wenn es nur zur Unterhaltung geschieht. — Eine für Wahrheit ausgegebene Erdichtung aber ist Lüge.

(Turpiter atrum desinit in piscem mulier formosa superne. Horat.)

dringendste Mittel der Belebung des Gemüts. — — Es gilt aber nicht bloß vom Poeten, sondern von jedem Besitzer der schönen Kunst: man müsse dazu geboren sein und könne nicht durch Fleiß und Nachahmung dazu gelangen; imgleichen daß der Künstler zum Gelingen seiner Arbeit noch einer ihn anwandelnden glücklichen Laune, gleich als dem Augenblicke einer Eingebung, bedürfe (daher er auch *vates* genannt wird); weil, was nach Vorschrift und Regeln gemacht wird, geistlos (sklavisch) ausfällt, ein Produkt der schönen Kunst aber nicht bloß Geschmack, der auf Nachahmung gegründet sein kann, sondern auch Originalität des Gedanken erfordert, die, als aus sich selbst belebend, Geist genannt wird. — Der Naturmaler mit dem Pinsel oder der Feder (das letztere sei in Prose oder in Versen) ist nicht der schöne Geist, weil er nur nachahmt; der Ideenmaler ist allein der Meister der schönen Kunst.

b. Ausgewählte Abschnitte aus der Kritik der (ästhetischen) Urteilskraft (1790)[111]

§ 1.

Das Geschmacksurteil* ist ästhetisch.

Um zu unterscheiden, ob etwas schön sei oder nicht, beziehen wir die Vorstellung nicht durch den Verstand auf das Objekt zum Erkenntnisse, sondern durch die Einbildungskraft (vielleicht mit dem Verstande verbunden) auf das Subjekt und das Gefühl der Lust oder Unlust desselben. Das Geschmacksurteil ist also kein Erkenntnisurteil, mithin nicht logisch, sondern ästhetisch, worunter man dasjenige versteht, dessen Bestimmungsgrund nicht anders als subjektiv sein kann. Alle Beziehung der Vorstellungen, selbst die der Empfindungen, aber kann objektiv sein (und da bedeutet sie das Reale einer empirischen Vorstellung), nur nicht die auf das Gefühl der Lust und Unlust, wodurch gar nichts im Objekte bezeichnet wird, sondern in der das Subjekt, wie es durch die Vorstellung affiziert wird, sich selbst fühlt.

Ein regelmäßiges, zweckmäßiges Gebäude mit seinem Erkenntnisvermögen (es sei in deutlicher oder verworrener Vorstellungsart) zu

---

* Die Definition des Geschmacks, welche hier zum Grunde gelegt wird, ist: daß er das Vermögen der Beurteilung des Schönen sei. Was aber dazu erfordert wird, um einen Gegenstand schön zu nennen, das muß die Analyse der Urteile des Geschmacks entdecken. Die Momente, worauf diese Urteilskraft in ihrer Reflexion achthat, habe ich nach Anleitung der logischen Funktionen zu urteilen aufgesucht (denn im Geschmacksurteile ist immer noch eine Beziehung auf den Verstand enthalten.) Die der Qualität habe ich zuerst in Betrachtung gezogen, weil das ästhetische Urteil über das Schöne auf diese zuerst Rücksicht nimmt.

befassen, ist ganz etwas anders, als sich dieser Vorstellung mit der Empfindung des Wohlgefallens bewußt zu sein. Hier wird die Vorstellung gänzlich auf das Subjekt, und zwar auf das Lebensgefühl desselben unter dem Namen des Gefühls der Lust oder Unlust bezogen: welches ein ganz besonderes Unterscheidungs- und Beurteilungsvermögen gründet, das zum Erkenntnis nichts beiträgt, sondern nur die gegebene Vorstellung im Subjekte gegen das ganze Vermögen der Vorstellungen hält, dessen sich das Gemüt im Gefühl seines Zustandes bewußt wird. Gegebene Vorstellungen in einem Urteile können empirisch (mithin ästhetisch) sein; das Urteil aber, das durch sie gefällt wird, ist logisch, wenn jene nur im Urteile auf das Objekt bezogen werden. Umgekehrt aber, wenn die gegebenen Vorstellungen gar rational wären, würden aber in einem Urteile lediglich auf das Subjekt (sein Gefühl) bezogen, so sind sie sofern jederzeit ästhetisch.

§ 2.

Das Wohlgefallen, welches das Geschmacksurteil bestimmt, ist ohne alles Interesse.

Interesse wird das Wohlgefallen genannt, was wir mit der Vorstellung der Existenz eines Gegenstandes verbinden. Ein solches hat daher immer zugleich Beziehung auf das Begehrungsvermögen, entweder als Bestimmungsgrund desselben, oder doch als mit dem Bestimmungsgrunde desselben notwendig zusammenhängend. Nun will man aber, wenn die Frage ist, ob etwas schön sei, nicht wissen, ob uns oder irgend jemand an der Existenz der Sache irgend etwas gelegen sei oder auch nur gelegen sein könne sondern, wie wir sie in der bloßen Betrachtung (Anschauung oder Reflexion) beurteilen. Wenn mich jemand fragt, ob ich den Palast, den ich vor mir sehe, schön finde; so mag ich zwar sagen: ich liebe dergleichen Dinge nicht, die bloß für das Angaffen gemacht sind, oder, wie jener irokesische Sachem[112], ihm gefalle in Paris nichts besser als die Garküchen; ich kann noch überdem auf die Eitelkeit der Großen auf gut Rousseauisch schmälen, welche den Schweiß des Volks auf so entbehrliche Dinge verwenden; ich kann mich endlich gar leicht überzeugen, daß, wenn ich mich auf einem unbewohnten Eilande, ohne Hoffnung, jemals wieder zu Menschen zu kommen, befände, und ich durch meinen bloßen Wunsch ein solches Prachtgebäude hinzaubern könnte, ich mir auch nicht einmal diese Mühe darum geben würde, wenn ich schon eine Hütte hätte, die mir bequem genug wäre. Man kann mir alles dieses einräumen und gutheißen; nur davon ist jetzt nicht die Rede. Man will nur wissen, ob die bloße Vorstellung des Gegenstandes in mir mit Wohlgefallen begleitet sei, so gleichgültig ich auch immer in Ansehung der Existenz des Gegenstandes dieser Vorstellung sein mag. Man sieht leicht, daß es auf dem, was ich aus dieser Vorstellung in mir selbst mache, nicht auf dem, worin ich von der Existenz des Gegenstandes abhänge, ankomme, um zu sagen, er sei *schön*, und zu beweisen, ich habe Geschmack. Ein jeder muß eingestehen, daß dasjenige Urteil über Schönheit, worin sich das mindeste Interesse mengt, sehr parteilich und kein reines Geschmacksurteil sei. Man muß nicht im mindesten für die Existenz der Sache eingenommen, sondern in diesem Betracht ganz gleichgültig sein, um in Sachen des Geschmacks den Richter zu spielen.

Wir können aber diesen Satz, der von vorzüglicher Erheblichkeit ist, nicht besser erläutern, als wenn wir dem reinen uninteressierten* Wohlgefallen im Geschmacksurteile dasjenige, was mit Interesse verbunden ist, entgegensetzen: vornehmlich wenn wir zugleich gewiß sein können, daß es nicht mehr Arten des Interesse gebe, als die eben jetzt namhaft gemacht werden sollen.

§ 3.

Das Wohlgefallen am *Angenehmen* ist mit Interesse verbunden.

Angenehm *ist das, was den Sinnen in der Empfindung gefällt.* Hier zeigt sich nun sofort die Gelegenheit, eine ganz gewöhnliche Verwechselung der doppelten Bedeutung, die das Wort Empfindung kaben kann, zu rügen und darauf aufmerksam zu machen. Alles Wohlgefallen, (sagt oder denkt man) ist selbst Empfindung (einer Lust). Mithin ist alles, was gefällt, eben hierin, daß es gefällt, angenehm (und nach den verschiedenen Graden oder auch Verhältnissen zu andern angenehmen Empfindungen *anmutig, lieblich, ergötzend, erfreulich* u. s. w.). Wird aber das eingeräumt, so sind Eindrücke der Sinne, welche die Neigung, oder Grundsätze der Vernunft, welche den Willen, oder bloße reflektierte Formen der Anschauung, welche die Urteilskraft bestimmen, was die Wirkung auf das Gefühl der Lust betrifft, gänzlich einerlei. Denn diese wäre die Annehmlichkeit in der Empfindung seines Zustandes, und, da doch endlich alle Bearbeitung unserer Vermögen aufs Praktische ausgehen und sich darin als in ihrem Ziele vereinigen muß, so könnte man ihnen keine andere Schätzung der Dinge und ihres Wertes zumuten, als die in dem Vergnügen besteht, welches sie versprechen. Auf die Art, wie sie dazu gelangen, kömmt

* Ein Urteil über einen Gegenstand des Wohlgefallens kann ganz *uninteressiert*, aber doch sehr *interessant* sein, d. i. es gründet sich auf keinem Interesse, aber es bringt ein Interesse hervor; dergleichen sind alle reine moralische Urteile. Aber die Geschmacksurteile begründen an sich auch gar kein Interesse. Nur in der Gesellschaft wird es *interessant*, Geschmack zu haben, wovon der Grund in der Folge angezeigt werden wird.

es am Ende gar nicht an; und da die Wahl der Mittel hierin allein einen Unterschied machen kann, so könnten Menschen einander wohl der Torheit und des Unverstandes, niemals aber der Niederträchtigkeit und Bosheit beschuldigen: weil sie doch alle, ein jeder nach seiner Art die Sachen zu sehen, nach einem Ziele laufen, welches für jedermann das Vergnügen ist.

Wenn eine Bestimmung des Gefühls der Lust oder Unlust Empfindung genannt wird, so bedeutet dieser Ausdruck etwas ganz anderes, als wenn ich die Vorstellung einer Sache (durch Sinne, als eine zum Erkenntnisvermögen gehörige Rezeptivität) Empfindung nenne. Denn im letztern Falle wird die Vorstellung auf das Objekt, im erstern aber lediglich auf das Subjekt bezogen, und dient zu gar keinem Erkenntnisse, auch nicht zu demjenigen, wodurch sich das Subjekt selbst erkennt.

Wir verstehen aber in der obigen Erklärung unter dem Worte Empfindung eine objektive Vorstellung der Sinne; und, um nicht immer Gefahr zu laufen, mißgedeutet zu werden, wollen wir das, was jederzeit bloß subjektiv bleiben muß und schlechterdings keine Vorstellung eines Gegenstandes ausmachen kann, mit dem sonst üblichen Namen des Gefühls benennen. Die grüne Farbe der Wiesen gehört zur objektiven Empfindung, als Wahrnehmung eines Gegenstandes des Sinnes; die Annehmlichkeit derselben aber zur subjektiven Empfindung, wodurch kein Gegenstand vorgestellt wird: d. i. zum Gefühl, wodurch der Gegenstand als Objekt des Wohlgefallens (welches kein Erkenntnis desselben ist) betrachtet wird.

Daß nun mein Urteil über einen Gegenstand, wodurch ich ihn für angenehm erkläre, ein Interesse an demselben ausdrücke, ist daraus schon klar, daß es durch Empfindung eine Begierde nach dergleichen Gegenstände rege macht, mithin das Wohlgefallen nicht das bloße Urteil über ihn, sondern die Beziehung seiner Existenz auf meinen Zustand, sofern er durch ein solches Objekt affiziert wird, voraussetzt. Daher man von dem Angenehmen nicht bloß sagt, es gefällt, sondern es vergnügt. Es ist nicht ein bloßer Beifall, den ich ihm widme, sondern Neigung wird dadurch erzeugt; und zu dem, was auf die lebhafteste Art angenehm ist, gehört so gar kein Urteil über die Beschaffenheit des Objekts, daß diejenigen, welche immer nur auf das Genießen ausgehen (denn das ist das Wort, womit man das Innige des Vergnügens bezeichnet), sich gerne alles Urteilens überheben.

§ 4.

Das Wohlgefallen am Guten ist mit Interesse verbunden.

Gut ist das, was vermittelst der Vernunft, durch den bloßen Begriff, gefällt. Wir nennen einiges wozu gut (das Nützliche), was nur als Mittel gefällt; ein anderes aber an sich gut, was für sich selbst gefällt. In beiden ist immer der Begriff eines Zwecks, mithin das Verhältnis der Vernunft zum (wenigstens möglichen) Wollen, folglich ein Wohlgefallen am Dasein eines Objekts oder einer Handlung, d. i. irgend ein Interesse, enthalten.

Um etwas gut zu finden, muß ich jederzeit wissen, was der Gegenstand für ein Ding sein solle, d. i. einen Begriff von demselben haben. Um Schönheit woran zu finden, habe ich das nicht nötig. Blumen, freie Zeichnungen, ohne Absicht ineinander geschlungene Züge, unter dem Namen des Laubwerks, bedeuten nichts, hängen von keinem bestimmten Begriffe ab, und gefallen doch. Das Wohlgefallen am Schönen muß von der Reflexion über einen Gegenstand, die zu irgend einem Begriffe (unbestimmt welchem) führt, abhängen; und unterscheidet sich dadurch auch vom Angenehmen, welches ganz auf der Empfindung beruht.

Zwar scheint das Angenehme mit dem Guten in vielen Fällen einerlei zu sein. So wird man gemeiniglich sagen: alles (vornehmlich dauerhafte) Vergnügen ist an sich selbst gut; welches ungefähr soviel heißt, als dauerhaft angenehm oder gut sein, ist einerlei. Allein man kann bald bemerken, daß dieses bloß eine fehlerhafte Wortvertauschung sei, da die Begriffe, welche diesen Ausdrücken eigentümlich anhängen, keineswegs gegen einander ausgetauscht werden können. Das Angenehme, das, als ein solches, den Gegenstand lediglich in Beziehung auf den Sinn vorstellt, muß allererst durch den Begriff eines Zwecks unter Prinzipien der Vernunft gebracht werden, um es, als Gegenstand des Willens, gut zu nennen. Daß dieses aber alsdann eine ganz andere Beziehung auf das Wohlgefallen sei, wenn ich das, was vergnügt, zugleich g u t nenne, ist daraus zu ersehen, daß beim Guten immer die Frage ist, ob es bloß mittelbar-gut oder unmittelbar-gut (ob nützlich oder an sich gut) sei; da hingegen beim Angenehmen hierüber gar nicht die Frage sein kann, indem das Wort jederzeit etwas bedeutet, was unmittelbar gefällt. (Ebenso ist es auch mit dem, was ich schön nenne, bewandt.)

Selbst in den gemeinsten Reden unterscheidet man das Angenehme vom Guten. Von einem durch Gewürze und andre Zusätze den Geschmack erhebenden Gerichte sagt man ohne Bedenken, es sei angenehm, und gesteht zugleich, daß es nicht gut sei: weil es zwar unmittelbar den Sinnen b e h a g t, mittelbar aber, d. i. durch die Vernunft, die auf die Folgen hinaus sieht, betrachtet, mißfällt. Selbst in der Beurteilung der Gesundheit kann man noch diesen Unterschied bemerken. Sie ist jedem, der sie besitzt, unmittelbar angenehm (wenigstens negativ, d. i. als Entfernung aller körperlichen Schmerzen). Aber, um zu sagen, daß sie gut sei, muß man sie noch durch die Vernunft auf Zwecke richten, nämlich daß sie ein Zustand ist, der uns zu allen unsern Geschäften aufgelegt macht. In Absicht der Glückseligkeit glaubt endlich doch jedermann, die größte Summe (der

Menge sowohl als Dauer nach) der Annehmlichkeiten des Lebens ein wahres, ja sogar das höchste Gut nennen zu können. Allein auch dawider sträubt sich die Vernunft. Annehmlichkeit ist Genuß. Ist es aber auf diesen allein angelegt, so wäre es töricht, skrupulös in Ansehung der Mittel zu sein, die ihn uns verschaffen, ob er leidend, von der Freigebigkeit der Natur, oder durch Selbsttätigkeit und unser eignes Wirken erlangt wäre. Daß aber eines Menschen Existenz an sich einen Wert habe, welcher bloß lebt (und in dieser Absicht noch so sehr geschäftig ist), um zu genießen, sogar wenn er dabei andern, die alle ebenso wohl nur aufs Genießen ausgehen, als Mittel dazu aufs beste beförderlich wäre, und zwar darum, weil er durch Sympathie alles Vergnügen mit genösse: das wird sich die Vernunft nie überreden lassen. Nur durch das, was er tut, ohne Rücksicht auf Genuß, in voller Freiheit und unabhängig von dem, was ihm die Natur auch leidend verschaffen könnte, gibt er seinem Dasein als der Existenz einer Person einen absoluten Wert; und die Glückseligkeit ist, mit der ganzen Fülle ihrer Annehmlichkeit, bei weitem nicht ein unbedingtes Gut*.

Aber, ungeachtet aller dieser Verschiedenheit zwischen dem Angenehmen und Guten, kommen beide doch darin überein: daß sie jederzeit mit einem Interesse an ihrem Gegenstande verbunden sind, nicht allein das Angenehme § 3, und das mittelbar Gute (das Nützliche), welches als Mittel zu irgend einer Annehmlichkeit gefällt, sondern auch das schlechterdings und in aller Absicht Gute, nämlich das moralische, welches das höchste Interesse bei sich führt. Denn das Gute ist das Objekt des Willens (d. i. eines durch Vernunft bestimmten Begehrungsvermögens). Etwas aber wollen und an dem Dasein desselben ein Wohlgefallen haben, d. i. daran ein Interesse nehmen, ist identisch.

§ 5.
Vergleichung der drei spezifisch verschiedenen Arten des Wohlgefallens.

Das Angenehme und Gute haben beide eine Beziehung auf das Begehrungsvermögen, und führen sofern, jenes ein pathologisch-bedingtes (durch Anreize, *Stimulos*), dieses ein reines praktisches Wohlgefallen bei sich, welches nicht bloß durch die Vorstellung des Gegenstandes, sondern zugleich durch die vorgestellte Verknüpfung des Subjekts mit der Existenz desselben bestimmt wird. Nicht bloß der Gegenstand, sondern auch die Existenz desselben gefällt. Daher

---

* Eine Verbindlichkeit zum Genießen ist eine offenbare Ungereimtheit. Eben das muß also auch eine vorgegebene Verbindlichkeit zu allen Handlungen sein, die zu ihrem Ziele bloß das Genießen haben: dieses mag nun so geistig ausgedacht (oder verbrämt) sein, wie es wolle, und wenn es auch ein mystischer sogenannter himmlischer Genuß wäre.

ist das Geschmacksurteil bloß kontemplativ d. i. ein Urteil, welches, indifferent in Ansehung des Daseins eines Gegenstandes, nur seine Beschaffenheit mit dem Gefühl der Lust und Unlust zusammenhält. Aber diese Kontemplation selbst ist auch nicht auf Begriffe gerichtet; denn das Geschmacksurteil ist kein Erkenntnisurteil (weder ein theoretisches noch praktisches), und daher auch nicht auf Begriffe gegründet, oder auch auf solche abgezweckt.

Das Angenehme, das Schöne, das Gute bezeichnen also drei verschiedene Verhältnisse der Vorstellungen zum Gefühl der Lust und Unlust, in Beziehung auf welches wir Gegenstände, oder Vorstellungsarten, von einander unterscheiden. Auch sind die jedem angemessenen Ausdrücke, womit man die Komplazenz in denselben bezeichnet, nicht einerlei. Angenehm heißt jemandem das, was ihn *vergnügt;* schön, was ihm bloß *gefällt;* gut, was *geschätzt,* gebilligt, d. i. worin von ihm ein objektiver Wert gesetzt wird. Annehmlichkeit gilt auch für vernunftlose Tiere; Schönheit nur für Menschen, d. i. tierische, aber doch vernünftige Wesen, aber auch nicht bloß als solche (z. B. Geister), sondern zugleich als tierische; das Gute aber für jedes vernünftige Wesen überhaupt. Ein Satz, der nur in der Folge seine vollständige Rechtfertigung und Erklärung bekommen kann. Man kann sagen: daß unter allen diesen drei Arten des Wohlgefallens, das des Geschmacks am Schönen einzig und allein ein uninteressiertes und freies Wohlgefallen sei; denn kein Interesse, weder das der Sinne, noch das der Vernunft, zwingt den Beifall ab. Daher könnte man von dem Wohlgefallen sagen: es beziehe sich in den drei genannten Fällen auf Neigung oder Gunst oder Achtung. Denn *Gunst* ist das einzige freie Wohlgefallen. Ein Gegenstand der Neigung und einer, welcher durch ein Vernunftgesetz uns zum Begehren auferlegt wird, lassen uns keine Freiheit, uns selbst irgend woraus einen Gegenstand der Lust zu machen. Alles Interesse setzt Bedürfnis voraus oder bringt eines hervor; und, als Bestimmungsgrund des Beifalls, läßt es das Urteil über den Gegenstand nicht mehr frei sein.

Was das Interesse der Neigung beim Angenehmen betrifft, so sagt jedermann: Hunger ist der beste Koch, und Leuten von gesundem Appetit schmeckt alles, was nur eßbar ist; mithin beweiset ein solches Wohlgefallen keine Wahl nach Geschmack. Nur wenn das Bedürfnis befriedigt ist, kann man unterscheiden, wer unter vielen Geschmack habe, oder nicht. Ebenso gibt es Sitten (Konduite) ohne Tugend, Höflichkeit ohne Wohlwollen, Anständigkeit ohne Ehrbarkeit u. s. w. Denn wo das sittliche Gesetz spricht, da gibt es, objektiv, weiter keine freie Wahl in Ansehung dessen, was zu tun sei; und Geschmack in seiner Aufführung (oder in Beurteilung anderer ihrer) zeigen, ist etwas ganz anderes, als seine moralische Denkungsart äußern; denn diese enthält ein Gebot und bringt ein Bedürfnis hervor, da hingegen der sittliche Geschmack mit den Gegenständen des Wohlgefallens nur spielt, ohne sich an eines zu hängen.

Aus dem ersten Momente gefolgerte Erklärung des Schönen.

Geschmack ist das Beurteilungsvermögen eines Gegenstandes oder einer Vorstellungsart durch ein Wohlgefallen, oder Mißfallen, ohne alles Interesse. Der Gegenstand eines solchen Wohlgefallens heißt schön.

§ 40.

Vom Geschmacke als einer Art von *sensus communis*.

Man gibt oft der Urteilskraft, wenn nicht sowohl ihre Reflexion als vielmehr bloß das Resultat derselben bemerklich ist, den Namen eines Sinnes und redet von einem Wahrheitssinne, von einem Sinne für Anständigkeit, Gerechtigkeit u. s. w., ob man zwar weiß, wenigstens billig wissen sollte, daß es nicht ein Sinn ist, in welchem diese Begriffe ihren Sitz haben können, noch weniger, daß dieser zu einem Ausspruche allgemeiner Regeln die mindeste Fähigkeit habe: sondern daß uns von Wahrheit, Schicklichkeit, Schönheit oder Gerechtigkeit nie eine Vorstellung dieser Art in Gedanken kommen könnte, wenn wir uns nicht über die Sinne zu höhern Erkenntnisvermögen erheben könnten. Der gemeine Menschenverstand, den man, als bloß gesunden (noch nicht kultivierten) Verstand, für das geringste ansieht, dessen man nur immer sich von dem, welcher auf den Namen eines Menschen Anspruch macht, gewärtigen kann, hat daher auch die kränkende Ehre, mit dem Namen des Gemeinsinnes *(sensus communis)* belegt zu werden; und zwar so, daß man unter dem Worte gemein (nicht bloß in unserer Sprache, die hierin wirklich eine Zweideutigkeit enthält, sondern auch in mancher andern) so viel als das *vulgare*, was man allenthalben antrifft, versteht, welches zu besitzen schlechterdings kein Verdienst oder Vorzug ist.

Unter dem *sensus communis* aber muß man die Idee eines gemeinschaftlichen Sinnes, d. i. eines Beurteilungsvermögens verstehen, welches in seiner Reflexion auf die Vorstellungsart jedes andern in Gedanken (a priori) Rücksicht nimmt, um gleichsam an die gesamte Menschvernunft sein Urteil zu halten und dadurch der Illusion zu entgehen, die aus subjektiven Privatbedingungen, welche leicht für objektiv gehalten werden könnten, auf das Urteil nachteiligen Einfluß haben würde. Dieses geschieht nun dadurch, daß man sein Urteil an anderer, nicht sowohl wirkliche als vielmehr bloß mögliche Urteile hält und sich in die Stelle jedes andern versetzt, indem man bloß von den Beschränkungen, die unserer eigenen

Beurteilung zufälliger Weise anhängen, abstrahiert: welches wiederum dadurch bewirkt wird, daß man das, was in dem Vorstellungszustande Materie d. i. Empfindung ist, so viel möglich wegläßt, und lediglich auf die formalen Eigentümlichkeiten seiner Vorstellung oder seines Vorstellungszustandes, achthat. Nun scheint diese Operation der Reflexion vielleicht allzu künstlich zu sein, um sie dem Vermögen, welches wir den gemeinen Sinn nennen, beizulegen; allein sie sieht auch nur so aus, wenn man sie in abstrakten Formeln ausdrückt; an sich ist nichts natürlicher, als von Reiz und Rührung zu abstrahieren, wenn man ein Urteil sucht, welches zur allgemeinen Regel dienen soll.

Folgende Maximen[113] des gemeinen Menschenverstandes gehören zwar nicht hierher, als Teile der Geschmackskritik, können aber doch zur Erläuterung ihrer Grundsätze dienen. Es sind folgende: 1. Selbstdenken; 2. An der Stelle jedes andern denken; 3. Jederzeit mit sich selbst einstimmig denken. Die erste ist die Maxime der vorurteilfreien, die zweite der erweiterten, die dritte der konsequenten Denkungsart. Die erste ist die Maxime einer niemals passiven Vernunft. Der Hang zur letztern, mithin zur Heteronomie der Vernunft, heißt das Vorurteil; und das größte unter allen ist, sich die Naturregeln, welche der Verstand ihr durch sein eigenes wesentliches Gesetz zum Grunde legt, als nicht unterworfen vorzustellen: d. i. der Aberglaube. Befreiung vom Aberglauben heißt Aufklärung*; weil, obschon diese Benennung auch der Befreiung von Vorurteilen überhaupt zukommt, jener doch vorzugsweise *(in sensu eminenti)* ein Vorurteil genannt zu werden verdient, indem die Blindheit, worin der Aberglaube versetzt, ja sie wohl gar als Obliegenheit fordert, das Bedürfnis von andern geleitet zu werden, mithin den Zustand einer passiven Vernunft vorzüglich kenntlich macht. Was die zweite Maxime der Denkungsart betrifft, so sind wir sonst wohl gewohnt, denjenigen eingeschränkt (borniert, das Gegenteil von erweitert) zu nennen, dessen Talente zu keinem großen Gebrauche (vornehmlich dem intensiven) zulangen. Allein hier ist nicht die Rede vom Vermögen des Erkenntnisses, sondern von der Denkungsart, einen zweckmäßigen Gebrauch davon zu machen: welche, so klein auch

* Man sieht bald, daß Aufklärung zwar in Thesi leicht, in Hypothesi aber eine schwere und langsam auszuführende Sache sei, weil mit seiner Vernunft nicht passiv, sondern jederzeit sich selbst gesetzgebend zu sein, zwar etwas ganz Leichtes für den Menschen ist, der nur seinem wesentlichen Zwecke angemessen sein will und das, was über seinen Verstand ist, nicht zu wissen verlangt; aber, da die Bestrebung zum letzteren kaum zu verhüten ist, und es an andern, welche diese Wißbegierde befriedigen zu können mit vieler Zuversicht versprechen, nie fehlen wird: so muß das bloß Negative (welches die eigentliche Aufklärung ausmacht) in der Denkungsart (zumal der öffentlichen) zu erhalten oder herzustellen, sehr schwer sein.

der Umfang und der Grad sei, wohin die Naturgabe des Menschen reicht, dennoch einen Mann von erweiterter Denkungsart anzeigt, wenn er sich über die subjektiven Privatbedingungen des Urteils, wozwischen so viele andere wie eingeklammert sind, wegsetzt und aus einem allgemeinen Standpunkte (den er dadurch nur bestimmen kann, daß er sich in den Standpunkt anderer versetzt) über sein eigenes Urteil reflektiert. Die dritte Maxime, nämlich die der konsequenten Denkungsart, ist am schwersten zu erreichen und kann auch nur durch die Verbindung beider ersten, und nach einer zur Fertigkeit gewordenen öfteren Befolgung derselben, erreicht werden. Man kann sagen: die erste dieser Maximen ist die Maxime des Verstandes, die zweite der Urteilskraft, die dritte der Vernunft. —

Ich nehme den durch diese Episode verlassenen Faden wieder auf und sage: daß der Geschmack mit mehrerem Rechte *sensus communis* genannt werden könne als der gesunde Verstand, und daß die ästhetische Urteilskraft eher als die intellektuelle den Namen eines gemeinschaftlichen Sinnes* führen könne, wenn man ja das Wort Sinn von einer Wirkung der bloßen Reflexion auf das Gemüt brauchen will: denn da versteht man unter Sinn das Gefühl der Lust. Man könnte sogar den Geschmack durch das Beurteilungsvermögen desjenigen, was unser Gefühl an einer gegebenen Vorstellung ohne Vermittelung eines Begriffs allgemein mitteilbar macht, definieren.

Die Geschicklichkeit der Menschen sich ihre Gedanken mitzuteilen, erfordert auch ein Verhältnis der Einbildungskraft und des Verstandes, um den Begriffen Anschauungen und diesen wiederum Begriffe zuzugesellen, die in ein Erkenntnis zusammenfließen; aber alsdann ist die Zusammenstimmung beider Gemütskräfte gesetzlich, unter dem Zwange bestimmter Begriffe. Nur da, wo Einbildungskraft in ihrer Freiheit den Verstand erweckt, und dieser ohne Begriffe die Einbildungskraft in ein regelmäßiges Spiel versetzt, da teilt sich die Vorstellung, nicht als Gedanke, sondern als inneres Gefühl eines zweckmäßigen Zustandes des Gemüts, mit.

Der Geschmack ist also das Vermögen, die Mitteilbarkeit der Gefühle, welche mit gegebener Vorstellung (ohne Vermittelung eines Begriffs) verbunden sind, a priori zu beurteilen.

Wenn man annehmen dürfte, daß die bloße allgemeine Mitteilbarkeit seines Gefühls an sich schon ein Interesse für uns bei sich führen müsse (welches man aber aus der Beschaffenheit einer bloß reflektierenden Urteilskraft zu schließen nicht berechtigt ist); so würde man sich erklären können, woher das Gefühl im Geschmackurteile gleichsam als Pflicht jedermann zugemutet werde.

---

* Man könnte den Geschmack durch *sensus communis aestheticus*, den gemeinen Menschenverstand durch *sensus communis logicus* bezeichnen.

§ 41.
Vom empirischen Interesse am Schönen.

Daß das Geschmackurteil, wodurch etwas für schön erklärt wird, kein Interesse zum Bestimmungsgrunde haben müsse, ist oben hinreichend dargetan worden. Aber daraus folgt nicht, daß, nachdem es, als reines ästhetisches Urteil, gegeben worden, kein Interesse damit verbunden werden könne. Diese Verbindung wird aber immer nur indirekt sein können, d. i. der Geschmack muß allererst mit etwas anderem verbunden vorgestellt werden, um mit dem Wohlgefallen der bloßen Reflexion über einen Gegenstand noch eine Lust an der Existenz desselben (als worin alles Interesse besteht) verknüpfen zu können. Denn es gilt hier im ästhetischen Urteile, was im Erkenntnisurteile (von Dingen überhaupt) gesagt wird, *a posse ad esse non valet consequentia*[114]. Dieses andere kann nun etwas Empirisches sein, nämlich eine Neigung, die der menschlichen Natur eigen ist, oder etwas Intellektuelles, als Eigenschaft des Willens, a priori durch Vernunft bestimmt werden zu können: welche beide ein Wohlgefallen am Dasein eines Objekts enthalten und so den Grund zu einem Interesse an demjenigen legen können, was schon für sich und ohne Rücksicht auf irgend ein Interesse gefallen hat.

Empirisch interessiert das Schöne nur in der Gesellschaft; und wenn man den Trieb zur Gesellschaft als dem Menschen natürlich, die Tauglichkeit aber und den Hang dazu, d. i. die Geselligkeit, zur Erfordernis des Menschen, als für die Gesellschaft bestimmten Geschöpfs, also als zur Humanität gehörige Eigenschaft einräumt, so kann es nicht fehlen, daß man nicht auch den Geschmack als ein Beurteilungsvermögen alles dessen, wodurch man sogar sein Gefühl jedem andern mitteilen kann, mithin als Beförderungsmittel dessen, was eines jeden natürliche Neigung verlangt, ansehen sollte.

Für sich allein würde ein verlassener Mensch auf einer wüsten Insel weder seine Hütte, noch sich selbst ausputzen oder Blumen aufsuchen, noch weniger sie pflanzen, um sich damit auszuschmücken, sondern nur in Gesellschaft kommt es ihm ein, nicht bloß Mensch, sondern auch nach seiner Art ein feiner Mensch zu sein (der Anfang der Zivilisierung): denn als einen solchen beurteilt man denjenigen, welcher seine Lust andern mitzuteilen geneigt und geschickt ist, und den ein Objekt nicht befriedigt, wenn er das Wohlgefallen an demselben nicht in Gemeinschaft mit andern fühlen kann. Auch erwartet und fordert ein jeder die Rücksicht auf allgemeine Mitteilung von jedermann, gleichsam als aus einem ursprünglichen Vertrage, der durch die Menschheit selbst diktiert ist; und so werden freilich anfangs nur Reize, z. B. Farben, um sich zu bemalen (Rocou bei den Karaiben und Zinnober bei den Irokesen), oder Blumen, Muschelschalen, schönfarbige Vogelfedern, mit der Zeit aber auch schöne Formen (als an Canots[115], Kleidern, u. s. w.), die gar kein Vergnügen, d. i. Wohlgefallen des Genusses bei sich führen, in der Gesellschaft wichtig und mit großem Interesse verbunden: bis endlich die auf den höchsten Punkt gekommene Zivilisierung daraus beinahe das Hauptwerk der verfeinerten Neigung macht, und Empfindungen nur soviel wert gehalten werden, als sie sich allgemein mitteilen lassen; wo denn, wenngleich die Lust, die jeder an einem solchen Gegenstande hat, nur unbeträchtlich und für sich ohne merkliches Interesse ist, doch die Idee von ihrer allgemeinen Mitteilbarkeit ihren Wert beinahe unendlich vergrößert.

Dieses indirekt dem Schönen, durch Neigung zur Gesellschaft, angehängte, mithin empirische Interesse ist aber für uns hier von keiner Wichtigkeit, die wir nur darauf zu sehen haben, was auf das Geschmacksurteil a priori, wenngleich nur indirekt, Beziehung haben mag. Denn wenn auch in dieser Form sich ein damit verbundenes Interesse entdecken sollte, so würde Geschmack einen Übergang unseres Beurteilungsvermögens von dem Sinnengenuß zum Sittengefühl entdecken; und nicht allein, daß man dadurch den Geschmack zweckmäßig zu beschäftigen besser geleitet werden würde, es würde auch ein Mittelglied der Kette der menschlichen Vermögen a priori, von denen alle Gesetzgebung abhängen muß, als ein solches dargestellt werden. So viel kann man von dem empirischen Interesse an Gegenständen des Geschmacks und am Geschmack selbst wohl sagen, daß es, da dieser der Neigung frönt, obgleich sie noch so verfeinert sein mag, sich doch auch mit allen Neigungen und Leidenschaften, die in der Gesellschaft ihre größte Mannigfaltigkeit und höchste Stufe erreichen, gern zusammenschmelzen läßt, und das Interesse am Schönen, wenn es darauf gegründet ist, einen nur sehr zweideutigen Übergang vom Angenehmen zum Guten abgeben könne. Ob aber dieser nicht etwa doch durch den Geschmack, wenn er in seiner Reinigkeit genommen wird, befördert werden könne, haben wir zu untersuchen Ursache.

§ 42.

Vom intellektuellen Interesse am Schönen.

Es geschah in gutmütiger Absicht, daß diejenigen, welche alle Beschäftigungen der Menschen, wozu diese die innere Naturanlage antreibt, gerne auf den letzten Zweck der Menschheit, nämlich das Moralisch-Gute richten wollten, es für ein Zeichen eines guten moralischen Charakters hielten, am Schönen überhaupt ein Interesse zu nehmen. Ihnen ist aber nicht ohne Grund von andern widersprochen worden, die sich auf die Erfahrung berufen, daß Virtuosen des Geschmacks nicht allein öfter, sondern wohl gar gewöhnlich, eitel, eigensinnig und verderblichen Leidenschaften ergeben, vielleicht noch weniger wie andere auf den Vorzug der Anhänglichkeit an sittliche Grundsätze Anspruch machen könnten; und so scheint es, daß das Gefühl für das Schöne nicht allein (wie es auch wirklich ist) vom moralischen Gefühl spezifisch unterschieden, sondern auch das Interesse, welches man damit verbinden kann, mit dem moralischen schwer, keinesweges aber durch innere Affinität, vereinbar sei.

Ich räume nun zwar gerne ein, daß das Interesse am Schönen der Kunst (wozu ich auch den künstlichen Gebrauch der Naturschönheiten zum Putze, mithin zur Eitelkeit, rechne) gar keinen Beweis einer dem Moralischguten anhänglichen oder auch nur dazu geneigten Denkungsart abgebe. Dagegen aber behaupte ich, daß ein unmittelbares Interesse an der Schönheit der Natur zu nehmen (nicht bloß Geschmack haben, um sie zu beurteilen) jederzeit ein Kennzeichen einer guten Seele sei; und daß, wenn dieses Interesse habituell ist, es wenigstens eine dem moralischen Gefühl günstige Gemütsstimmung anzeige, wenn es sich mit der Beschauung der Natur gerne verbindet. Man muß sich aber wohl erinnern, daß ich hier eigentlich die schönen Formen der Natur meine, die Reize dagegen, welche sie so reichlich auch mit jenen zu verbinden pflegt, noch zur Seite setze, weil das Interesse daran zwar auch unmittelbar, aber doch empirisch ist.

Der, welcher einsam (und ohne Absicht, seine Bemerkungen andern mitteilen zu wollen) die schöne Gestalt einer wilden Blume, eines Vogels, eines Insektes u. s. w. betrachtet, um sie zu bewundern, zu lieben und sie nicht gerne in der Natur überhaupt vermissen zu wollen, ob ihm gleich dadurch einiger Schaden geschähe, vielweniger ein Nutzen daraus für ihn hervorleuchtete, nimmt ein unmittelbares und zwar intellektuelles Interesse an der Schönheit der Natur. D. i. nicht allein ihr Produkt der Form nach, sondern auch das Dasein desselben gefällt ihm, ohne daß ein Sinnenreiz daran Anteil hätte oder er auch irgend einen Zweck damit verbände.

Es ist aber hiebei merkwürdig, daß, wenn man diesen Liebhaber des Schönen insgeheim hintergangen und künstliche Blumen (die man den natürlichen ganz ähnlich verfertigen kann) in die Erde gesteckt oder künstlich geschnitzte Vögel auf Zweige von Bäume gesetzt hätte, und er darauf den Betrug entdeckte, das unmittelbare Interesse, was er vorher daran nahm, alsbald verschwinden, vielleicht aber ein anderes, nämlich das Interesse der Eitelkeit, sein Zimmer für fremde Augen damit auszuschmücken, an dessen Stelle sich einfinden würde. Daß die Natur jene Schönheit hervorgebracht hat: dieser Gedanke muß die Anschauung und Reflexion begleiten; und auf diesem gründet sich allein das unmittelbare Interesse, was man daran nimmt. Sonst bleibt entweder ein bloßes Geschmacksurteil ohne alles Interesse oder nur ein mit einem mittelbaren, nämlich auf die Gesellschaft bezogenen verbundenes übrig: welches letztere keine sichere Anzeige auf moralisch-gute Denkungsart abgibt.

Dieser Vorzug der Naturschönheit vor der Kunstschönheit, wenn jene gleich durch diese der Form nach sogar übertroffen würde, dennoch allein ein unmittelbares Interesse zu erwecken, stimmt mit der geläuterten und gründlichen Denkungsart aller Menschen überein, die ihr sittliches Gefühl kultiviert haben. Wenn ein Mann, der Geschmack genug hat, um über Produkte der schönen Kunst mit der größten Richtigkeit und Feinheit zu urteilen, das Zimmer gern verläßt, in welchem jene, die Eitelkeit und allenfalls gesellschaftliche Freuden unterhaltenden Schönheiten anzutreffen sind, und sich zum Schönen der Natur wendet, um hier gleichsam Wollust für seinen Geist in einem Gedankengange zu finden, den er sich nie völlig entwickeln kann, so werden wir diese seine Wahl selber mit Hochachtung betrachten und in ihm eine schöne Seele voraussetzen, auf die kein Kunstkenner und Liebhaber, um des Interesse willen, das er an seinen Gegenständen nimmt, Anspruch machen kann. — Was ist nun der Unterschied der so verschiedenen Schätzung zweierlei Objekte, die im Urteile des bloßen Geschmacks einander kaum den Vorzug streitig machen würden?

Wir haben ein Vermögen der bloß ästhetischen Urteilskraft, ohne Begriffe über Formen zu urteilen und an der bloßen Beurteilung derselben ein Wohlgefallen zu finden, welches wir zugleich jedermann zur Regel machen, ohne daß dieses Urteil sich auf einem Interesse gründet, noch ein solches hervorbringt. — Andererseits haben wir auch ein Vermögen einer intellektuellen Urteilskraft, für bloße Formen praktischer Maximen (sofern sie sich zur allgemeinen Gesetzgebung von selbst qualifizieren) ein Wohlgefallen a priori zu bestimmen, welches wir jedermann zum Gesetze machen, ohne daß unser Urteil sich auf irgend einem Interesse gründet, *aber doch ein solches hervorbringt*. Die Lust oder Unlust im ersteren Urteile heißt die des Geschmacks, die zweite des moralischen Gefühls.

Da es aber die Vernunft auch interessiert, daß die Ideen (für die sie im moralischen Gefühle ein unmittelbares Interesse bewirkt) auch objektive Realität haben, d. i. daß die Natur wenigstens eine Spur zeige oder einen Wink gebe, sie enthalte in sich irgend einen Grund, eine gesetzmäßige Übereinstimmung ihrer Produkte zu unserm von allem Interesse unabhängigen Wohlgefallen (welches wir a priori für jedermann als Gesetz erkennen, ohne dieses auf Beweisen gründen zu können) anzunehmen: so muß die Vernunft an jeder Äußerung der Natur von einer dieser ähnlichen Übereinstimmung ein Interesse nehmen; folglich kann das Gemüt über die Schönheit der *Natur* nicht nachdenken, ohne sich dabei zugleich interessiert zu finden. Dieses Interesse aber ist der Verwandtschaft nach moralisch; und der, welcher es am Schönen der Natur nimmt, kann es nur sofern an demselben nehmen, als er vorher schon sein Interesse am Sittlichguten wohlgegründet hat. Wen also die Schönheit der Natur unmittelbar interessiert, bei dem hat man Ursache, wenigstens eine Anlage zu guter moralischen Gesinnung zu vermuten.

Man wird sagen: diese Deutung ästhetischer Urteile auf Verwandtschaft mit dem moralischen Gefühl sehe gar zu studiert aus, um sie für die wahre Auslegung der Chifferschrift zu halten, wodurch die Natur in ihren schönen Formen figürlich zu uns spricht. Allein erstlich ist dieses unmittelbare Interesse am Schönen der Natur wirklich nicht gemein, sondern nur denen eigen, deren Denkungsart entweder zum Guten schon ausgebildet oder dieser Ausbildung vorzüglich empfänglich ist; und dann führt die Analogie zwischen dem reinen Geschmacksurteile, welches, ohne von irgend einem Interesse abzuhangen, ein Wohlgefallen fühlen läßt und es zugleich a priori als der Menschheit überhaupt anständig vorstellt, mit dem moralischen Urteile, welches eben dasselbe aus Begriffen tut, auch ohne deutliches, subtiles und vorsätzliches Nachdenken auf ein gleichmäßiges unmittelbares Interesse an dem Gegenstande des ersteren, so wie an dem des letzteren: nur daß jenes ein freies, dieses ein auf objektive Gesetze gegründetes Interesse ist. Dazu kommt noch die Bewunderung der Natur, die sich an ihren schönen Produkten als Kunst, nicht bloß durch Zufall, sondern gleichsam absichtlich, nach gesetzmäßiger Anordnung und als Zweckmäßigkeit ohne Zweck, zeigt: welchen letzteren, da wir ihn äußerlich nirgend antreffen, wir natürlicher Weise in uns selbst, und zwar in demjenigen, was den letzten Zweck unseres Daseins ausmacht, nämlich der moralischen Bestimmung, suchen (von welcher Nachfrage nach dem Grunde der Möglichkeit einer solchen Naturzweckmäßigkeit aber allererst in der Teleologie die Rede sein wird).

Daß das Wohlgefallen an der schönen Kunst im reinen Geschmacksurteile nicht ebenso mit einem unmittelbaren Interesse verbunden ist als das an der schönen Natur, ist auch leicht zu erklären. Denn jene ist entweder eine solche Nachahmung von dieser, die bis zur Täuschung geht: und alsdann tut sie die Wirkung als (dafür gehaltene) Naturschönheit; oder sie ist eine absichtlich auf unser Wohlgefallen sichtbarlich gerichtete Kunst: alsdann aber würde das Wohlgefallen an diesem Produkte zwar unmittelbar durch Geschmack stattfinden, aber kein anderes als mittelbares Interesse an der zum Grunde liegenden Ursache, nämlich einer Kunst, welche nur durch ihren Zweck, niemals an sich selbst, interessieren kann. Man wird vielleicht sagen, daß dieses auch der Fall sei, wenn ein Objekt der Natur durch seine Schönheit nur insofern interessiert, als ihr eine moralische Idee beigesellet wird; aber nicht dieses, sondern die Beschaffenheit derselben an sich selbst, daß sie sich zu einer solchen Beigesellung qualifiziert, die ihr also innerlich zukommt, interessiert unmittelbar.

Die Reize in der schönen Natur, welche so häufig mit der schönen Form gleichsam zusammenschmelzend angetroffen werden, sind entweder zu den Modifikationen des Lichts (in der Farbengebung) oder des Schalles (in Tönen) gehörig. Denn diese sind die einzigen Empfindungen, welche nicht bloß Sinnengefühl, sondern auch Reflexion über die Form dieser Modifikationen der Sinne verstatten und so gleichsam eine Sprache, die die Natur zu uns führt, und die einen höhern Sinn zu haben scheint, in sich enthalten. So scheint die weiße Farbe der Lilie das Gemüt zu Ideen der Unschuld und nach der Ordnung der sieben Farben, von der roten an bis zur violetten, 1. zur Idee der Erhabenheit, 2. der Kühnheit, 3. der Freimütigkeit, 4. der Freundlichkeit, 5. der Bescheidenheit, 6. der Standhaftigkeit, und 7. der Zärtlichkeit zu stimmen. Der Gesang der Vögel verkündigt Fröhlichkeit und Zufriedenheit mit seiner Existenz. Wenigstens so deuten wir die Natur aus, es mag dergleichen ihre Absicht sein oder nicht. Aber dieses Interesse, welches wir hier an Schönheit nehmen, bedarf durchaus, daß es Schönheit der Natur sei; und es verschwindet ganz, sobald man bemerkt, man sei getäuscht, und es sei nur Kunst: sogar, daß auch der Geschmack alsdann nichts Schönes, oder das Gesicht etwas Reizendes mehr daran finden kann. Was wird von Dichtern höher gepriesen, als der bezaubernd schöne Schlag der Nachtigall, in einsamen Gebüschen, an einem stillen Sommerabende, bei dem sanften Lichte des Mondes? Indessen hat man Beispiele, daß, wo kein solcher Sänger angetroffen wird, irgend ein lustiger Wirt seine zum Genuß der Landluft bei ihm eingekehrten Gäste dadurch zu ihrer größten Zufriedenheit hintergangen hatte, daß er einen mutwilligen Burschen, welcher diesen Schlag (mit Schilf oder Rohr im Munde) ganz der Natur ähnlich nachzumachen wußte, in einem Gebüsche verbarg. Sobald man aber inne wird, daß es Betrug sei, so wird niemand es lange aushalten, diesem vorher für so reizend gehaltenen Gesange zuzuhören; und so ist es mit jedem anderen Singvogel beschaffen. Es muß Natur sein oder von uns dafür gehalten werden, damit wir an dem Schönen als einem solchen ein unmittelbares Interesse nehmen können; noch mehr aber, wenn wir gar andern zumuten dürfen, daß sie es daran nehmen sollen: welches in der Tat geschieht, indem wir die Denkungsart derer für grob und unedel halten, die kein Gefühl für die schöne Natur haben (denn so nennen wir die Empfänglichkeit eines Interesse an ihrer Betrachtung) und sich bei der Mahlzeit oder der Bouteille am Genusse bloßer Sinnesempfindungen halten.

§ 60.

Anhang.

Von der Methodenlehre des Geschmacks.

Die Einteilung einer Kritik in Elementarlehre und Methodenlehre, welche vor der Wissenschaft vorhergeht, läßt sich auf die Geschmackskritik nicht anwenden: weil es keine Wissenschaft des Schönen gibt noch geben kann, und das Urteil des Geschmacks nicht durch Prinzipien bestimmbar ist. Denn was das Wissenschaftliche in jeder Kunst anlangt, welches auf Wahrheit in der Darstellung ihres Objekts geht, so ist dieses zwar die unumgängliche Bedingung *(conditio sine qua non)* der schönen Kunst, aber diese nicht selber. Es gibt also für die schöne Kunst nur eine Manier *(modus)*, nicht Lehrart *(methodus)*. Der Meister muß es vormachen, was und wie es der Schüler zustande bringen soll; und die allgemeinen Regeln, worunter er zuletzt sein Verfahren bringt, können eher dienen, die Hauptmomente desselben gelegentlich in Erinnerung zu bringen, als sie ihm vorzuschreiben. Hiebei muß dennoch auf ein gewisses Ideal Rücksicht genommen werden, welches die Kunst vor Augen haben muß, ob sie es gleich in ihrer Ausübung nie völlig erreicht. Nur durch die Aufweckung der Einbildungskraft des Schülers zur Angemessenheit mit einem gegebenen Begriffe, durch die angemerkte Unzulänglichkeit des Ausdrucks für die Idee, welche der Begriff selbst nicht erreicht, weil sie ästhetisch ist, und durch scharfe Kritik, kann verhütet werden, daß die Beispiele, die ihm vorgelegt werden, von ihm nicht sofort für Urbilder und etwa keiner noch höhern Norm und eigener Beurteilung unterworfene Muster der Nachahmung gehalten, und so das Genie, mit ihm aber auch die Freiheit der Einbildungskraft selbst in ihrer Gesetzmäßigkeit erstickt werde, ohne welche keine schöne Kunst, selbst nicht einmal ein richtiger sie beurteilender eigener Geschmack, möglich ist.

Die Propädeutik[116] zu aller schönen Kunst, sofern es auf den höchsten Grad ihrer Vollkommenheit angelegt ist, scheint nicht in Vorschriften, sondern in der Kultur der Gemütskräfte durch diejenigen Vorkenntnisse zu liegen, welche man *humaniora* nennt: vermutlich, weil Humanität einerseits das allgemeine Teilnehmungsgefühl, andererseits das Vermögen, sich innigst und allgemein mitteilen zu können bedeutet; welche Eigenschaften zusammen verbunden die der Menschheit angemessene Geselligkeit ausmachen, wodurch sie sich von der tierischen Eingeschränktheit unterscheidet. Das Zeitalter sowohl, als die Völker, in welchen der rege Trieb zur gesetzlichen Geselligkeit, wodurch ein Volk ein dauerndes gemeines Wesen ausmacht, mit den großen Schwierigkeiten rang, welche die schwere Aufgabe, Freiheit (und also auch

Gleichheit) mit einem Zwange (mehr der Achtung und Unterwerfung aus Pflicht, als Furcht) zu vereinigen, umgeben; ein solches Zeitalter und ein solches Volk mußte die Kunst der wechselseitigen Mitteilung der Ideen des ausgebildetesten Teils mit dem roheren, die Abstimmung der Erweiterung und Verfeinerung der ersteren zur natürlichen Einfalt und Originalität der letzteren, und auf diese Art dasjenige Mittel zwischen der höheren Kultur und der genügsamen Natur zuerst erfinden, welches den richtigen, nach keinen allgemeinen Regeln anzugebenden Maßstab auch für den Geschmack, als allgemeinen Menschensinn ausmacht.

Schwerlich wird ein späteres Zeitalter jene Muster entbehrlich machen; weil es der Natur immer weniger nahe sein wird und sich zuletzt, ohne bleibende Beispiele von ihr zu haben, kaum einen Begriff von der glücklichen Vereinigung des gesetzlichen Zwanges der höchsten Kultur mit der Kraft und Richtigkeit der ihren eigenen Wert fühlenden freien Natur in einem und demselben Volke zu machen imstande sein möchte.

Da aber der Geschmack im Grunde ein Beurteilungsvermögen der Versinnlichung sittlicher Ideen (vermittelst einer gewissen Analogie der Reflexion über beide) ist, wovon auch und von der darauf zu gründenden größeren Empfänglichkeit für das Gefühl aus den letzteren (welches das moralische heißt) diejenige Lust sich ableitet, welche der Geschmack, als für die Menschheit überhaupt, nicht bloß für eines jeden Privatgefühl gültig erklärt: so leuchtet ein, daß die wahre Propädeutik zur Gründung des Geschmacks die Entwickelung sittlicher Ideen und die Kultur des moralischen Gefühls sei; da nur, wenn mit diesem die Sinnlichkeit in Einstimmung gebracht wird, der echte Geschmack eine bestimmte unveränderliche Form annehmen kann.

Anmerkungen

Vorbemerkungen

Die Schriften Kants (1724—1804) werden wie folgt zitiert:

A. i. pr. H.	Anthropologie in pragmatischer Hinsicht
Char. d. G.	Charakter der Gattung
Grl. d. M. d. S.	Grundlegung der Metaphysik der Sitten
I. z. e. allg. G.	Idee zu einer allgemeinen Geschichte in weltbürgerlicher Absicht
Kr. d. r. V.	Kritik der reinen Vernunft
Kr. d. p. V.	Kritik der praktischen Vernunft
Kr. d. ä. U.	Kritik der ästhetischen Urteilskraft
Kr. d. U.	Kritik der Urteilskraft
M. d. S.	Metaphysik der Sitten
Rel. i. d. Gr. d. bl. V.	Religion innerhalb der Grenzen der bloßen Vernunft
Trsz. Ml., Disz. d. r. V.	Transzendentale Methodenlehre, Disziplin der reinen Vernunft

Für die Zitierung von Schriften, die nicht in dieser Auswahl abgedruckt sind, wurde die Paginierung der Erstausgaben zugrunde gelegt.

Zur Vorlesung über Pädagogik
(Erstmalig gehalten im W. S. 1776/77)

[1] I. Zur Entstehung der Vorlesung.

Auf Grund einer Verordnung des Freiherrn von Zedlitz, Minister Friedrichs II von Preußen, hatten die sieben ordentlichen Professoren der Philosophischen Fakultät in Königsberg abwechselnd ein zweistündiges Kolleg über Praktische Pädagogik (Erziehungskunst) zu lesen. Kant ist dieser Pflicht, wie die Akten ausweisen, im W. S. 1776/77, S. S. 1780, W. S. 1783/84 und 1786/87 nachgekommen. Im W. S. 1790/91 hat er diese Vorlesung zwar noch einmal angekündigt, aber nicht mehr gehalten, denn 1790 wurde unter seinem Kollegen Wald ein Pädagogisches Seminar eingerichtet. — Es wird oft nicht beachtet, daß es sich bei dieser Vorlesung um Praktische Pädagogik handelte, Kant also zur Abhandlung der Methode u. a. auch der Erziehung von Kleinkindern und nicht zur Grundlegung einer Wissenschaft von der Erziehung, wie sie an sich in seiner Absicht lag, verpflichtet war.

Der damaligen Vorschrift entsprechend hat Kant seinen Vorlesungen ein Kompendium zugrunde gelegt, zuerst das „Methodenbuch für Väter und Mütter" von 1770 des von ihm hochgeschätzten J. B. Basedow (1723—1790), dann — auf Grund einer neuerlichen ministeriellen Verordnung — das Lehrbuch seines Kollegen Bock über die „Erziehungskunst". Kant hat sich aber in beiden Fällen nur sehr bedingt an seine Vorlagen gehalten (s. hierzu die Biographie von Borowski). Mit dieser Vorlesung, die er ja auch keineswegs, wie ihr Text deutlich macht, nur pflichtgemäß und gewissermaßen nebenbei hielt, hat Kant großen Erfolg gehabt; es sind 60 bis 70 Hörer, eine für die damaligen Verhältnisse (die Professoren lasen im allgemeinen in ihren Häusern) recht beachtliche Zahl, bezeugt. Kant hatte für diese Vorlesung ein Heft angelegt; eben dieses Heft hat er später seinem Schüler Rink zur Veröffentlichung überlassen. Worum es sich dabei im einzelnen gehandelt hat, ist aber unbekannt, denn dieses Heft ist frühzeitig verlorengegangen. Man weiß daher auch nicht, was Rink aus anderen Quellen oder von sich aus hinzugetan hat. Auffällig ist, daß diese Vorlesung nicht annähernd so klar gegliedert und lichtvoll ausgeführt ist wie die anderen Vorlesungen Kants (s. Logik, Ethik, Anthropologie und Geographie). Es handelt sich im großen und ganzen lediglich um eine lockere Folge von bloßen Thesen. Man könnte meinen, eine Vorlesungsnachschrift vor sich zu haben, bei der, wie das ja oft geschieht, der Verfasser nur die Thesen festgehalten hat. Daher auch weiß man von den verschiedenen Einteilungen und Begriffsbestimmungen nicht recht, an welchen Ort sie gehören. Es steht allerdings nach Kants sonstiger Übung zu vermuten, daß sie einer zunehmenden Differenzierung dienen sollten (s. u.). — Im übrigen ist damit zu rechnen, daß das Kantische Heft über Pädagogik aus mehreren Schichten bestanden hat, die dann von Rink mehr oder weniger gewaltsam auf eine Ebene und in einen Zusammenhang gebracht sind. Spätere Herausgeber haben versucht, die Kantische Vorlesung über Pädagogik entweder umzustellen oder mit Hilfe eines eingehenden Inhaltsverzeichnisses lesbar zu machen; beides überzeugt jedoch nicht (s. Anm. zur Textwiedergabe).

Kant hat seine Vorlesung über Pädagogik im W. S. 1776/77 zum ersten Male gehalten; sie fällt also ihrem Ansatz nach in die Zeit der Entstehung der kritischen Philosophie und muß daher mit ihr zusammen gesehen werden. Sie widerspricht dieser auch nicht, wie gelegentlich behauptet worden ist, behandelt aber den Menschen, um den es ja bei Kant immer geht, unter einem besonderen Gesichtspunkt, nämlich dem der „Erziehungskunst", d. h. einem „empirisch-pragmatischen" Aspekt. Daher auch gehört diese Vorlesung insbesondere mit der „Anthropologie in pragmatischer Hinsicht" und der „Metaphysik der Sitten" zusammen (s. deren Einleitungen). Die Frage nach der Bestimmung der Pädagogik, deren Einteilung und deren Hauptbegriffen kann nur im Zusammenhang mit diesen Schriften weiter erörtert werden.

II. Zur Bestimmung der Erziehung durch deren Einteilung.

Ähnlich wie in der Vernunftkritik und in der Anthropologie (Kr. d. r. V., Trsz. Ml., Disz. d. r. V. und A. i. pr. H., Char. d. G.) versucht Kant auch in der Pädagogik seinen Gegenstand durch Sonderung näher zu bestimmen, aber eben diese Sonderung bildet in seiner Pädagogik-Vorlesung insofern ein besonderes Problem, als einerseits offensichtlich mehrere, allenfalls bedingt zusammenhängende Einteilungen vorgetragen werden und andererseits keine dieser Einteilungen inhaltlich hinreichend gefüllt wird. Obgleich nun geklärt werden kann (s. o.), wieso sich in einer Kantischen Vorlesung eine so problematische Gedankenführung findet und man wohl nie alle Fragen an diesen Text klären können wird, scheint uns doch ein für Kant (wenn man seine philosophischen und anthropologischen Schriften mit zum Vergleich heranzieht) typischer und darüber hinaus noch heute bedeutsamer Begriff der Erziehung aufzuleuchten.

Für Kant zerlegt sich die Erziehung (bzw. Pädagogik s. S. 21, Erziehungskunst S. 13, Erziehungslehre S. 21) zunächst in zwei Aufgaben, die, wenn sie sich auch durchdringen, aufeinander folgen sollen, wie überhaupt alle diese Einteilungen teils systematisch teils genetisch gemeint sind, nämlich die Wartung (S. 9, bzw. Verpflegung und Unterhaltung S. 9, 22,

Versorgung S. 18) und die Bildung bzw. Kultur (S. 10, 18 bzw. 38). — Es muß aber beachtet werden, daß die beiden letzteren Begriffe von Kant in einem engeren und in einem weiteren Sinne gebraucht werden; der letztere ergibt sich daraus, daß es um die Bildung des Menschen zum Menschen überhaupt geht, der erstere dagegen daraus, daß ein bestimmter Prozeß (s. u.) im besonderen so genannt werden kann. Ferner muß hier auch angemerkt werden, daß der Begriff der Bildung bei Kant schon die spezifisch pädagogische Bedeutung gewinnt, die er bei uns hat. Da Kant Bildung synonym mit Kultur gebraucht, ist sein Bildungsbegriff ebenso wie der überlieferte Kulturbegriff (s. Cicero „cultura animi") doppeldeutig, intransitiv und genetisch (s. hierzu auch Kr. d. U., Vorr. d. K. d. ä. U., ferner Kr. d. r. V., Trsz. Ml., Disz. d. r. V.).

Die Bildung (i. w. S.) bzw. Kultur zerlegt sich wiederum und zwar wiederum so grundlegend, daß Kant gelegentlich nur den zweiten, genetisch gesehen späteren und systematisch gesehen höheren Teil als Bildung bzw. Kultur anspricht (S. 9, 18), nämlich in Disziplinierung und in Unterweisung und Anführung (S. 9, 18) bzw. in Disziplinierung und in Kultivierung und Zivilisierung (S. 16) bzw. in Disziplinierung und in scholastisch-mechanische und pragmatische Bildung (S. 21). — Die Disziplinierung ist insofern nur eine bloße Vorstufe, als sie bloß „die Tierheit in die Menschheit ändern" (S. 9) bzw. die „Wildheit" zähmen (S. 11) bzw. verhüten soll, daß „die Tierheit nicht die Menschheit in dem einzelnen sowohl als gesellschaftlichen Menschen zum Schaden gereiche" (S. 16). Diese Disziplinierung ist bloß „negativ", ihre Aufgabe ist zwar grundlegend — so grundlegend, daß ihr Versäumnis den Menschen aus der Gesellschaft und damit auch von der Erziehung ausschließt und daher nicht wieder gut gemacht werden kann — sie bewirkt aber an sich nichts anderes, als daß das Kind gesellschafts- und erziehungsfähig wird. Die Bildung bzw. Kultur (i. e. S.) dagegen ist „positiv", sie gibt etwas hinzu, und zwar indem sie „unterweist" und „belehrt" (wobei Kant offen läßt, ob das in einer Schule oder sonstwo geschieht) (S. 9, 11) und das in zweierlei Hinsicht, einmal, indem sie im engeren und eigentlichen Sinne kultiviert, d. h. die „Rohigkeit" aufhebt (S. 11), bzw. die „Gemütskräfte übt" (S. 29) bzw. die „Natur bildet" (S. 33), wobei der junge Mensch „Geschicklichkeit" zu „beliebigen" Zwecken gewinnt, eine „unendliche" Aufgabe, die durch eine „scholastisch-mechanische" bzw. „didaktische" Bildung (S. 21) bzw. durch einen Informator oder Lehrer gelöst wird (S. 18) — zum anderen, indem sie ihn „zivilisiert" bzw. „pragmatisch bildet" (S. 21), d. h. „in der Ausübung dessen, was er gelernt hat, leitet" (S. 18), wobei der junge Mensch „Klugheit" (S. 21) bzw. „Weltklugheit" (S. 48) gewinnen soll; er soll dazu befähigt werden, in die Gesellschaft zu „passen" und in ihr „Einfluß zu gewinnen", was aber jeweils nur im Sinne des „Geschmackes" der Zeit möglich ist (S. 16 f.) und wozu er einen „Hofmeister" bzw. „Führer" braucht (S. 18).

Zu dieser vierfachen Erziehung (dreifachen Bildung) kommt aber schließlich und endlich noch die eigentliche Erziehung, die Moralisierung hinzu (S. 17). Diese wird teils ebenfalls als eine Bildung oder Kultur (S. 21, 38) teils als Aufgabe eigener Art bezeichnet (S. 33). Diese späteste und höchste Erziehung kommt aber nicht bloß hinzu, sondern verändert gegebenenfalls die Erziehung im ganzen; daher auch hebt Kant die (vor allem S. 16 f. dargestellte) Aufzählung alles dessen, was genetisch bzw. systematisch aufeinander folgend die Erziehung ausmacht, nämlich außer der Wartung die Disziplinierung, die Kultivierung, die Zivilisierung und die Moralisierung, wieder auf. Er meint, daß wenigstens bis in seine Zeit hinein (S. 17) die Erziehung im allgemeinen nichts anderes als bloße

Disziplinierung, Kultivierung und Zivilisierung gewesen sei, eine solche Erziehung aber als eine Erziehung bloß zur Anpassung bzw. zur Herrschaft (im Sinne der eigenen Glückseligkeitszwecke) nur Dressur (S. 17) sei; die Moralisierung käme also insofern nicht nur hinzu, als sie allererst die Erziehung in ihre eigentliche Dimension hebt, und zwar von der Wartung an, wie ja auch im einzelnen dargestellt wird. Die Erziehung wird hier zur Aufklärung; der junge Mensch lernt denken; denken lernend, wird er er selbst (zum Denken im Kantischen Sinne s. „Weg zur Weisheit", A. i. pr. H., § 43). Hiermit hängt dann auch zusammen, daß Kant im zweiten Teil seiner Vorlesung eine neue dichotomische Einteilung der Erziehung entwirft und nach und nach, wenn auch nicht voll, doch nachvollziehbar durchbildet. Er meint, man müsse zwischen physischer und praktischer Erziehung unterscheiden (S. 21), wobei die physische sich auf den Menschen als Naturwesen (S. 33) bzw. als Tierwesen (S. 21) bezieht, diese ist zunächst wieder Wartung usw. (s. o.), dann aber auch Disziplinierung, ja selbst Bildung bzw. Kultur i. e. S. (S. 29, 30, 38) und das insofern, als dabei das Kind nur gezähmt und nur im Sinne seiner natürlichen Kräfte gebildet wird; eine solche „Bildung der Natur" (S. 33) ist bloß physisch, weil sie sich bloß auf das „Individuum" (S. 21 ff.) bezieht und allenfalls zur Selbsterhaltung befähigt (S. 21 ff.); sie bezieht sich noch nicht auf das gesellschaftliche Sein des Menschen, seinen Umgang mit den anderen, der aber nach Kants Auffassung allererst den Menschen menschlich leben läßt. Eben dies tut die praktische Erziehung. Sie meint den Menschen „als freihandelndes Wesen" (S. 21) und will dieser „Freiheit Gesetze geben", entweder solche, die von außen kommen, oder solche, die sich die Freiheit eigentlich selber geben müßte; deswegen auch kann diese praktische Erziehung selbst noch einmal eine doppelte sein (S. 21, 33); sie kann bloß „pragmatisch" oder im eigentlichen und engeren Sinne „praktisch", d. h. moralisch, sein. Man kann aber auch die Bildung zur Geschicklichkeit als Befähigung zum Handeln noch hinzurechnen (S. 48); in diesem Falle wäre sie dreifach.

Die Erziehung kann doppelt ausgebildet und dreifach bzw. vierfach akzentuiert werden; sie ist aber trotzdem eine jeweils unteilbare Erziehung. Wenn sie nicht bloße Dressur, sondern Aufklärung (Moralisierung) sein soll, dann entspricht sie der „Bestimmung des Menschen" und erzieht sie zur „Persönlichkeit"; sie bewirkt, daß der Mensch dazu befähigt wird, zugleich „sich selbst zu erhalten, in der Gesellschaft ein Glied auszumachen und für sich einen inneren Wert zu haben" (S. 21). Diese Erziehung ist die einzig mögliche wahrhaft „praktische" Erziehung, denn der Mensch kann „physisch kultiviert" und doch ein „böses Geschöpf" sein (S. 34), wenn er nicht Moralität gewinnt, was allerdings nicht eigentlich bewirkt, sondern nur gefördert werden kann.

Kants Bestimmung der Erziehung unterscheidet sich dadurch von späteren Bestimmungen (mit Ausnahme der seiner unmittelbaren Nachfolger Pestalozzi 1746—1827, Herbart 1776—1841 und Schleiermacher 1768 bis 1834), daß die Erziehung nur bedingt auf ein einziges mehr oder weniger differenziertes Prinzip festgelegt, vielmehr als solche differenziert wird. Zwar soll die Erziehung insgesamt zur „Persönlichkeit" erziehen, aber erstens ist das eine „Idee", die prinzipiell nur bedingt realisiert werden kann, und zweitens ist damit nicht bloß der kultivierte Mensch gemeint, sondern der, der „sich selbst erhalten (arbeiten), in der Gesellschaft ein Glied ausmachen" (partnerschaftlich kooperieren) kann und dies alles so durchführt, daß er nicht nur egoistisch (heteronomisch) nach Glück strebt, sondern auch pluralistisch (autonomisch) die „Würde" des jeweiligen Anderen „achtet" und an der Errichtung einer „bürgerlichen Gesellschaft" mitwirkt. Hinter dieser Konzeption steht Kants Anthropologie (s. A. i. pr. H., Char. d. G.), nach der der Mensch — als ein zugleich leibliches und vernünftiges Wesen — „ein Recht auf Glück", ferner zwar „eine Anlage zum Guten", aber auch „einen Hang zum Bösen" hat, im übrigen sich durch die Möglichkeit des „Technischen" und des „Pragmatischen" auszeichnet. Kant meint nun, daß diese drei Möglichkeiten zwar zusammengehörten, aber doch jede unter einem besonderen Gesetz stehe und daher getrennt entwickelt werden müsse; ein Mensch kann „physisch kultiviert" und doch ein „böses Geschöpf" sein, ein Mensch kann aber auch ein „geschickter" Handwerker sein, ohne doch mit der „Gesellschaft" zurechtzukommen; so stehe die technische Anlage unter dem Gesetz der „theoretischen" — empirischen bzw. technischen „Vernunft" (s. wieder Kr. d. r. V., Trsz. Ml.) und ermögliche somit Wissenschaft und Lehre im eigentlichen Sinn, so die pragmatische Anlage unter dem der „Menschen- und Weltkenntnis", die nicht eigentlich Wissenschaft und Lehre werden könne, in die man daher eingeführt werden müsse, und so schließlich die moralische Anlage unter dem der „praktischen Vernunft" (Gewissen), die „keine Gelehrsamkeit", wohl aber ein „fröhliches Herz" und einen „guten Willen" impliziert, daher zwar als „Doktrin" entwickelt, aber nur bedingt gelehrt werden kann.

In dieser Konzeption sind einerseits Wohl (Glück) und Heil und andererseits Arbeit und Umgang auseinandergenommen; sie erlaubt daher, dem notwendigerweise immer „individuellen" Streben nach Glückseligkeit als solchem (Wohl, Wohlstand usw.) nachzugeben, sofern man sich dabei in den Grenzen der für jeden verbindlichen Heilsordnung, d. h. für Kant der „bürgerlichen Gesellschaft" hält. Sie erlaubt ferner, Arbeit (Wissenschaft, Technik, Produktion) Arbeit sein, dafür aber den Umgang (Anpassung, Teilnehmung und Mitteilung, Führung) sein Recht werden zu lassen (woran es in unserer Bildungsgeschichte immer wieder gefehlt hat).

Kant setzt kein Ideal (Christlicher Ritter, frommer Handwerksmeister, ehrbarer Kaufmann usw.) und kein Reich (keine Nation usw.), nichts also, in dem Streben nach Glückseligkeit und Heilswille sich nicht nur durch Harmonie, sondern durch Identität auszeichnen sollen, der dann alles unterworfen werden muß, voraus. Angesichts einer Situation, in der Arbeit und Beruf unter einem ökonomischen und technischen Gesetz stehen, das Gemeinwesen sich vom Nationalstaat zur bürgerlichen Gesellschaft hin entwickelt und der Umgang nicht mehr durch Tradition (Ideale) geregelt, sondern teils pragmatisch (musisch) und teils moralisch je und je eigens bestimmt werden muß, kommt der Kantischen zwar aufklärerischen, mit dem Begriff des Vermögens operierenden, aber dafür analytisch-kritischen Bestimmung des Menschen und seiner Erziehung eine besondere Bedeutung zu. Bemerkenswert ist, daß Joh. Michael Sailer (1751—1832) in seinem Werk „Über Erziehung für Erzieher" (1807), offensichtlich an Kant erinnernd, fordert: „Es muß also, wie sich ein Philosoph ausdrückt, das Menschenkind erstens diszipliniert, zweitens kultiviert, drittens zivilisiert, viertens moralisiert werden" (vgl. J. M. Sailer, Über Erziehung für Erzieher, Paderborn 1962, S. 19 f.). Sailer fordert weiterhin, daß der Mensch diviniert werde (vgl. ebd. S. 20).

[2] Olivier war 1781—1801 Lehrer in Dessau, zunächst am Philanthropin, sodann an der Olivier-Tillichschen Erziehungs- und Unterrichtsanstalt; er wurde bekannt durch die Oliviersche Lautier-Lesemethode.

[3] Erste Pockenimpfung 1796.

[4] Rink und Vollmer waren miteinander in Streit geraten, weil Vollmer, obwohl Rink dazu autorisiert worden war und seine Ausgabe bereits angekündigt hatte, ebenfalls eine Ausgabe der Physischen Geographie herausbrachte.

[5] Klopffechter waren bezahlte Schaufechter; in übertragenem Sinn: streitsüchtige Schriftsteller.

[6] Vgl. Anm. 1 I.

[7] Vgl. hierzu A. i. pr. H., Von der Freiheitsneigung als Leidenschaft, § 82 und Char. d. G., § 108.

[8] S. hierzu die Abhandlung über den „Mutmaßlichen Anfang der Menschengeschichte“ (s. u.), aber auch über die „Idee zu einer allgemeinen Geschichte in weltbürgerlicher Absicht“, beide in der Berlinischen Monatsschrift, die erstere 1786, die letztere 1784.

[9] S. hierzu insbesondere A. i. pr. H., Char. d. G. (s. u.).

[10] S. hierzu insbesondere A. i. pr. H., 3. Buch, Vom Begehrungsvermögen, § 82, Von der Freiheitsneigung als Leidenschaft.

[11] Bei dem hier vielfach gebrauchten Begriff der Rohigkeit ist daran zu denken, daß im humanistischen Latein der Gebildete mit dem Gelehrten gleichgesetzt wurde; dieser sollte sich durch seine „eruditio“ (wörtlich: Entrohung) auszeichnen.

[12] Daß hier Bildung Oberbegriff zu Zucht und Unterweisung sein soll, kann ein Versehen Rinks sein, kann aber auch seinen Grund darin haben, daß alle über die Wartung hinausreichende Erziehung (außer der sittlichen Erziehung) der Bildung qua Genesis des Menschen als solcher diente. Vgl. auch Anm. 1 I und II. An Kant anknüpfend hat Friedrich Paulsen (1846—1908) seinen Bildungsbegriff geprägt (vgl. Fr. Paulsen, Ausgewählte päd. Abhandlungen, Paderborn 1960, S. 17).

[13] Wenn du die Natur auch mit aller Gewalt austreibst, sie wird dennoch wieder zurückkehren.

[14] Girtanner, Über das Kantische Prinzip für die Naturgeschichte, Göttingen 1796.

[15] Zur Frage, wie Kant die Möglichkeiten der Erziehung für einen „Fortschritt zum Besseren“ einschätzte, vgl. bes. A. i. pr. H., Char. d. G. (s. u.) und Streit der Fakultäten, 2. Abschn., In welcher Ordnung allein kann der Fortschritt zum Besseren erwartet werden?

[16] Im Gegensatz zur Idee ist ein Plan, insbesondere ein solcher, der zur Ausführung bestimmt ist, für Kant nichts, was zu einem beliebigen Zeitpunkt entworfen und ausgeführt werden kann; ein solcher Plan ist ein empirisch-pragmatisches Problem und kann nur im Zuge der Geschichte sowohl Form als auch Realität gewinnen. S. hierzu auch S. 13.

[17] Erziehung ist für Kant eine Kunst (ars bzw. techne), weswegen die o. a. Theorie der Erziehung für ihn eine empirisch-pragmatische bzw. technisch-praktische Disziplin ist (s. auch S. 15 f.); sie gründet zwar in der Philosophie als Kritischer bzw. Praktischer Philosophie und in der A. (i. pr. H.), denn von dort her versteht und entwirft sie sich, doch kann sie nur auf dem Boden dessen, was man heute Praxis nennt, fortschreiten, und dies auch nur dann, wenn sie ein „Studium“ bzw. eine Wissenschaft wird (s. S. 14).

[18] Zu dem für die Kantische Anthropologie wie auch Ethik grundlegenden Begriff der „Anlage zum Guten“ sowie auch zu dessen Gegenbegriff, dem „Hang zum Bösen“, s. Rel. i. d. Gr. d. bl. V., Erstes Stück (s. u.).

[19] Zu dieser Einteilung vgl. auch A. i. pr. H., Char. d. G. (s. u.), I. z. e. allg. G., 7. Satz, Kr. d. r. V., Trsz. Ml., Disz. d. r. V. und Grl. d. M. d. S., 2. Abschn.

[20] Kants etymologische Erklärung ist falsch; dressieren kommt von dirigere, zurechtmachen (Grimm).

[21] Der Begriff der Normalschule hat sich in Deutschland nicht durchgesetzt. Eine erste Normalschule ist 1771 in Wien gegründet worden, sie hat später nach der von Felbiger 1774 verfaßten Schulordnung gearbeitet. Ob Kant diese Schule zureichend beurteilt hat, muß bezweifelt werden.

[22] S. hierzu die „Zwei Aufsätze das Philanthropin betreffend" (s. u.).

[23] Ältere Bezeichnung für Tahiti.

[24] Vgl. Anm. 1 I.

[25] Zur Persönlichkeit s. A. i. pr. H., Anthrop. Charakteristik, Der Charakter der Person.

[26] Richtig: Meconium (= Kindspech).

[27] Von der Unschädlichkeit der Pocken in Rußland und von Rußlands Bevölkerung überhaupt, Göttingen und Gotha 1768.

[28] Nach Natorp (Anmerkungen der Akademie-Ausgabe) zu finden in „Gesundheitskatechismus zum Gebrauch in den Schulen und beim häuslichen Unterricht" 1799, S. 20.

[29] Gebrochen werden soll nur der Wille im Kantischen Verstande, das ist nicht der Wille, auf den sich die sittliche Erziehung bezieht, sondern das Wollen, das aus dem Begehrungsvermögen stammt und prinzipiell heteronom ist. S. hierzu auch A. i. pr. H. § 73 ff., Vom Begehrungsvermögen und M. d. S., Einl. z. Tugendlehre, Abschn. XIV.

[30] stärkt.

[31] Nach dem Grimmschen Wörterbuch besteht hier keine Abhängigkeit.

[32] Nach Natorp, a. a. O.: in dessen Werken hrsg. v. Smyth, Bd. V, S. 546.

[33] Joh. Andreas v. Segner war 1704 zu Petersburg geboren und starb 1777 als Professor der Mathematik und Naturwissenschaften zu Göttingen.

[34] Toby ist die Hauptfigur in dem ironisch-kritisch das Steckenpferd (hobby) verherrlichenden Roman von Laurence Sterne (1713-68), der auch Goethes Beifall fand.

[35] Kants Sprachgebrauch ist in diesem Zusammenhang nicht ganz einheitlich. Wie einerseits zwischen Kultivierung und Moralisierung unterschieden wird, so wird doch andererseits von moralischer Kultur (S. 35) und moralischer Bildung (Rel. i. d. Gr. d. bl. V.) gesprochen. Auch hier deutet sich an, daß es im Grunde zwei erzieherische Aufgaben gibt, die wohl unterschieden werden können und müssen, die aber nicht eigentlich getrennt werden dürfen, so daß man nur den einen Teil der Gesamtaufgabe Bildung nennen und „Bildung" und „Erziehung" nicht gleichsetzen sollte. Vgl. Anm. 1 I und den Abschn. Leben u. Werk.

[36] Antwort auf das Sendschreiben eines Ungenannten, Göttingisches Magazin, 3. Jg., 4. Stück, S. 589.

[37] Vgl. Kr. d. ä. U. § 43 und A. i. pr. H., Vom Erkenntnisvermögen § 57.

[38] S. hierzu, wie auch zu dem vorhergehenden Absatz: M. d. S., Tugendlehre, Der Pflichten gegen sich selbst erstes und zweites Buch.

[39] Wir wissen so viel, wie wir im Gedächtnis behalten.

[40] Die künftige Vergessenheit.

[41] Dieses Problem lag Kant sehr am Herzen, s. hierzu auch den Brief an Ludwig Ernst Borowski vom März 1790 und A. i. pr. H., Vom Erkenntnisvermögen § 47; freilich verstand Kant unter Roman noch keine literarische Gattung, sondern den sog. Unterhaltungsroman (Liebes- und Abenteuerroman).

[42] S. hierzu Kr. d. r. V., Trsz. Ml.

[43] S. hierzu Kants „Ankündigung seiner Vorlesung für das Winterhalbenjahr 1765/66" ferner Physische Geographie, Einleitung. Kant hat bereits vor der Begründung der heutigen wissenschaftlichen und Schulgeographie durch C. Rit-

ter (1779—1859) und A. v. Humboldt (1769—1859) eine produktive Vorstellung von der wissenschaftlichen Möglichkeit wie von der pädagogisch-didaktischen Bedeutung der Geographie gehabt.

44 Kants Begriff der Triebfeder deckt sich in etwa mit unserem Begriff des Motivs. S. Kr. d. pr. V., Erster Teil, I. Buch, 3. Hauptstück. Motive können entwickelt werden, ein kultivierter Mensch hat verfeinerte Motive, aber doch eben Motive und keine „Maximen"; sein Verhalten wurzelt in seinem Streben nach Glückseligkeit, die Maximen dagegen entspringen der praktischen Vernunft und damit nicht der Heteronomie, sondern der Autonomie, weswegen nicht die Motive, sondern allein die Maximen Verantwortlichkeit implizieren.

45 Zur Lügenhaftigkeit wie zur Wahrhaftigkeit s. auch M. d. S., Tugendlehre § 9 und A. i. pr. H., Der Charakter der Person.

46 Man darf sich durch den Umstand, daß die Abhandlung nicht stärker gegliedert ist, nicht darüber täuschen lassen, daß es hier neben den Gedanken über die Methode (sittlicher Erziehung), die das ganze Stück bestimmen, und den sich anschließenden Ausführungen (S. 50 ff.) über die Pflichten der Kinder um ein zentrales Stück der Pädagogik geht: Es ist Kants Theorie von den drei vorzüglichen Charakterzügen des Kindes, von dem Charakter, der dem Kinde möglich und förderlich ist, der zugleich so etwas wie ein sittlicher Charakter und eine Phase in der Genesis des eigentlichen Charakters ist. Das Kind soll gehorsam sein gegenüber seinem Führer (es muß insoweit gehorchen, als es noch nicht mündig ist, d. h. sich ihm seine Pflicht noch nicht von selbst vorstellt, es also nur mit einem Älteren zusammen richtig handeln kann), es soll ferner wahrhaftig sein (anders kann es auf keine Weise es selbst sein), und es soll schließlich und endlich gesellig und dabei fröhlich sein. Geselligkeit und Fröhlichkeit sind die Moralität des Kindes, sie ermöglichen ihm, auf seine Weise gut zu sein und zur Persönlichkeit zu werden, denn nur das fröhliche Herz ist fähig, Freude am Schönen wie am Guten zu empfinden, und ohne diese Freude kann auch und gerade nach Kants Meinung nichts Gutes getan werden; es gibt „ästhetische Vorbegriffe" zur Sittlichkeit, und dementsprechend gibt es eine ästhetische (heute: musische) Vorerziehung zur Persönlichkeit.

Diese Lehre von den drei Charakterzügen des Kindes, Gehorsam, Wahrhaftigkeit und Geselligkeit bzw. Fröhlichkeit, scheint nur hinsichtlich der beiden ersten Charakterzüge mit der Praktischen Philosophie Kants zusammenzustimmen; der dritte Charakterzug gehört aber, und zwar nicht nur in der Pädagogik, sondern auch in der Praktischen Philosophie, dazu, denn Moralität bezieht sich auf den Umgang des einen mit den anderen, man soll den anderen als ein Wesen ansehen und behandeln, das ein Selbstzweck, d. h. ein Ich selbst, das ein Gewissen hat und damit eine höchste irdische Instanz, ist, man soll also mit dem anderen als einem Du umgehen; eben hierzu aber muß man sich immer schon im Umgang mit ihm befinden und diesen Umgang kultiviert haben, und das wieder impliziert „Geselligkeit", „Teilnehmung und Mitteilung", aber auch „Fröhlichkeit". S. hierzu M. d. S. Einleitung, Abschn. XII und die §§ 34 und 46.

47 Knechtische Art.

47a Käufliche Art.

48 Üble Nachrede, Klatsch, Schmähsucht.

49 Vgl. hierzu folgende Äußerungen Kants aus dem Nachlaß: „Es gehört eine sehr große Kunst dazu, bei Kindern das Lügen zu verhüten; denn da sie viel zu leisten haben und viel zu schwach sind, abschlägige Antworten zu geben oder Strafe auszuhalten, so haben sie eine weit stärkere Anreizung zu lügen, als es die Alten jemals haben. Vornehmlich, da sie sich

selbst nichts verschaffen können, wie die Alten, sondern alles von der Art abhängt, wie sie etwas vorstellen nach der Neigung, die sie in anderen merken. Man muß sie daher nur über das strafen, was sie gar nicht leugnen können, und ihnen nicht um vorgewandter Gründe willen etwas bewilligen." „Man muß durchaus, wenn man die Moralität bilden will, keine Bewegungsgründe anführen, welche die Handlung nicht moralisch gut machen, nämlich Strafen, Lohn usw. Daher muß man auch die Lüge unmittelbar häßlich schildern, wie sie es auch in der Tat ist, und keiner andern Regel der Moralität, z. B. der Pflicht gegen andere unterordnen." (Mitgeteilt bei Willmann, a. a. O. S. 124.) Vgl. ferner M. d. S., 2. Teil, Eth. Elementarlehre § 9 und Über ein vermeintliches Recht aus Menschenliebe zu lügen, 1797.

[50] Vieles hat der Knabe geduldet und getan, er hat geschwitzt und gefroren.

[51] Vgl. auch folgende Notiz aus dem Nachlaß: „Der einfältige Mensch hat sehr früh eine Empfindung von dem, was recht ist, aber sehr spät oder gar nicht einen Begriff davon. Jene Empfindung muß weit eher entwickelt werden als der Begriff. Lehrt man ihn früher entwickeln nach Regeln, so wird er niemals empfinden." (Mitgeteilt bei Willmann, a. a. O. S. 125.)

[52] S. Anm. 1 I.

[53] Ertrage und entsage.

[54] Vgl. M. d. S., 2. Teil, Eth. Elementarlehre § 43.

[55] Eile mit Weile.

[56] Ein Mann, der an seinem Vorsatz festhält.

[57] Hier folgt eine pädagogisch motivierte Kurzfassung der Tugend- bzw. Pflichtenlehre der M. d. S. (s. dort die Eth. Elementarlehre, Pflichten gegen sich und andere). Die Kantische Lehre von den Pflichten gegen sich selbst ist nicht nur moralphilosophisch bedeutsam, da sie wesentliche Elemente der späteren sogenannten Existenzphilosophie in sich enthält, sondern auch und insbesondere pädagogisch, denn in ihr werden die personalen Bedingungen dafür formuliert, daß man überhaupt frei handeln, ein Ich gegenüber einem Du sein oder, wie Kant auch sagt (s. A. i. pr. H. § 2), pluralistisch leben kann. Hier wird entwickelt, woraufhin das Kind erzogen werden, was es dann aber auch selbst ausbilden soll, wenn es nicht von vornherein im ganzen und unvermittelt der eigentlichen Pflichtenlehre gewissermaßen subsummiert werden soll.

[58] Gemeint ist die Schrift: Crugott, Predigten, Breslau 1790, insb. die 3. Predigt „Von dem moralischen Beispiele Christi in Ansehung der mittelbar positiven Tugend oder den Pflichten gegen sich selbst".

[59] Das Schamgefühl ist die erste Zierde der Tugend.

[60] Die Vorlesung über Pädagogik bewegt sich weiterhin im Rahmen der M. d. S., dort wird auch erörtert, inwiefern man von „vollkommenen" und „unvollkommenen" Pflichten sprechen kann (s. Ethische Elementarlehre, Erstes und Zweites Buch). — Unvollkommen ist die Verbindlichkeit, die sich direkt nur auf die Ausbildung des Leibes, der Seele und des Geistes zu Zwecken eines auch sittlichen Gebrauches und somit nur indirekt auf die Sittlichkeit selbst bezieht. Eine solche Verbindlichkeit kann niemals präzise und strikte bestimmt werden.

[61] Vgl. M. d. S., Eth. Ml. (s. u.) und Grl. d. M. d. S., 2. Abschn.

[62] Nacheiferung.

[63] Zu Ehrsucht, Herrschsucht und Habsucht, nach Kant die kardinalen Untugenden des Menschen, s. auch A. i. pr. H. § 84 ff.

[64] S. hierzu Rel. i. d. Gr. d. bl. V., Erstes Stück.

[65] Hier etwa sind die Methodenlehren der Kr. d. pr. V. und der M. d. S. anzuschließen.

[66] Verdienste des Glücks.

[67] S. hierzu Rel. i. d. Gr. d. bl. V., Zweites und Drittes Stück.

[68] S. hierzu auch M. d. S., Einl. XII.

[69] „Die Natur selbst scheint sich sehr um unseren Körper gekümmert zu haben, da sie unsere Schönheit und die übrige äußere Gestalt, die einen anständigen Anblick bietet, deutlich sichtbar gemacht hat, die Teile des Körpers aber, die bestimmt sind zu den natürlichen Bedürfnissen und einen häßlichen Anblick bieten sollten, bedeckt und versteckt hat. Dieses so umsichtige Werk der Natur hat das Schamgefühl des Menschen nachgeahmt ..."

[70] Tissot, L'onanisme, Bern, 1783, dt. in Campes Allgemeine Revision des gesamten Schul- und Erziehungswesens (1785—91).

Zu den zwei Aufsätzen das Philanthropin betreffend (1776)

[71] Die beiden hier wiedergegebenen Aufsätze erschienen in den „Königsbergischen Gelehrten und Politischen Zeitungen" am 28. März 1776 bzw. am 27. März 1777.

[72] Das philanthropinische Archiv erschien erstmalig am 1. Februar 1776; der ganze hier wiedergegebene erste Abschnitt stellt den Titel dieser Zeitschrift dar, die mit Nachrichten aus dem Philanthropin das Interesse der Öffentlichkeit wecken wollte.

[73] Leipzig 1775.

[74] Das öffentliche Examen wurde tatsächlich unter Anteilnahme vieler, zum Teil weithergereister, sachkundiger Interessenten mit großem Erfolg vom 13.—15. Mai 1776 durchgeführt.

[75] Ähnlich heißt es in einem Brief Kants aus dem Jahre 1778, daß das Philanthropin „mit der Zeit die Stammutter aller guten Schulen in der Welt werden muß" (am 29. Juli an W. Crichton). Gerade Kants Briefe (an Basedow, Wolke, Campe u. a.) zeigen neben seiner Vorlesung deutlich, wie sehr er von der Richtigkeit der pädagogischen Ideen der Philanthropen überzeugt war und wie groß seine Anteilnahme an den Geschicken des Philanthropins auch nach der ersten Blütezeit blieb.

[76] Karl Ehregott Mangelsdorf war bis 1777 Lehrer am Philanthropin. Die hier von Kant gemeinte Erwiderung trägt den Titel: „Basedow an das Publikum, die Mangelsdorfische Schmähschrift betreffend, Dessau, Februar 1777".

[77] Die Zeitschrift wurde zu Ostern 1777 von Basedow und Campe gegründet und trug den Titel: „Pädagogische Unterhandlungen, Philanthropisches Journal und Philanthropisches Lesebuch".

[78] Oberkonsistorialrat Anton Friedrich Büsching (1724—1793) war Direktor des Gymnasiums zum Grauen Kloster in Berlin und gab von 1773 bis 1787 die Zeitschrift „Wöchentliche Nachrichten von neuen Landkarten, geographischen, statistischen und historischen Büchern und Schriften" heraus. Vgl. dort 4. Jg. 1776, S. 131.

[79] Kant hat dem Philanthropin diesen Dienst bis August 1778 geleistet. Dann übergab er die Aufgabe dem Königsberger Hofprediger Crichton, bezeigte aber auch weiter sein Interesse am Philanthropin. Vgl. Kants Brief an Crichton vom 29. Juli 1778.

Zu I. Kants Nachricht von der Einrichtung seiner Vorlesungen in dem Winterhalbenjahre 1765/66:

[80] Dieser verhältnismäßig frühe Text zeigt deutlich, daß Kant sich von früh an als Erzieher und Lehrer verstanden und sein Programm dementsprechend entwickelt hat. Hinsichtlich dieses Programms selbst ist zu bedenken, daß es nicht nur für Studenten im heutigen Sinne, sondern gewissermaßen

auch für Primaner bestimmt war, denn damals bezog man die Universität mit ca. 16 Jahren und ging dort zunächst propädeutischen, humanistischen oder philosophischen Studien nach. Daher auch hat Kant ein pädagogisch gemeintes und didaktisch durchdachtes Programm vorgelegt. Man konnte bei ihm — anstelle der sonst zumeist in Anspruch genommenen studia humaniora — Welt- und Menschenkunde, Logik und Philosophie im eigentlichen Sinne (metaphysica generalis und specialis) studieren. Hierin ist ein Oberschulprogramm enthalten, das Beachtung verdient. — Im übrigen sind die in dieser Nachricht angedeuteten Überlegungen teils in der Einleitung zur A. i. pr. H. bzw. zur Physischen Geographie, teils in der zur Logik bzw. in der „Transzendentalen Methodenlehre" der Kr. d. r. V., teils — soweit sie die Universität als solche betreffen — im „Streit der Fakultäten" von 1798 weiter ausgeführt. Die wichtigste Ergänzung steckt zweifellos in der ja auch verhältnismäßig umfangreichen „Transzendentalen Methodenlehre".

[81] Kant spricht zwar gelegentlich alle geistigen Vermögen insgesamt als Vernunft bzw. Verstand an, unterscheidet an sich aber durchgängig zwischen beiden; der Verstand kommt dem Tierwesen Mensch zu, er ist das Vermögen der Begriffe, die Vernunft allererst läßt den Menschen an einer anderen Sphäre teilhaben, sie ist das Vermögen der Ideen (Gott, Welt, Freiheit) und damit der Selbstbestimmung und Gesetzgebung (s. hierzu: Kr. d. r. V. S. 355 ff., 671 ff.).

[82] Gemeint ist die „Untersuchung über die Deutlichkeit der Grundsätze der natürlichen Theologie und der Moral, Zur Beantwortung der Frage, welche die Königl. Akademie der Wissenschaften zu Berlin auf das Jahr 1763 aufgegeben hat".

[83] A. G. Baumgarten (1714—1762), Professor für Philosophie in Frankfurt/Oder, Schüler Chr. Wolffs, Begründer der deutschen Ästhetik; die von Kant zugrunde gelegte Schrift war seine Metaphysika von 1739.

[84] G. F. Meier (1718—1777), Schüler Baumgartens (s. o.), schrieb bereits deutsch; seinen Auszug aus der Vernunftlehre hat Kant seiner Logikvorlesung zugrunde gelegt.

[85] Erzählt von Plutarch i. s. Moralia.

[86] Die Stelle (Terenz, Heautotimorumenos, 79) lautet eigentlich: mihi sic est usus: tibi ut opus factost, face! So ist mein Brauch; handle du, wie du handeln mußt!

Zur Anthropologie:

[87] Wie überall im neuzeitlichen Denken, so hängen auch bei Kant Anthropologie und Pädagogik auf das engste zusammen. Vokabular und Thesen der Vorlesung über Pädagogik werden nahezu einzig in der Vorlesung über Anthropologie (A. i. pr. H.) bzw. in den dieser nahestehenden Schriften wieder aufgenommen, so daß sie nur von dorther weiter diskutiert werden können. Zu beachten sind allerdings auch die Methodenlehren (insbesondere die der Kr. d. r. V. — Transzendentale Methodenlehre). — Dieser Zusammenhang hat seinen Grund darin, daß die neuzeitliche Philosophie sich durch eine Reflexion des Menschen auf sich selbst (Kant: „Gang in die Tiefe der Subjektivität") zu begründen versucht hat. Der Mensch aber, auf den sie dabei stößt, ist ein werdender und geschichtlicher Mensch. Eben als solcher ist er einer, der erzogen werden muß. Die Anthropologie ist wenigstens im Ansatz immer auch pädagogische Anthropologie und begründet zwar nur u. a., aber doch insbesondere Pädagogik. — Bei Kant selbst ist aber in doppeltem Sinne vom Menschen und von Anthropologie die Rede, einmal als von dem Gegenstand der Philosophie überhaupt, denn der Mensch ist in sich selbst die entscheidende Aufgabe, weswegen es heißt, daß alle

wesentlichen Fragen der Philosophie in die nach dem Wesen des Menschen zusammengefaßt werden könnten (s. Vorl. über Logik, Einl.), zum anderen als dem Gegenstand einer speziellen philosophischen Disziplin, der „Anthropologie" im engeren Sinne. Zu dieser Doppelung kommt es, weil für Kant der Mensch ein Zentaur ist, einerseits Vernunftwesen, andererseits Tierwesen, in Wirklichkeit freilich immer beides in irgendeiner mehr oder weniger problematischen Synthese („Die Denkungsart der Vereinigung des Wohllebens mit der Tugend im Umgange ist die Humanität", A. i. pr. H. S. 277 ff.). Die eigentliche, reine und wissenschaftliche Philosophie hat es mit dem Vernunftwesen zu tun, sie ist Kritik der Vernunft, daher muß es neben ihr eine Philosophie geben, die sich mit dem Menschen als einer Synthese aus Vernunft- und Tierwesen befaßt, und diese Philosophie muß eine empirische Philosophie sein; ein Tierwesen (als etwas, das nicht reines Denken ist) kann nur empirisch erfaßt werden; sie muß aber zugleich eine pragmatische, d. h. pädagogische und politische, Disziplin sein, da eben dieses Wesen eine „humane" Synthese von Vernunft- und Tierwesen werden soll, ja nur als eine solche Synthese möglich ist, sich also zu Zwecken seiner Bildung bzw. seiner Vergesellschaftung näher bestimmen muß. — In dieser Lage ist daher auch begründet, daß zur bloßen empirischen pragmatischen Anthropologie Untersuchungen hinzukommen, die zugleich reine praktische — und empirische pragmatische Wissenschaft sind, so die Religions- und die Geschichtsphilosophie, so aber auch die Metaphysik der Sitten u. a. Diese Arbeiten sind zum Verständnis der Kantischen Grundlegung der Pädagogik von größter Bedeutung, denn sie insbesondere zeigen, wie durchgehend er auf die Pädagogik zu gedacht hat und wie weitgehend er sie vorbereitet hat.

Zur Anthropologie in pragmatischer Hinsicht
Der Charakter der Gattung
(1798)

[88] Die Anthropologie in pragmatischer Hinsicht enthält verschiedenartige Partien, die, philosophisch wie pädagogisch gesehen, von unterschiedlicher Bedeutung sind. Im ganzen genommen, präsentiert sich diese Vorlesung als eine Art Menschenkunde, am nächsten verwandt vielleicht unserer Charakterologie, doch stehen in ihr neben allerlei Anekdotischem wichtige Stücke der Kantischen Philosophie, wie z. B. die §§ 1—3 über Egoismus und Pluralismus, dann die §§ 8—11 zur Apologie der Sinnlichkeit, ferner §§ 60—72 zur Theorie des Gefühls, § 35 zur Theorie der Zeitlichkeit des Bewußtseins und des Lebens.

[89] Cassirer merkt in den Lesarten an: „Der Sinn dieser offenbar verdorbenen Stelle wird wohl wiedergegeben durch die Reflexion zur Anthrop. Nr. 1521 (Ak. XV, 2, 885, Z. 13—14: Ob wir mit dem Gibbon oder Orangoutang verwandt. Linnäues, Camper.)"

[90] Kant bezieht sich hier auf Rousseaus berühmte Schrift zur Preisfrage der Akademie von Dijon „Hat die Wiederherstellung der Künste und Wissenschaften zur Verbesserung der Sitten beigetragen?" von 1750, in der diese Frage verneint wird. Kant teilt hier wie überhaupt Rousseaus Sorge um den Menschen und wendet sich daher wie dieser der Frage nach der Rettung des Menschen durch Pädagogik bzw. Politik zu, meint aber, daß unter bestimmten Bedingungen Künste und Wissenschaften zur Verbesserung der Sitten beitragen könnten. „Der Mensch ist durch seine Vernunft bestimmt, in einer Gesellschaft mit Menschen zu sein und in ihr sich durch Kunst und Wissenschaft zu kultivieren, zu zivilisieren und zu moralisieren" (s. u. S. 78).

91 Gemeint sind außer der oben genannten Schrift die zweite Preisschrift „Abhandlung über den Ursprung der Ungleichheit unter den Menschen" von 1754 und der Briefroman „Julie oder die neue Heloise" von 1761.

92 Das Heil der Bürgerschaft (nicht der Bürger) soll das oberste Gesetz sein.

93 Timon war ein stadtbekannter Menschenverächter im klassischen Athen, Momus Gott der Spottsucht.

Zu *Mutmaßlicher Anfang der Menschengeschichte:* *(1786)*

94 Zum festen Bestand unserer Vorurteile in der Philosophie und Pädagogik gehört die These, daß Kant „ungeschichtlich" gedacht habe. Dementsprechend soll seine Anthropologie sowohl ohne geschichtliches Bewußtsein als auch ohne Rücksicht auf die Geschichte selbst entworfen worden sein. Daß diese und ähnliche Thesen unzureichend sind, zeigen — neben dem Schlußabschnitt der Kr. d. r. V. über „die Geschichte der Vernunft" — die zwar nicht gerade umfangreichen, wohl aber zentralen Arbeiten zur Geschichtlichkeit des Daseins wie zur Geschichte selbst, so vor allem die „Idee zu einer allgemeinen Geschichte in weltbürgerlicher Absicht" (Berlinische Monatsschrift 1784), in der, wenn überhaupt irgendwo, Kant seine ganze Philosophie, freilich unter primär moralisch-politischem Aspekt, zusammengefaßt hat, ferner der „Mutmaßliche Anfang der Menschengeschichte", eine Ergänzung der eben genannten Schrift (Berlinische Monatsschrift 1786) und „Was ist Aufklärung?" (Berlinische Monatsschrift 1784) so wie die Abhandlung „Zum ewigen Frieden" von 1795. Diese Schriften machen deutlich, daß auch und gerade bei Kant der Mensch sich nur als geschichtliches — sich erinnernd vorausdenkendes — Wesen zureichend verstehen kann; sie zeigen aber auch, daß das menschliche Selbstverständnis ungeachtet seiner Geschichtlichkeit nicht bloß empirisch sein kann, denn die geschichtliche Existenz selbst muß jeweils im ganzen verstanden werden, bedarf also eines Leitfadens zum Verständnis ihrer selbst wie auch ihrer Welt. Dieser Leitfaden ist dann Kants, wenn man will, „geschichtsphilosophisches" Problem.

Die Geschichte des Menschen ist nur verständlich als Geschichte seiner Freiheit bzw. seiner Vernunft. Als diese aber beginnt sie notwendigerweise mit einem Abfall, muß sie aber andererseits ebenfalls notwendigerweise auf ein Reich des Friedens hin angelegt sein. Der Mensch soll zur Vernunft kommen, er kann aber nur dann (im Rahmen der jeweiligen Lage) vernünftig denken und handeln, wenn er sich selbst zwar als endliches Wesen, aber doch auch als einen „Selbstzweck" bzw. wenn er seine Geschichte zwar als „antagonistisch", aber doch auch als progressiv auslegen darf. Inwiefern er dies darf, wie eine solche Geschichte, die zugleich Gang der Natur und Werk der Freiheit (Kant denkt denselben Gedanken, den dann später auch Pestalozzi als zentralen Gedanken gedacht hat), möglich sein soll, das eben versuchen die genannten Arbeiten aufzuweisen. — Da die Schrift über den Mutmaßlichen Anfang des Menschengeschlechts am stärksten genetisch und damit zugleich pädagogisch gedacht ist und dabei nicht nur auf die Genesis der Gattung, sondern auch des Individuums eingeht, wird sie hier wenigstens auszugsweise wiedergegeben.

Zur sog. Geschichtsphilosophie Kants siehe L. Landgrebe, Die Geschichte im Denken Kants, Studium Generale, 7. Jahrgang (1954) S. 533 ff.

95 Zu den Schriften „über den Einfluß der Wissenschaften" und „die Ungleichheit der Menschen" s. Anmerkung 90 und 91. Die Schriften „Emile oder über die Erziehung" und „Der Gesellschaftsvertrag" erschienen 1762; in diesen beiden Schriften entwickelt Rousseau sein Alternativprogramm einer pädagogischen und einer politischen Rettung des Menschen.

Zu Religion innerhalb der Grenzen der bloßen Vernunft (1793)

[97] Kants religionsphilosophische Hauptschrift „Die Religion innerhalb der Grenzen der bloßen Vernunft" von 1793 besteht aus vier Stücken, von denen zumindest das erste überwiegend anthropologisch (i. w. S.) ist. Eben dieses Stück hat Kant in der Berlinischen Monatsschrift (April 1792) einem breiteren Publikum zugänglich gemacht. — Das Grundproblem dieses (ersten) Stückes faßt Kant in die Frage, wieso der Mensch, obwohl er doch ein Gewissen bzw. eine (praktische) Vernunft mitbekommen hat, böse ist und unter welchen Bedingungen und in welcher Form sich Gewissen bzw. Vernunft durchsetzen können. Was die (praktische) Vernunft beinhaltet, ist kein anthropologisches Problem, denn dieser Inhalt kann nichts anderes als die denknotwendige Bedingung, das Gesetz im engeren und eigentlichen Sinne dafür sein, daß Menschen miteinander eine „Gemeinde von Heiligen" bilden können. Inwiefern aber der Mensch als ein Wesen, das auch an der Tierheit teilhat und daher immer auch um sich als Individuum Sorge tragen muß, einerseits aus einem „zu krummen Holze ist, als daß jemals etwas ganz Gerades" aus ihm werden könnte, andererseits aber ein „Mensch" bzw. eine „Persönlichkeit" sein kann, das ist Sache einer anthropologischen Nachforschung und wird hier vorgetragen.

[98] Niemand wird ohne Fehler geboren.

[99] „Moralische Bildung": obgleich Kant hier von moralischer Bildung spricht, macht gerade er klar, daß man — jedenfalls dem allgemeinen Verständnis von Bildung nach — hier nur in uneigentlichem Sinn von Bildung sprechen kann; vgl. Anm. 35 u. 1 I.

[100] Über die Bedeutung des Beispiels in der sittlichen Erziehung und das „Bewundern" tugendhafter Handlungen vgl. Vorlesung über Pädagogik oben S. 52 f. u. Eth. Methodenlehre (s. u.) § 52 u. Ml. d. pr. V. (s. u.).

[101] Vgl. Ml. d. r. pr. V. (s. u.) und Eth. Ml. (s. u.).

C. *Zu den Methodenlehren*

[102] Kants Philosophie ist primär Praktische Philosophie, d. h. Philosophie der handelnden Vernunft und somit Moral- und Staatsphilosophie bzw. Kritik der Praktischen Vernunft bzw. Metaphysik der Sitten (Rechts- und Tugendlehre). Dieser Philosophie kommt es darauf an, das Gesetz aufzuweisen, das menschliches Handeln zu einem vernünftigen Handeln macht. Kant selbst spricht von einem Grundgesetz der bürgerlichen Gesellschaft (der Gemeinde der Heiligen bzw. der unsichtbaren Kirche). Solche Gesetze sind die denknotwendigen Bedingungen dafür, daß eine bestimmte Gesellschaft eine bürgerliche bzw. moralische oder humane Gesellschaft wird. Es interessiert aber natürlich auch, ob und inwiefern solche Gesetze gelehrt und gelernt, vermittelt und angeeignet werden können. Kant hat daher seinen grundlegenden Schriften einen zweiten — im modernen Verstande praktischen — Teil unter dem Titel einer Methodenlehre angehängt.

Methodenlehren heißen diese Stücke, weil in ihnen im unterrichtlichen Verstande von Methode die Rede ist. Kant schneidet also auch und gerade in seinen Hauptschriften die pädagogische Problematik an. Freilich sind diese zweiten Teile im Verhältnis zu den jeweiligen ersten überaus kurz; außerdem sind sie noch nicht eigentlich Stücke einer Pädagogik, denn sie beziehen sich zwar auf die Genesis des Menschen, die Bildung des Menschen zum Menschen, aber sie gehen dabei noch nicht gesondert auf Kinder, Jugendliche und Erwachsene ein. Trotzdem erhalten sie, insgesamt genommen, ebenfalls eine Grundlegung der Pädagogik.

Alle drei Kritiken haben Methodenlehren, die Kritik der ästhetischen Urteilskraft allerdings nur in einem uneigentlichen Sinne, denn der Geschmack kann nicht eigentlich gelehrt bzw. gelernt werden, hier kann nur eingeübt werden. Das bedeutet, daß der überaus wichtige Ansatz Kants zu einer ästhetischen Erziehung außer eben im Ganzen der Kritik der ästhetischen Urteilskraft nur in wenigen Bemerkungen faßbar ist. Schiller und Herbart wären aber ohne ihn nicht denkbar. Daher war es nötig, außer auf die abschließenden quasi methodologischen Bemerkungen auch noch auf andere Partien der Kr. d. ä. U. und auf den Abschnitt über den Geschmack aus der A. i. pr. H. zurückzugreifen. Die Methodenlehre der Kritik der reinen Vernunft enthält zwar Kants Darlegung der Philosophie für diejenigen, die sie studieren wollen, und ist als Kants Propädeutik neben der Einleitung in die Logik und in die Kritik der Urteilskraft von großer Bedeutung, doch bringt sie in Hinsicht auf Kants Grundlegung der Pädagogik nur wenig, was nicht auch in der Pädagogik-Vorlesung oder in den besonderen methodischen Beiträgen steht, so daß angesichts ihrer Länge auf sie verzichtet werden konnte.

Kants Ansatz zu einer ästhetischen Erziehung ist deswegen von so großer Bedeutung, weil man eigentlich gar nicht unmittelbar sittlich erziehen kann, denn Sittlichkeit ist reine Autonomie, praktische Spontaneität, und daher Ergebnis einer inneren Revolution, nicht einer Bildung. Freilich gibt es Voraussetzungen, Lehren und Übungen, aber sie bewirken wenig. Dafür aber gibt es die Möglichkeit einer höchst wirkungsvollen, allerdings nur mittelbar wirksamen Propädeutik, die ästhetische Erziehung, die einerseits die studia humaniora aufnimmt, andererseits so etwas wie eine musische Bildung meint.

Zur moralischen Erziehung

a) Methodenlehre der reinen praktischen Vernunft (1788)

103 Zu dem hier ja bereits vorausgesetzten Inhalt der Kantischen Ethik bzw. Kr. d. pr. V. siehe zunächst den Abschnitt Leben und Werk, ferner in dieser Auswahl das „Erste Stück" der „Religion innerhalb der Grenzen der bloßen Vernunft". — Bemerkenswert ist die Affinität dieser Partie zu Herbarts Vorlesung über „Allgemeine Pädagogik" von 1806, die sich auch und gerade in ihrer freilich z. T. unausdrücklichen Auseinandersetzung mit Kant ganz hieran angelehnt hat.

104 Die „vorbereitenden Anleitungen" gehören in den Zusammenhang dessen, was Kant sonst Disziplinierung nennt.

105 Juvenal Sat. 8, 79—84: Sei ein guter Soldat, ein guter Vormund oder auch unparteiischer Schiedsrichter; solltest du einmal als Zeuge in einer zweifelhaften und ungewissen Sache vorgefordert werden, so mag selbst Phalaris befehlen, daß du falsch Zeugnis ablegst und dir den Meineid unter Herbeiholung des Stieres gebieten: dennoch halte es für das höchste Unrecht, das Leben der Ehre vorzuziehen und um des bloßen Lebens willen das zu verlieren, was das Leben erst lebenswert macht. (Phalaris war 560 v. Chr. Tyrann von Agrigent in Sizilien; der Bildhauer Perillus hatte ihm einen ehernen Stier anfertigen müssen, damit darin Missetäter durch Feuer getötet werden konnten.)

106 Die Gesetze des Verpflichtens von den verpflichtenden Gesetzen.

107 Sie wird gelobt und stirbt vor Kälte. Juvenal 1, 74.

b) Ethische Methodenlehre aus der Metaphysik der Sitten (1797)

108 Wir lernen durch Lehren.

109 Dies soll die eherne Mauer sein.

Zur ästhetischen Bildung als einer Propädeutik der moralischen Erziehung
Aus der Anthropologie in pragmatischer Hinsicht
(1798)

[110] Zum Problem der ästhetischen Erziehung bei Kant: Die Kritik der ästhetischen Urteilskraft gehört zu den von Anfang an hochgeschätzten Schriften Kants. Es hängt dies wohl damit zusammen, daß Kant hier ebenso wie in seiner Ethik die Problematik auf ihre eigentliche Ebene gehoben hat. Seine Ästhetik hat daher bis heute immer wieder den Ausgangspunkt der philosophischen Reflexion auf das Schöne und Erhabene wie auch auf die Kunst abgegeben. — Kernstück dieser Ästhetik ist die Lehre von der Wahrnehmung (gr. aisthesis heißt Wahrnehmung bzw. Empfindung), aber weniger von der äußeren Wahrnehmung (deren Form in der Transzendentalen Ästhetik der Kr. d. r. V. und deren Materie in der Theorie der Sinnlichkeit in der „Lehre vom Erkenntnisvermögen" der A. i. pr. H. abgehandelt wird), sondern von der inneren Wahrnehmung, in der der Mensch sich selbst in seinem jeweiligen Lebensvollzug wahrnimmt und die bei Kant wie auch heute Gefühl genannt wird. Dazu gehört zunächst die Frage, inwiefern das Gefühl sich als ein Gefühl entweder der Lust oder der Unlust (des negativen oder positiven, hemmenden oder fördernden Betroffenseins) ansprechen und sich dabei dreifach differenzieren läßt. Je nachdem nämlich, worauf sich der Mensch bezieht bzw. wovon er betroffen ist, ob von etwas Angenehmem oder etwas Schönem oder etwas Gutem oder deren Gegenteil, entsteht ein ganz verschiedenes Gefühl mit einer je eigenen Gesetzlichkeit. Kant handelt daher vom sensuellen, ästhetischen und moralischen Gefühl. In pädagogischer Hinsicht ist ebensowohl das ästhetische wie das moralische Gefühl von geradezu entscheidender Bedeutung.

Unter einem moralischen Gefühl versteht Kant (s. M. d. S., Tugendlehre, Abschn. XII, Ästh. Vorbegriffe der Empfänglichkeit des Gemüts für Pflichtbegriffe überhaupt) eine „Empfänglichkeit für Lust und Unlust bloß aus dem Bewußtsein der Übereinstimmung oder des Widerstreites unserer Handlung mit dem Pflichtgesetz". Und er setzt hinzu: „Ohne alles moralische Gefühl ist kein Mensch, denn bei völliger Unempfänglichkeit für diese Empfindung wäre er sittlich tot." Zum moralischen Gefühl gehören Gewissen, Menschenliebe und Achtung. Im moralischen Gefühl gehen Tierwesen und Vernunftwesen im Menschen eine Synthese ein; Sittlichkeit und Gefühl bestimmen sich gegenseitig; der Mensch kann über das Gefühl und nicht nur über die — eigentlich erst in der Versittlichung selbst ansprechbare und bestimmende — Vernunft erzogen werden. Wie dies zu denken ist, wird u. a. in der „Methodenlehre der Kr. d. pr. V." (s. d.) angesprochen, kommt aber auch in der Kr. d. ä. U. zur Sprache (s. u., s. ferner insbes. Allgemeine Anmerkung zur Exposition der ästhetischen reflektierenden Urteile im § 29).

Unter einem ästhetischen Gefühl versteht Kant das Gefühl für das Schöne (bzw. Erhabene). Dieses Gefühl ist nun insofern von besonderer Bedeutung, weswegen Kant ihm auch eine eigene „Kritik" gewidmet und diese auf das engste mit seiner K. d. pr. V. verbunden hat, als es selbst wie auch sein Ausdruck im Geschmacksurteil unter einem Gesetz steht, das dem moralischen verwandt ist. Diese Verwandtschaft beruht auf zwei Zügen, erstens darauf, daß das Verhältnis zum Schönen (in der Natur wie in der Kunst) ein „interesseloses Wohlgefallen" ist, man schenkt dem Schönen seine „Gunst" um seiner selbst willen, man genießt es, ohne es zu verzehren, „das Schöne bereitet uns vor, etwas, selbst die Natur, ohne (sinnliches) Interesse zu lieben" (Kr. d. ä. U., S. 115), zweitens darauf, daß (demzufolge) der Geschmack wie ein „sensus communis" (Gemeinsinn) wirkt, denn er impliziert, daß alle zustimmen können sollen, er urteilt nicht „egoistisch", sondern „pluralistisch" (Kr. d. ä. U., S. 130) und nicht „heteronom", sondern „autonom" (Kr. d. ä. U., S. 137). Von Bedeutung ist aber auch, daß man sich mitteilt und am anderen teilnimmt, denn „die schöne Kunst ... ist eine Vorstellungsart, die für sich selbst zweckmäßig ist und, obgleich ohne Zweck, dennoch die Kultur der Gemütskräfte zur geselligen Mitteilung befördert" (Kr. d. ä. U., S. 179, s. auch im Text die „Methodenlehre des Geschmacks", nach der nicht nur die Mitteilung, sondern auch die Teilnehmung kultiviert wird). Die Kultur des Geschmacks befördert also die „Sozialität". Beide Züge zusammen ermöglichen eine ästhetische Bildung (bzw. Kultur), die, sofern sie nicht verabsolutiert wird, eine Propädeutik der Versittlichung des einzelnen sowohl wie der Gesellschaft sein kann. Zu beachten bleibt freilich, daß diese Erziehung keine Doktrin erlaubt und daher nicht „scholastisch-mechanisch" bzw. „didaktisch" sein kann; sie kann nur durch ein Tun, durch Umgang mit dem Schönen (in der Natur und in der Kunst), vor allem mit demjenigen Schönen, das „Analogon der Schöpfung" oder „Symbol der Sittlichkeit" ist, und durch geselligen Umgang des einen mit dem anderen, durch freie Mitteilung und Teilnehmung, befördert werden.

Zur Kritik der (ästhetischen) Urteilskraft
Das Geschmacksurteil ist ästhetisch
(1790)

111 Zum näheren Verständnis der Kr. d. ä. U. als einer Kritik im Kantischen Sinne muß auf deren inneres Problem hingewiesen werden. Analog der zentralen Fragen der Kr. d. r. V. nämlich, ob und wie synthetische Urteile a priori (metaphysische Thesen über Gott, die Welt und den Menschen) und ob und wie Erfahrung bzw. Erfahrungsurteile (synthetische Urteile a posteriori) möglich sind, wird in der Kr. d. ä. U. danach gefragt, ob und inwiefern Geschmacksurteile (Kunsturteile) möglich sind. Kant antwortet, Geschmacksurteile seien möglich, weil der Geschmack „ein Beurteilungsvermögen eines Gegenstandes in Beziehung auf die freie Gesetzmäßigkeit der Einbildungskraft sei"; es ließe sich zeigen und begreifen, „daß der Gegenstand ihr gerade eine solche Form an die Hand geben könne, die eine Zusammensetzung des Mannigfaltigen enthält, wie sie die Einbildungskraft, wenn sie sich selbst frei überlassen wäre, in Einstimmung mit der Verstandesgesetzmäßigkeit überhaupt entwerfen würde" (Kr. d. ä. U., S. 68 ff.). Das Prinzip des Geschmacksurteils und zugleich (in Natur und Kunst) des Schönen besteht darin, daß alles, was (interessenloses) Wohlgefallen erzeugt und Gunst verdient, rein seiner Form nach sowohl dem Bedürfnis der Einbildungskraft (nach Mannigfaltigkeit bzw. Belebtheit) als auch dem des Verstandes (nach Einheit bzw. Übersichtlichkeit) entspricht. Mit dieser Einsicht erweckt Kant einerseits die Platonische Lehre wieder und zeichnet er andererseits das moderne Verständnis des Schönen und der Kunst vor; seine Kr. d. ä. U. enthält die bisher zulänglichste Theorie auch der modernen sog. formalen oder abstrakten Kunst und der mit dieser korrespondierenden Kunsterziehung (musische Bildung).

112 Sachem: Häuptling.

113 Die drei Maximen, die Kant hier nennt, machen zusammen die Methode der Philosophie als Weltweisheit bzw. den Weg zur Weisheit aus, wie Kant verschiedentlich ausgeführt hat (s. auch A. i. pr. H., S. 112 bzw. 200). Daß Kant sie hier nennt, ist ein deutliches Zeichen dafür, wie sehr sich für ihn das Reich des Schönen und das Reich des Guten (bzw. der Freiheit) glichen.

114 „Vom Können zum Sein ergibt sich kein zwingender Schritt."

115 frz.: Kleines Boot.

116 Kant handelt hier (in der Kr. d. ä. U. und der Erörterung der an sie anzuhängenden Methodenlehre) nicht von der Propädeutik der Sittlichkeit, sondern der Kunst. Eine solche Propädeutik soll aus zwei Gründen möglich sein, erstens (da das Schöne und die Kunst eine Sache des Gemeinsinns bzw. der gesellschaftlich-geselligen Beurteilung sind) durch die studia humaniora, indem diese die Humanität, d. h. das „Teilnehmungsgefühl" und das „Vermögen, sich innigst und allgemein mitteilen zu können", befördert, zweitens (da zwar nicht das „reine Schöne" und die dekorative Kunst, wohl aber das „anhängende Schöne" und die materielle Kunst ihre höchste Möglichkeit in der „Versinnlichung sittlicher Ideen" — Analoga der Schöpfung bzw. Symbole der Sittlichkeit — haben) in der „Kultur des moralischen Gefühls" bzw. in der Versittlichung selbst. Es bedarf aber nur einer Veränderung der Fragestellung, um deutlich werden zu lassen, daß man auch umgekehrt die Kultur des Geschmacks selbst als Propädeutik der Sittlichkeit entwerfen und durchführen kann.

Kants Leben und Werk

I. Zur Einleitung

Kant ist wie vielleicht kein anderer deutscher Philosoph in das allgemeine Bewußtsein aufgenommen worden. Aber wer „Kant" denkt, meint dabei zumeist und zunächst den Kant, der Königsberg so gut wie niemals verlassen hat und in souveräner Askese, aber auch mit Pedanterie seinen philosophischen Untersuchungen und akademischen Pflichten nachgegangen ist, dann vielleicht den Verfasser der „Kritik der reinen Vernunft", eines überaus „komplizierten", seinerzeit „revolutionären", jetzt aber „antiquiert" anmutenden Werkes, oder auch den Verkünder des „Kategorischen Imperativs" und damit eines ethischen „Rigorismus" und „Formalismus" von hoher Reinheit, aber doch wohl nur geringer leben- und welterfassender bzw. -gestaltender Kraft. Manch einer setzt noch hinzu, daß Kant doch eine recht „theoretische" Lehre vorgetragen hat, überhaupt ein recht „theoretisches" Leben gelebt habe. Und viele Pädagogen variieren diese These dahin, daß Kant zwar auch über Pädagogik gelesen, aber doch nicht eigentlich „pädagogisch" gedacht und gewirkt habe. — Ganz offensichtlich trifft Nietzsche mit seinem bekannten Aperçu von Kant als dem „Chinesen von Königsberg" den Kant des allgemeinen Bewußtseins.

Von den Zeugnissen des Kantischen Daseins aus gesehen, zeigt sich freilich ein anderes Bild. — In äußerster Konzentration auf seine selbstgesetzte Aufgabe und unter Anspannung aller Kräfte seines Geistes wie vor allem seiner nicht eben kräftigen Physis hat Kant versucht, mit sich über die Rettung des Menschen — in ihm selbst wie in allen anderen — ins reine zu kommen, sich selbst „aufzuklären" und „mündig" zu werden und als einer, der sich aufgeklärt hat und mündig geworden ist, die anderen mit aufzuklären und ihnen auf ihrem Weg zur Mündigkeit zu helfen.

So gesehen, gab es für Kant keine andere Möglichkeit als in einem ein „Forscher" und ein „Lehrer", ein Philosoph und ein Pädagoge (und darin auch ein homo politicus) zu sein. Im ganzen genommen, hat Kant unsere Welt durch zwei Beiträge entscheidend mitbestimmt, durch sein Lehrersein — sein Erziehersein in der Gestalt eines Hochschullehrers — und durch seine Philosophie, in der zum ersten Male die ganze Problematik des menschlichen Selbst- und Weltverständnisses in der Moderne erfaßt ist.

Im Nachlaß Kants hat sich eine Aufzeichnung gefunden, in der Kant einfach und deutlich ausgesprochen hat, worum es ihm gegangen ist: „Wenn es irgendeine Wissenschaft gibt, die der Mensch wirklich bedarf, so ist es die, welche ich lehre, die Stelle geziehmend zu erfüllen, welche dem Menschen in der Schöpfung angewiesen ist und aus der er lernen kann, was man sein muß, um ein Mensch zu sein." Diese Aufzeichnung wird durch einen Brief an seinen Berliner Freund Marcus Herz aus dem Jahre 1778 (v. Anfang April) bestätigt und ergänzt: „Briefe von der Art, als ich sie von Ihnen bekomme, versetzen mich in eine Empfindung, die nach meinem Geschmack das Leben inniglich versüßt und gewissermaßen ein Vorgeschmack eines anderen zu sein scheint, wenn ich in Ihrer redlichen und dankbaren Seele den tröstenden Beweis der nicht ganz fehlschlagenden Hoffnung zu lesen vermeine, daß mein akademisches Leben in Ansehung des Hauptzwecks, den ich jederzeit vor Augen habe, nicht fruchtlos verstreichen werde, nämlich gute und auf Grundsätze errichtete Gesinnungen zu verbreiten, in gutgeschaffenen Seelen zu befestigen und dadurch der Ausbildung der Talente die einzig zweckmäßige Richtung zu geben ...*".

II. Kants Leben

Über Kants Leben ist nicht gerade viel zu berichten. Trotzdem hat man, und zwar bereits von seinen späteren Lebensjahren an, seinem Leben eine bemerkenswerte Aufmerksamkeit gewidmet. Drei seiner Schüler — Borowski, Jachmann und Wasianski (s. Bibliographie) — haben seinen „Charakter" und seine „Lebensweise" so liebevoll wie ehrerbietig und geradezu minutiös dargestellt. Die Kantforschung ist dann mit der ihr eigenen Akribie schlechthin allen Details nachgegangen. Es liegen somit zwei Arten von Biographien vor, die eine mutet wie eine Heiligenlegende an, die andere entspricht den biographischen Bemühungen etwa um Goethe; diese doppelte Bemühung läßt als solche schon darauf schließen, daß es auch bei Kant nicht nur um ein bedeutsames Werk, sondern auch um die Person geht.

Von Kants Person muß ein vielfältiger Zauber ausgegangen sein. Er hat ebensowohl den Eindruck eines Gläubigen und Berufenen wie eines Aufklärers, eines schlichten und kargen Gelehrten wie eines fröhlichen und geselligen „Kindes", eines genauen und strengen wie eines lebendig-belebenden Geistes hervorgerufen. Trotz dieser Mannigfaltigkeit haben seine Zeitgenossen und Schüler ihn als einheitlichen „Charakter", als Repräsentanten wahrer „Humanität" bzw. als Zeugen seiner Lehre gesehen.

* S. hierzu aber auch: „Ich meines Teils sitze täglich vor dem Amboß meines Lehrpults und führe den schweren Hammer sich selbst ähnlicher Vorlesungen in einerlei Takte fort" (mitgeteilt bei Vorländer, Bd. X, S. 66).

Herder, welcher Kants Vorlesungen in den Jahren 1762 und 1763 besuchte, hat mehr als 30 Jahre später folgende Schilderung von seinem damals 38 Jahre alten Lehrer gegeben: „Ich habe das Glück genossen, einen Philosophen zu kennen, der mein Lehrer war. Er in seinen blühendsten Jahren hatte die Fröhlichkeit und Munterkeit eines Jünglings, die, wie ich glaube, ihn auch in sein greises Alter begleitet. Seine offene, zum Denken gebaute Stirn war ein Sitz unzerstörbarer Heiterkeit und Freude, die gedankenreichste Rede floß von seinen Lippen, Scherz und Witz und Laune standen ihm zu Gebote, und sein lehrender Vortrag war der unterhaltendste Umgang. Dieser Mann, den ich mit größter Dankbarkeit und Hochachtung nenne, ist Immanuel Kant, sein Bild steht angenehm vor mir."

Weniger aus der Distanz des selbst berühmten früheren Schülers, dafür aber um so direkter und intimer äußert sich sein erster Biograph Borowski: „Er war freilich ... ein seinen Wert durchaus nicht verkennender, dem geraden Widerspruch ausweichender (gemeint ist: mit Unwillen begegnender), keine geflissentliche Vernachlässigung duldender, aber dabei äußerst gutmütiger, anspruchsloser Mann und hatte hundert Eigenschaften, die jeden, der sich auf Menschenwürde etwas versteht, zur Anhänglichkeit an ihn zu bringen, und die ihn in größeren Kreisen unterhaltend, folglich gesucht von allen und befriedigend für alle machen mußten. Ich pflegte ihn oft einen — kindlichen — Mann zu nennen. Noch gestern glitt mir das Wort Kindlichkeit in bezug auf ihn von der Zunge. „Recht, recht", rief mein vieljähriger Freund Scheffner, der unseren Weisen gewiß genau kannte, mir zu, „das Wort Kindlichkeit drückt den ganzen Kant aus." — Oder um mit einem anderen Worte alles zusammenzufassen, Humanität, in dem vollen Sinne dieses nun so häufig gebrauchten, von ihm selbst aber (Kr. d. ä. U., S. 258) am richtigsten ausgelegten Wortes, war es, was von Kant in hohem Grade gerühmt werden konnte."

Kant hat die Genesis durchlaufen, die er selbst als prototypisch dargestellt hat. Sie ist zugleich „Bildung" und „Revolution der Denkungsart", Umgang mit anderen, Erfahrung des Menschseins in sich und der Gesellschaft, Besinnung darauf und Umstimmung seiner selbst, Weg zur „Weisheit" (anhand der drei Maximen Selbstdenken, sich an die Stelle des anderen Denken und jederzeit mit sich selbst einstimmig Denken) und hat ebenso dahin geführt, daß er „sich selbst erhalten" und „in der Gesellschaft ein Glied ausgemacht" und einen „inneren Wert" gewonnen hat. Und sie spannt ihren Bogen von der Kindheit in einem einfachen und frommen Elternhaus über die Umbrüche in den Jahren zwischen 20 und 30 (Beginn des beruflichen Lebens), mit etwa 40 (Beginn des Mannesalters) und mit etwa 60 (zu welchem Zeitpunkt man, wenn überhaupt, anfängt, weise zu werden) bis zu seinem ganz persönlichen Tod. (s. hierzu A. i. pr. H., S. 201).

Jachmann, sein zweiter und zu diesem Geschäft sehr begabter Biograph, beginnt mit folgender Skizze: „Kant wurde am 22. 4. 1724 zu Königsberg (Pr.) in der vorderen Vorstadt, in dem Hause neben der Sattlerstraße, von Eltern aus dem niederen Bürgerstande geboren. Sein Vater war Riemermeister ... Seine Mutter starb im Jahre 1737, als Kant 13 Jahre alt war, und sein Vater 1746. ... Den ersten Unterricht im Lesen und Schreiben genoß er in der vorstädtischen Hospitalschule; nachher besuchte er das Collegium Fridericianum, dem damals der bekannte Pietist Schiffert als erster Inspektor vorstand. Aus dieser Anstalt wurde er 1740 zur Universität entlassen. Seine Erziehung im elterlichen Hause und in der Schule war ganz pietistisch. Kant pflegte dies öfters von sich anzuführen und diese pietistische Erziehung als Schutzwehr für Herz und Sitten gegen lasterhafte Eindrücke aus eigener Erfahrung zu rühmen ..."

Über seine Eltern hat Kant mit 73 in einem Entwurf (zu einem Brief an Bischof Lindblom) vermerkt, daß „meine Eltern beide in Rechtschaffenheit, sittlicher Anständigkeit und Ordnung musterhaft, ohne Vermögen (aber doch auch keine Schulden) zu hinterlassen, mir eine Erziehung gegeben haben, die von der moralischen Seite betrachtet gar nicht besser sein konnte, und für welche ich bei jedesmaliger Erinnerung an dieselbe mich mit dem dankbarsten Gefühle gerührt finde".

Über das Leben im Collegium Fridericianum hat der schon genannte Inspektor Schiffert später berichtet. Zu dem üblichen offenbar durchschnittlich guten Lateinunterricht mit seinen römischen Poeten, Historikern und Philosophen wie dem geringen lediglich auf das Neue Testament beschränkten Griechischunterricht kam eine sorgsam entworfene und streng durchgeführte Erziehung zur Frömmigkeit, ausführliche tägliche Morgen- und Abendandachten, Einleitung und Beschluß einer jeden Unterrichtsstunde durch Gebet, täglicher Theologieunterricht, mannigfache Gebets-, Erweckungs- und Ermahnungsstunden sowie Katechisationen, ferner am Sonntag zwei Predigten, die jeweils anschließend wiederholt wurden, und wiederum Katechisationen. — Kant soll später geäußert haben, ihn überfiele Schrecken und Bangigkeit, wenn er an jene Jugendsklaverei dächte.

Es blieb einem Manne wie Kant gar nichts anderes übrig als sich mit dieser Erziehung auseinanderzusetzen; seine Philosophie wie auch und erst recht seine Gedanken zur Pädagogik können als Antwort hierauf aufgefaßt werden*.

---

* Sein eigentlicher Mentor aber war der damalige Pfarrer und spätere Theologieprofessor und Generalinspekteur des gesamten Kirchen-, Schul- und Armenwesens in Ostpreußen, Franz Albert Schultz. Dieser war aus Halle gekommen, Pietist und Wolffianer zugleich, hatte pro venia legendi eine Dissertation über die „Übereinstimmung der Vernunft mit dem Glauben" vorgelegt, ca. 1500 Schulen mit ins Leben gerufen und fast eine Generation

Mit 16 Jahren bezog Kant die Universität. Ganz wie es damals üblich war, ist er weiterhin zunächst den studia humaniora nachgegangen, hat dann auch zeitlebens an solchen studia humaniora als der denkbar besten Grundbildung festgehalten. Mehr und mehr hat ihn dann aber die Philosophie in ihren Bann gezogen. Ein junger Extraordinarius für Logik und Metaphysik, Martin Knutzen, begabt, aber mit 37 Jahren verstorben, hat Kant in die neue (Leibnizische) Philosophie eingeführt. Bei ihm hat er gelernt, daß man nur „denkend" Einsicht und Sicherheit gewinnen kann.

Nach mehreren Studienjahren ging Kant — wiederum wie damals üblich — als Informator (Hofmeister) aufs Land. Von 1747 an war er bei dem reformierten Prediger Andersch in Judtschen (zwischen Insterburg und Gumbinnen), von 1750 an bei dem Rittergutsbesitzer v. Hülsen in Groß Arnsdorf und ab 1753 (wahrscheinlich) bei einem Grafen Keyserling in Rautenburg (Kreis Tilsit-Niederung). Soweit man weiß, hatte Kant ausschließlich Knaben unter 12 Jahren, Kinder also, zu betreuen. Von besonderer Bedeutung waren die Jahre in der Familie v. Hülsen, denn hier hatte Kant Gelegenheit, sich nach dem Geschmack der Zeit für das „gesellige" Leben der „oberen Stände" zu bilden. — Es gibt beredte, ja geradezu enthusiastische Zeugnisse darüber, welch ein charmanter und interessanter Gast (wie auch Gastgeber) Kant sein konnte. Er hat auch zeitlebens Wert auf eine gepflegte Erscheinung gelegt, denn man solle auch und gerade hierin niemandem mißfallen. Überhaupt waren für ihn freundschaftlicher Umgang und gemeinsame Mahlzeiten Höhepunkte humaner Existenz.

Über seine Erziehertätigkeit gegenüber Kindern und in Familien hat Kant selbst freilich recht skeptisch geurteilt. Jachmann teilt mit: „Er pflegte über sein Hofmeisterleben zu scherzen und zu versichern, daß in der Welt vielleicht nie ein schlechterer Hofmeister gewesen wäre als er. Er hielt es für eine große Kunst, sich zweckmäßig mit Kindern zu beschäftigen und sich zu ihren Begriffen herabzustimmen, aber er erklärte auch, daß es ihm nie möglich gewesen wäre, sich diese Kunst zu eigen zu machen." — Man darf aus dieser Selbstkritik aber nicht den Schluß ziehen, daß Kant sich auch in anderen Zusammenhängen nicht als Pädagoge verstanden hätte.

1755 war Kant wieder in Königsberg. Borowski vermerkt: „Unser Kant entschied sich, da er das 30. Lebensjahr zurückgelegt hatte, immer eigentlicher für den Dienst der Universität." — Am 12. 6. 1755 promovierte er zum Magister (etwa unserem Dr. phil. entsprechend); und am 27. 9. 1755 wurde er auf Grund einer pro venia legendi vorgelegten Dissertation über „Eine neue Beleuchtung der ersten Prinzipien der metaphysischen Erkenntnis" habilitiert. Während seiner

lang das geistige Leben Königsbergs bestimmt. Ihm unterstand auch das Collegium Fridericianum. Er hat Kant frühzeitig entdeckt und durch sein ganzes Leben hindurch gefördert.

Privatdozentenzeit hat Kant sich zunächst vorzüglich mit Newton und Hume, mit Fragen der Naturwissenschaft und der Erkenntnistheorie also, auseinandergesetzt; in dieselbe Richtung weisen auch die meisten seiner ersten Veröffentlichungen (s. Zeittafel); seine Vorlesungen allerdings waren von vorneherein breiter angelegt.

Mit etwa 30 Jahren hatte Kant von sich (in der Vorrede zu seiner Erstlingsschrift „Gedanken von der wahren Schätzung der lebendigen Kräfte", Abschn. VII) gesagt: „Ich habe mir die Bahn schon vorgezeichnet, die ich halten will. Ich werde meinen Lauf antreten, und nichts soll mich hindern, ihn fortzusetzen." Etwa in seinem 40. Lebensjahr aber hat eine Begegnung seinen „Lauf" zwar nicht aufgehalten, aber doch „eine Revolution der Denkungsart" zur Folge gehabt. Er bekam Rousseaus Schriften (s. Anm. 95) in die Hand und bekennt (in einer Aufzeichnung aus dem Nachlaß): „Ich bin selbst aus Neigung ein Forscher. Ich fühle den ganzen Durst nach Erkenntnis und die begierige Unruhe, darin weiter zu kommen, oder auch die Zufriedenheit bei jedem Fortschritte. Es war eine Zeit, da ich glaubte dieses alles könnte die Ehre der Menschheit machen, und ich verachtete den Pöbel, der von nichts weiß. Rousseau hat mich zurecht gebracht. Dieser verblendete Vorzug verschwindet, ich lerne die Menschen ehren und würde mich viel unnützer finden, als die gemeinen Arbeiter, wenn ich nicht glaubte, daß diese Betrachtung allen übrigen einen Wert geben könne, die Rechte der Menschheit herzustellen." — Bezeichnenderweise war das einzige Bild in Kants Haus ein Kupferstich Rousseaus!

Von dieser Begegnung an setzt Kant sich durchgängig nicht nur mit dem Pietismus, sondern auch mit Rousseau auseinander, beides zwar nicht ohne entsprechende Hinweise, im wesentlichen aber doch — wie es ja oft bei solchen entscheidenden Auseinandersetzungen geschieht — unausdrücklich.

Kant faßt sein Leben als Dienst auf und ringt bis an die Grenze seiner physischen Existenz um zwingende Einsicht in die „Stelle" des Menschen in der „Schöpfung". Er sieht sich vor die ungeheuerliche Aufgabe gestellt, „den Schlüssel zu dem ganzen Geheimnis der bis dahin sich selbst verborgenen Metaphysik zu gewinnen" (Brief an Marcus Herz vom 21. Febr. 1772), fühlt aber seine Kräfte immer rascher dahinschwinden; „alle Veränderung macht mich bange". Und von der Ausarbeitung der Kr. d. r. V., die er nach 12 Jahren des Nachdenkens in vier bis fünf Monaten ausgearbeitet und niedergeschrieben hatte, gesteht er, daß er sie anders nicht geschafft hätte.

1770 wird Kant — nach mühsamen Privatdozentenjahren, die lediglich durch eine Sub-Bibliothekarsstelle an der Königlichen Bibliothek zu Königsberg (mit ca. 60 Talern jährlich) erleichtert wurden — Professor Ordinarius für Logik und Metaphysik. Er legte eine Inauguraldissertation „Über die Form und die Prinzipien der Sinnen- und

Verstandeswelt" vor und beginnt damit die Untersuchungen, die ein Jahrzehnt später zu den drei Kritiken der Metaphysik der Natur, der Metaphysik der Sitten und der Religionsphilosophie geführt haben (s. Zeittafel).

Diese Zeit der Erfolge — Kant gehörte gegen Ende des Jahrhunderts zur Prominenz des deutschsprachigen Raumes — wurde freilich durch Streit mit der neuen preußischen Regierung getrübt. Der Minister Friedrichs des II. für Kirchen-, Schul- und Armensachen, der Freiherr v. Zedlitz, war Kant persönlich sehr gewogen gewesen und hatte ihm jede nur denkbare Förderung zuteilwerden lassen. Sein Nachfolger unter Friedrich-Wilhelm II. aber, Wöllner, versuchte, mit der Wirksamkeit der Aufklärung auch und insbesondere die Kants zu reduzieren. Nach Veröffentlichung seiner Religionsphilosophie wurde Kant gemaßregelt, es wurde ihm untersagt, weitere derartige Schriften zu veröffentlichen (s. hierzu außer der „Religion innerhalb der Grenzen der bloßen Vernunft" auch den „Streit der Fakultäten"). Kant nahm diese Maßregelung hin; er hielt es für seine Pflicht als beamteter Hochschullehrer (s. „Was ist Aufklärung?"), sich zu fügen.

Seine letzten Lebensjahre standen im Zeichen zunehmender Schwäche. Sein Konzentrationsvermögen ließ nach, er brachte Themen und Personen durcheinander; doch hat sich gerade in diesen Jahren (von etwa 1800 bis zu seinem Tode am 12. Febr. 1804) gezeigt, wer Kant eigentlich war. Wasianski, sein dritter Biograph, der einen fast schon zu intimen Bericht über diese Zeit vorgelegt hat, gibt einige Aussprüche wieder, die Kants „Charakter und Lebensweise" ein letztes Mal aufleuchten lassen: „Meine Herren, sagte er, ich fürchte nicht den Tod, ich werde zu sterben wissen. Ich versichere es Ihnen vor Gott, daß, wenn ich's in dieser Nacht fühlte, daß ich sterben würde, so wollte ich meine eigenen Hände aufheben, falten und sagen: Gott sei gelobt. Ja, wenn ein böser Dämon mir im Nacken säße und mir ins Ohr flüsterte: Du hast Menschen unglücklich gemacht. Dann wäre es etwas anderes." — Als während der letzten Zeit sein Arzt wieder einmal nach ihm sehen wollte, stand Kant auf und weigerte sich, obwohl er vor Schwäche zitterte, eher als sein Gast wieder Platz zu nehmen. „Das Gefühl für Humanität hat mich noch nicht verlassen." Und sein letztes Wort — im Augenblick des Sterbens gesprochen: „Es ist gut."

III. Kants Werk

Was Kant ausgearbeitet hat, wird der „Philosophie" zugerechnet. Philosophie überhaupt ist von altersher der Versuch des Menschen, sein Leben auf das Denken zu stellen. Ein solcher Versuch erschien nach dem Zusammenbruch der mittelalterlichen und nachreformatorischen Bemühungen, ein Reich Gottes auf Erden zu errichten, als einzig noch verbleibender, aber nicht bloß letzter, sondern auch erster

„vernünftiger“ Weg, den Menschen — als einzelnen wie als Gesellschaft — zu retten.

Für Kant stellt sich als Grundfrage die Frage nach der Zukunft des — einzelnen wie gesellschaftlichen — Menschen, aber eben diese Frage stellt sich ihm in mehrfacher Gestalt: Er fragt nach der „Stelle“ (s. o.) des Menschen in der „Schöpfung“; er fragt aber auch, da der Mensch sich durch seine Vernunft auszeichnet und damit ebensowohl die Aufgabe wie die Möglichkeit der Vernünftigkeit („Persönlichkeit“ bzw. „Mündigkeit“) hat, nach der Vernunft und versucht, diese Frage durch eine „Kritik der Vernunft“ („Analyse“ auf „Sinn“ und „Grenze“ hin) zu beantworten, und er fragt schließlich und endlich nach dem „Menschen“ im ganzen.

„Mein schon seit geraumer Zeit gemachter Plan der mir obliegenden Bearbeitung des Feldes der reinen Philosophie ging auf die Auflösung der drei Aufgaben: 1. Was kann ich wissen? (Metaphysik) 2. Was soll ich tun? (Moral) 3. Was darf ich hoffen? (Religion) welcher zuletzt die vierte folgen sollte: Was ist der Mensch? (Anthropologie, über die ich schon seit mehr als zwanzig Jahren jährlich ein Kollegium gelesen habe)“ (Brief an C. F. Stäudlein v. 4. 5. 1793). — Genau 20 Jahre vorher hatte Kant über eben diese, damals gerade entworfene Anthropologie an seinen Berliner Freund Marcus Herz geschrieben: „Die Absicht, die ich habe, ist, durch dieselbe die Quellen aller Wissenschaften, die der Sitten, der Geschicklichkeit, des Umgangs, der Methode, Menschen zu bilden und zu regieren, mithin alles Praktischen zu eröffnen. Da suche ich alsdann mehr Phänomena und ihre Gesetze als die ersten Gründe der Möglichkeit der Modifikation der menschlichen Natur überhaupt ...“ Es geht also um die verschiedenen Wissenschaften vom Menschen, die aber zugleich auch Wissenschaften für den Menschen, zur Meisterung der ihm gestellten Aufgaben, sind. Und hierbei geht es einerseits um so etwas wie die „ersten Gründe der Möglichkeit der Modifikation“, nämlich des Menschen zu Zwecken seiner selbst und somit um „reine“ Philosophie, und andererseits um die „Phänomena“, das soll heißen, um die Erscheinung bzw. die Wirklichkeit des Menschen, den Gegenstand nicht der reinen, sondern der „empirischen“ bzw. „pragmatischen“ Philosophie.

Zum Verständnis dieses Ansatzes muß nach der Lage des Menschen und der Philosophie im Zeitalter der Aufklärung gefragt werden.

Es hatte sich ein mehrfacher Konflikt ergeben, die neue (aufklärerische) Philosophie bestritt der Theologie die alleinige Kompetenz für Fragen der Moral und damit der Erziehung des Menschen und der Ordnung der Gesellschaft, und die neue (empirische) Wissenschaft bestritt eben dieser Philosophie die alleinige Kompetenz für Fragen der Erkenntnis des Menschen (als eines „Naturwesens“) und der Welt (als eines „Reiches der Natur“). Mit diesem in sich doppelten Konflikt war aber ein weiterer noch verbunden: Der neuzeitliche bereits weitgehend auf dem Boden der neuen Philosophie bzw. Wissenschaft ausgebildete Staat verstand sich gegenüber dem, der sich entweder noch mit einer Kirche (Reich Gottes auf Erden) oder schon mit einer Nation (säkularisiertes Reich) identifizierte, als bloßer „Staat"; er übernahm die Verantwortung für die Bedingungen von Leben und Gesellschaft, nicht aber für diese selbst. Auf diese Weise wurde eine Ordnung für „natürliche" und „individuelle" (heteronome und egoistische) Wesen möglich. Diese Ordnung war zugleich Zwangs- und Freiheitsordnung; die Last der Verchristlichung bzw. Moralisierung freilich wurde damit dem „Ich selbst" aufgebürdet. — „Glauben" und „Wissen", „Reflexion" und „Empirie", „Moralität" und „Legalität", „Gesellschaft" und „Kirche" bzw. „Staat" mußten ihrem Sinn wie auch ihrem Zusammenspiel nach neu bestimmt werden.

Daß hiermit auch eine Krise des Berufs-, Standes- und Amtsbegriffs verbunden war, versteht sich von selbst. Für Kant geht das Menschsein nicht mehr in einem Beruf oder einem Stand oder einem Amt auf; der Mensch ist immer zumindest dreierlei, jemand, der über eine bestimmte „Geschicklichkeit" verfügt und sich damit selbst erhalten kann, wobei letzten Endes unerheblich ist, was er tut, ferner jemand, der (im Zusammenhang hiermit) in der „Gesellschaft" ein „Glied" ausmacht, und schließlich jemand, der „Mensch" ist, d. h. dem es zukommt, ein „Selbstzweck" zu sein, „Würde" zu besitzen und einen „inneren Wert" zu haben. Dementsprechend stand bereits für Kant der Mensch unter einem mehrfachen Gesetz, hinsichtlich der Arbeit unter dem der Wissenschaft (Empirie) und der Technik, hinsichtlich der Gesellschaft (im engeren Sinne) unter dem des neuen Geschmacks, hinsichtlich des Staates unter dem des Polizei- und Wohlfahrtsstaates bzw. der rechtsstaatlichen Republik und Demokratie und schließlich und endlich hinsichtlich der wahren Menschengemeinschaft (Gemeinde der Heiligen, Unsichtbare Kirche) unter dem der Vernunft und des Glaubens. — Im Kantischen Denken entschleiert sich zum ersten Male die „moderne" Welt. Überhaupt ist die Lage Kants bereits ganz die unserer Welt, weswegen dann auch sein Ansatz zwar nicht unumstritten, aber doch im wesentlichen in Geltung geblieben ist.

Wie aber wollte die neue Philosophie und wie wollte mit ihr bzw. gegen sie Kant selbst dieser vielfältigen Problematik auf den Grund kommen? Es mußte ein anderer Weg als der der überlieferten Theologie und Metaphysik gefunden werden. Auch und insbesondere für die Auseinandersetzung mit der Überlieferung brauchte man einen „Boden", von dem aus man sie verstehen, aber auch kritisieren konnte. Das sollte nun freilich — wenigstens bei Kant — nicht bedeuten, daß die Überlieferung oder gar die Geschichte selbst (und damit die Wirklichkeit des Menschen) überspielt werden sollte, im Gegenteil, so allererst schien es möglich zu werden, eine geschichtliche Wirklichkeit als solche aufzufassen, zu beurteilen und zu bewältigen. — Allein eine

Reflexion auf den „Grund der Möglichkeit der Modifikation" von Leben und Welt kann so etwas wie Geschichte erschließen und ein Urteil darüber ermöglichen, ob man sich nicht auf einem Umweg oder Irrweg oder in einem bloßen Auf und Ab oder Hin und Her befindet. Philosophie sollte „reine" qua „apriorische" Philosophie sein, darin aber keineswegs aufgehen, sondern einen Leitfaden zum Verständnis und zur Ordnung der Wirklichkeit abgeben.

Aber auch ein solcher Ansatz ist an eine Diskussionslage gebunden. — Ihrer Überlieferung entsprechend verstand sich die Philosophie als „Denken". Solches Denken ist diejenige „Explikation", die sich zugleich ihres Gegenstandes wie ihrer selbst versichert. — Daher auch hatte die griechische Philosophie sich als „Dialektik" (Platon) bzw. als „Logik" (Aristoteles) verstanden; das Denken aber, um dessen Möglichkeit (Gesetzmäßigkeit) es dabei ging, wurde als Denken des Kosmos bzw. eines Theos ausgelegt; für die neuzeitliche Philosophie ist Denken aber Denken der Vernunft, die zunächst nur als „reine" Vernunft vorgestellt und bestimmt werden kann; ob und inwiefern sie auch der Welt bzw. Gottes ist, kann nur nachträglich geklärt werden. Für Kant wird Philosophie zur „transzendentalen" Logik bzw. Dialektik; er untersucht, inwiefern die Vernunft bestimmt und ob diese Bestimmung „regulativ" oder „konstitutiv" ist. Es geht also zunächst um die Beantwortung der ersten der drei Fragen, von ihr hängen alle anderen ab.

Kant schreibt an Marcus Herz (21. 2. 1772): „... In der Unterscheidung des Sinnlichen vom Intellektualen in der Moral und denen daraus entspringenden Grundsätzen hatte ich es schon vorher ziemlich weit gebracht. Die Prinzipien des Gefühls, des Geschmacks und der Beurteilungskraft mit ihren Wirkungen, dem Angenehmen, Schönen und Guten, hatte ich auch schon vorlängst zu meiner ziemlichen Befriedigung entworfen, und nun machte ich mir den Plan zu einem Werke, welches etwa den Titel haben könnte: *Die Grenzen der Sinnlichkeit und der Vernunft.*"

Wieso konnte sich für Kant die ganze in Frage stehende vielfältige Problematik auf diese Frage reduzieren, und wieso konnte sich aus ihrer Beantwortung eine ganze Metaphysik ergeben? Ist diese Vernunft ermächtigt, für sich allein, spekulativ, etwas über Gott, die Welt und den Menschen auszumachen? Kant findet heraus, daß sie auf die Sinnlichkeit und damit auf die Wirklichkeit angewiesen ist. „Erfahrung" ist möglich, aber auch nötig. Entscheidend ist aber, daß dies nur für die *theoretische* Vernunft gilt, wobei man allerdings mitdenken muß, daß für Kant alles Technische und Pragmatische der „Theorie" zugehört, da es dabei um „Geschicklichkeiten" geht, die ihren Grund in einer Erkenntnis (von Kausalzusammenhängen) haben.

Die menschliche Erfahrung erfaßt — als Zusammenspiel von Sinnlichkeit und Vernunft — nur die „Phänomena" und ihre Gesetze, die

„Erscheinungen“ und nicht die „Dinge an sich“. Das hat zur Folge, daß theoretisch über Gott, die Welt (-Geschichte) und die Freiheit selbst nichts ausgemacht werden kann, was aber nicht bedeutet, daß hierüber überhaupt nichts ausgemacht werden kann. — Wenn über Gott und seine Schöpfung theoretisch etwas ausgemacht werden könnte, käme der Mensch in eine befremdliche Lage; er wüßte, und zwar mit der Gewißheit theoretischer, z. B. physikalischer oder historischer Erkenntnis, wie es um ihn stünde; er könnte dann aber — als erkennendes Wesen — gar nicht anders als dieses Wesen zu vollziehen, und würde damit zu einer Art Marionette seines Wissens; so verlöre er alle Freiheit im sittlichen Verstande und damit alle Würde! — Die Vernunft muß ein eigenes Reich begründen können, dieses muß auf einer Gewißheit eigener Art beruhen und ganz und gar Sache des Gewissens und der Verantwortung sein. Diese Vernunft nennt Kant die praktische, die nicht bloß erkennende, sondern gesetzgebende bzw. handelnde Vernunft. Sie begründet aber keinen zweiten Menschen bzw. keine zweite Welt, sondern regelt den Gebrauch, den der Mensch von sich und der Welt macht, schafft aber eben hierdurch (mit Mensch und Welt als ihrem Material) ein neues, seinem Prinzip nach rein vernünftiges und damit freies Reich. Hier ist die Vernunft bei sich, sie ermöglicht nicht bloß Erfahrung (Wissenschaft und Technik), sondern absolute und darum bestimmende bzw. schaffende, eben „praktische“ Erkenntnis.

Nachdem so der Weg zur Beantwortung der zweiten Frage (Was soll ich tun?) und damit zur Moral freigelegt ist, klärt Kant in der „Kritik der (reinen) praktischen Vernunft“, worin deren Gesetzgebung besteht; er fragt nach dem „Grundgesetz“ des Reiches der Freiheit.

Kant macht hier eine grundsätzliche und bedeutsame, ausnahmsweise nur bedingt erörterte und daher oft übersehene Voraussetzung: Der Mensch ist qua Mensch zugleich „einzelner und gesellschaftlicher“ Mensch. Auch und insbesondere als Vernunftwesen kann sich der Mensch — in der je eigenen wie „allgemeinen“ Geschichte — nur in einer „Sozialität“ lebend und nur „pluralistisch“ handelnd realisieren (s. A. i. pr. H. S. 128 ff., 241). Daher auch ist das Prinzip, um das es in der Kr. d. pr. V. geht, nicht bloß das des je eigenen Handelns, sondern zugleich das einer Gesellschaft, eines Reiches der Freiheit. Ein solches Prinzip kann aber nur ein „formales“ und „kategorischer“ Imperativ sein, denn es soll ja keine neue Welt, sondern nur eine neue Ordnung begründen. „Handle so, daß die Maxime deines Willens jederzeit zugleich als Prinzip einer allgemeinen Gesetzgebung gelten könne“ (Kr. d. pr. V., S. 54); das meint, daß der Mensch seinen individuellen, materialen Zwecken nachgehen darf — sofern er, ohne sich selbst zu widersprechen, wünschen kann, daß jedermann sich von dem Prinzip, das ihn selbst leitet, wie von einem Gesetze leiten läßt. Man nimmt sich sonst für sich selbst etwas heraus, was man den anderen nicht zugesteht, würdigt diese also zu bloßen Mitteln herab und hebt die Gesellschaft auf; diese Gesellschaft setzt man aber andererseits durchgehend voraus, man rechnet auf den anderen und erwartet von ihm u. a., daß er einen selbst achtet, einem vertraut und hilft.

Eine solche „formale" und „rigorose" Ethik ist keine inhaltlich gefüllte sogenannte kasuistische oder materiale Ethik, begründet aber eine solche. Der Versuch, eine explizite Ethik auszuarbeiten, wird in der „Metaphysik der Sitten" unternommen. Dabei zeigt sich aber, daß es notwendigerweise zwei Ordnungen gibt, eine der Legalität und des Rechts und eine der Moralität und der Tugend. — Der Mensch ist Naturwesen und Vernunftwesen zugleich, aber nicht gleichermaßen. Naturwesen ist er eo ipso, Vernunftwesen aber nur potentiell; er soll es sein, kann es auch sein, ist es aber de facto immer nur bedingt. Es ist also zunächst eine Ordnung nötig, die es dem Naturwesen Mensch erlaubt, mit sich zu leben; diese Ordnung bezieht sich lediglich auf den Verkehr der Menschen miteinander, sie stellt diesen Verkehr unter ein Zwangsgesetz, das dafür sorgt, daß „Freiheit des einen mit der aller anderen zusammen bestehen" kann. Aber nur, wenn diese Ordnung von einer anderen überhöht wird, entsteht eine wahrhaft menschliche („bürgerliche") Gesellschaft, nur dann nämlich, wenn jeder selbstgesetzgebend und selbstverantwortlich („autonom") dafür sorgt, daß alle niemals nur als Mittel, sondern immer auch als „Selbstzweck" angesehen und behandelt werden.

Aus diesem Prinzip ergeben sich bestimmte Forderungen: Es gibt zumindest so etwas wie „metaphysische Anfangsgründe" einer differenzierten (materialen) Pflichten- bzw. Tugendlehre. So kommt es zunächst darauf an, daß man sich selbst wie den anderen in den Stand versetzt, in dem es faktisch möglich ist, ein Mensch zu sein. Das bedeutet, daß es Pflichten sich selbst und den anderen gegenüber gibt; Pflicht sich selbst gegenüber ist, für seine eigene sittliche Vollkommenheit zu sorgen, wozu gehört, damit man allen Aufgaben gewachsen ist, daß man sich allseitig und harmonisch ausbildet und im ganzen versittlicht. An dieser Bestimmung hängt, philosophisch gesehen, die ganze Theorie der „Bildung" (Genesis sowohl wie Kultur) des Menschen zum Menschen und die Theorie der Erziehung des Individuums zur Persönlichkeit. Pflicht gegenüber anderen ist, für ihre Glückseligkeit zu sorgen, an ihrem Leben teilzunehmen und ihnen zu helfen.

Die dritte Frage (Was darf ich hoffen?) und damit die Begründung und Entwicklung der Philosophie der Religion wird erst nach der der Moral möglich (s. „Religion innerhalb der Grenzen der bloßen Vernunft"). Wenn man auf das letzte Faktum zurückgegriffen und eingesehen hat, daß dieses in der Vernunft als einer praktischen Vernunft besteht, ferner begriffen hat, wieso diese Vernunft ihrer selbst ganz und gar gewiß ist, inwiefern es also eine höhere Gewißheit als die der Erfahrung gibt, dann, aber auch nur dann erschließt sich einem die Religion (besser: der Glaube). Das Faktum der Vernunft impliziert zweierlei, erstens die Selbstkritik des Menschen als eines endlichen, prinzipiell korruptiblen und daher seiner selbst nie ganz bzw. nie im ganzen mächtigen Wesens, zweitens den Glauben an einen „heiligen" und „gnädigen" Gott, der will, daß der Mensch im Sinne der „Weltweisheit" — nicht der „Weltklugheit" — seiner Vernunft gehorcht, und der dafür sorgt, daß die eigene wie die „allgemeine" — faktisch undurchschaubare — Geschichte Heilsgeschichte wird.

Die Entfaltung der „Moral" wie der „Religion" überschreitet aber bereits den Bereich der reinen theoretischen bzw. praktischen Philosophie. Die Metaphysik kann nicht aus der Wirklichkeit des Menschen abgeleitet, wohl aber auf sie angewandt werden. Diese Anwendung allererst differenziert die Moral wie die Religion. Hier überall ist bereits mehr als eine Vernunftkritik, nämlich Anthropologie (in pragmatischer Hinsicht) im Spiel.

Nur als Vernunftwesen ist der Mensch Gegenstand der reinen Philosophie; als Naturwesen, aber auch als Synthese aus Natur- und Vernunftwesen, ist der Mensch Gegenstand der empirischen Philosophie bzw. der Pädagogik und Politik. —

Schon als Naturwesen genommen, ist der Mensch nicht einfach Tierwesen, er hat keinen Instinkt, dafür aber Gefühl und Verstand. Er empfindet als das ichhafte Wesen, das er auch hier ist, sich selbst, weiß daher um sich und sorgt für sich, sein Verstand ermöglicht es ihm dann auch, sich — „technisch" bzw. „pragmatisch" — zu helfen. Außerdem ist der Mensch schon als Naturwesen auf eine (künstliche) Gesellschaft, auf „Erziehung" und „Regierung" angewiesen; daher auch gibt es eine natürliche (i. w. S. „physische") und eine moralische (i. e. S. „praktische") Erziehung (s. hierzu Anmerkung 1).

Man sollte nun meinen, daß die menschliche Existenz im Naturwesen Mensch aufgehen könnte. Eine gewisse Kultivierung (im Sinne der faktischen Gesellschaft), Ausbildung der natürlichen Kräfte und Anleitung zum Umgang miteinander, sollte doch den Heranwachsenden befähigen können — zugleich einzeln und gesellschaftlich — zu existieren. Tatsächlich befähigt aber schon eine solche Kultivierung den Menschen nicht nur, auf eine bestimmte Weise mit einer vorgegebenen Lage fertig zu werden, sondern befreit ihn zugleich auch zur Veränderung seiner selbst wie der Gesellschaft! Der Mensch wird daher auf sich selbst als eine höchste irdische Instanz zurückverwiesen. Es wird unabdingbar für ihn, nicht nur um sich zu wissen und für sich zu sorgen, sondern auch über sich und damit über die Gesellschaft zu befinden. Da er aber zunächst Naturwesen ist und sich zunächst als Naturwesen empfindet, *fühlt* er sich bei allem, was ihm begegnet bzw. was er tut, in seinem *Lebenswillen* gehemmt oder gefördert und versucht er, dementsprechend seine Lage zu verändern. Eben hierbei kann er — wiederum, weil durch keinen Instinkt geleitet — ebensowohl sich selbst wie die anderen „unglücklich" machen.

In diesem Zusammenhang gewinnt Kant eine entscheidende, insbesondere für die Anthropologie und die Pädagogik maßgebliche Einsicht: Das *Gefühl* bestimmt das Verhalten des Menschen und nimmt dessen Verstand — einschließlich des durch diesen hervorgebrachten „Daseinsapparates" (Jaspers) — in seinen Dienst; es erschließt dem Menschen Leben und Welt, es verschließt ihm aber möglicherweise auch beides (Liebe und Haß). Für Kant ist das „Herz" das Zentrum des Menschen, in ihm kommen Naturwesen und Vernunftwesen überein oder eben nicht.

Der Mensch kann nicht „reines" Vernunftwesen sein, er bleibt endlicher „Mensch"; es kommt daher alles darauf an, daß er „humanisiert" wird. Hierbei wird zwar die Vernunft ins Spiel gebracht, doch ereignet sich die „Modifikation" im Herzen! Nur in der Zustimmung des Herzens kann eine „Pflicht" zur „Triebfeder" werden! Erziehung im engeren und eigentlichen Sinne macht allererst den Menschen zum Menschen, sie ist aber als Wirkung des einen auf den anderen nur möglich, wenn insbesondere das Herz angesprochen wird.

So entsteht zwar kein reines Vernunftwesen, wohl aber ein „Mensch", ein Wesen, das sich durch Humanität, das soll heißen Harmonie zwischen seiner Tierheit und seiner Vernünftigkeit, auszeichnet (s. A. i. pr. H. S. 277 ff., 292 ff). Als bloßes Tierwesen wie auch als reines Vernunftwesen wäre der Mensch sich wie ein Tier oder ein Engel vorgegeben, so aber ist er sich aufgegeben. Es gibt den Menschen nicht, er muß sich selbst hervorbringen. Das aber kann er nur, sofern er eine „Revolution der Denkungsart" durchmacht und „autonom" wird; seine Autonomie darf allerdings nicht mit Autarkie verwechselt werden, er ist nicht selbstgenügsam oder selbständig; er kann zwar wissen, was er um seines und der Menschheit Heil willen tun soll, aber er kann sich nicht eigentlich selber retten, Welt und Seele werden ihm niemals wirklich durchsichtig, und er selber bleibt endlich (korruptibel). Daher auch bedarf er des Glaubens an einen heiligen Gott und dessen Gnade.

Menschliches Leben ist geschichtliches Leben, ihm ist eine je und je andere geschichtliche Welt vorgegeben, diese wird ihm überliefert, er muß sie übernehmen. Darin steckt, daß sie sein eigen werden soll, er soll und er kann sie — auf sein Heil wie auf sein Wohl hin — neu bestimmen und durchbilden. Und hierin wieder steckt, daß menschliches Leben nur dann möglich wird, wenn diese Welt immer wieder geordnet, der Mensch also „regiert" wird und wenn die Heranwachsenden nach dem Stand dieser Welt zu Menschen gebildet, also „erzogen" werden. Weil er sich selber bestimmen soll, muß er gebildet werden; so paradox diese These klingt, sie enthüllt den Ursprung der Pädagogik. Je freier der Mensch, je selbst- und geschichtsmächtiger sein Denken und Handeln wird, desto mehr bedarf er der Erziehung, denn desto tiefer muß er sich auf sich und seine Welt verstehen, sie durchbilden, aber auch verantworten. Sowohl die Regierung als auch die Erziehung heben sich stufenweise als besondere Aufgaben, als Gegenstände der Besinnung und der Planung, heraus. Kant denkt daher durchgängig auf Regierung und Erziehung hin. So wichtig nun auch die Regierung ist, die Erziehung hängt nicht nur von ihr ab, sondern geht ihr immer auch vorauf, sie ist das entscheidende, das „schwerste Geschäft, das dem Menschen kann aufgegeben werden".

Kant hat zwar keine explizite Pädagogik hervorgebracht, wohl aber eine Philosophie vorgelegt, die als solche zugleich Grundlegung der Pädagogik, pädagogische Philosophie, ist und in allen ihren wesentlichen Teilen (s. die „Kritiken" und „Metaphysiken") bis in die Pädagogik hineinführt. Darum auch soll die Pädagogik ebenfalls „Wissenschaft" werden. Als solche soll sie allerdings gerade nicht „Anwendung" der Philosophie, sondern eine Disziplin eigener Art und Verantwortung sein. In der Pädagogik muß es um die faktischen und nicht mehr bloß um die logischen Bedingungen der Möglichkeit der Humanität (Mündigkeit, Persönlichkeit) gehen. Sie bezieht sich zwar im Sinne der Praktischen Vernunft auf ihre Zöglinge, aber nicht nur auf deren intelligiblen, sondern auch und zuvor auf deren empirischen Charakter. Sie ist daher eine theoretisch-technische bzw. pragmatische und darin eine empirische, auf Erfahrung und Versuche angewiesene Disziplin. — Eine solche Pädagogik gibt es noch nicht, kann auch von heute auf morgen nicht entwickelt werden; sie ist eine Aufgabe auf lange Sicht, kann aber begründet und vorentworfen werden. Eben dies versucht Kant.

Andererseits ist die Pädagogik aber doch auf Philosophie und Anthropologie angewiesen. Die Philosophie gibt ihr den Leitfaden zu ihrem Selbst- und Menschenverständnis vor. Inwiefern der Mensch um sich wissen kann, was er tun und was er dabei für sich erhoffen darf, das kann nur eine reine, eine analytisch-kritische Philosophie klären, und eine solche muß daher der Pädagogik vorgegeben werden. Und die Anthropologie zeigt auf, wie es faktisch um den Menschen steht, was er aus sich bzw. was der eine aus dem anderen machen kann. Sie bildet die Brücke zwischen der Philosophie und der Pädagogik; sie sollte daher auch ebensowohl philosophische als pädagogische Anthropologie sein.

Sofern die Pädagogik sich auf den „empirischen" Menschen bezieht, erreicht sie auch nur ihn. Erziehung ist möglich; sie ist aber nur „Bildung" des „empirischen Charakters"; der intelligible (allein dem reinen Denken erkennbare) Charakter ist reine Vernünftigkeit, er kann nicht entwickelt werden, man hat ihn oder hat ihn nicht. Trotzdem ist auch und gerade hier eine erzieherische Hilfe nötig und möglich. Sittliche Erziehung ist möglich, sofern man auf die Voraussetzungen der „Revolution der Denkungsart" Einfluß gewinnen kann. Außerdem kann man (von einem gewissen Zeitpunkt an) die Werdenden als potentielle Selbstdenkende ansprechen, um sie so ihrer selbst mächtiger werden zu lassen. Letzteres ist teils Sache des Umgangs, teils der Lehre. Hier nämlich bietet sich die Anthropologie — zusammen mit der Physischen Geographie — an; der Mensch wird zunächst theoretisch mit sich selbst bekannt gemacht, er gewinnt „Weltkenntnis", diese aber kann so gelehrt werden, daß er sich dabei *seiner* als eines *Selbst* — das höhere Gefühle, ein Gewissen und eine theoretische bzw. praktische Vernunft hat — bewußt wird, also *auch* „*praktisch*" mit sich bekannt gemacht und darin zu sich selbst aufgerufen wird; so gewinnt er nicht nur Weltkenntnis, sondern auch „Weltweisheit" (s. hierzu Brief an Marcus Herz von 1773, ferner Einl. in die Physische Geographie). — Kant entwickelt hier ein neues Programm der höheren Bildung und des studium generale.

Das Sicheinschalten in die Voraussetzungen der Revolution der Denkungsart ist eine Sache der „Bildung". Dabei ist entscheidend, daß die Identität des Menschen als eines „Bürgers zweier Welten" mit sich selbst ihren Sitz im Herzen hat. Das Gefühl ist daher auch ein komplexes Vermögen, nämlich teils ein tierhaftes, teils ein humanes und teils ein vernünftiges Gefühl. Kant unterscheidet zwischen dem Gefühl des Angenehmen (z. B. eines wohlschmeckenden Essens), des Schönen (z. B. einer schönen Landschaft als einem „Analogon der Schöpfung" oder eines schönen Menschen als eines „Symbols der Sittlichkeit") und des Guten (z. B. Hilfe am anderen auf seinem Weg, sein Glück zu machen) und damit zwischen „Sinnlichkeit", „Geschmack" und „moralischem Gefühl" (Gewissen, Achtung und Nächstenliebe). Besondere Bedeutung kommt dem Geschmack als einem *gemeinschaftlichen* Beurteilungsvermögen des Schönen zu. Seine „Kultur" ist immer auch Kultur der „Teilnehmung" und der „Mitteilung", des freien geselligen Umgangs also, und kann daher als Propädeutik der Moral angesprochen werden (s. Anm. 110).

Die „Bildung" (qua „Kultur") des Gefühls ist aber nur ein Teil der Bildung überhaupt. Alle Bildungshilfen sind — nur eben mehr oder weniger — zugleich Propädeutik der sittlichen Erziehung und Aufgabe eigener Art. Es zerlegt sich also für Kant die Erziehung genauso wie das Wissen. Als Erziehung überhaupt bildet sie eine Einheit, denn der Mensch kann nur im ganzen zur Menschlichkeit erzogen werden, als Bildung aber besteht sie aus verschiedenen Bemühungen, die je unter einem besonderen Gesetz des Lebens bzw. der Welt stehen und daher ihre eigene Möglichkeit, aber auch ihre besondere Grenze haben (s. hierzu die Anm. 1).

Kant unterscheidet insbesondere die Bildung der „Geschicklichkeit", der theoretisch-technischen Möglichkeiten (Ausbildung der Kräfte als solcher), und die Bildung des „Umgangs" (des Gebrauches der Geschicklichkeit im Umgang mit den anderen, teils um sich an sie anzupassen, teils um sie zu seinen Zwecken zu lenken) von einander. Daß ihm diese Unterscheidung so wichtig ist, hat seinen Grund darin, daß die erstere Lehren und Lernen erlaubt, also „scholastisch" bzw. „mechanisch" (gemeint ist: methodisch) werden und somit Sicherheit und Festigkeit erreichen kann, die letztere dagegen nur eine „Anführung" erlaubt; sie bezieht sich auf das Pragmatische und ist selbst auch nur pragmatisch. Hier wird deutlich, daß wir zwei Orte der Bildung brauchen, aber — wenigstens im großen und ganzen — nur einen ausgebildet haben.

Kants Grundriß der Pädagogik sieht eine Erziehung vor, die auf ein rein ideelles, sogenanntes formales Ziel (Mündigkeit, Persönlichkeit) hin eine differenzierte Erziehung entwickelt, eine mehrfache Bildung und eine Erziehung im engeren und eigentlichen Sinne. Eine solche Pädagogik ermöglicht es, ein und dasselbe Ziel unter verschiedenen Bedingungen zu verfolgen; die Individuen und die Situationen werden nicht gewaltsam unter ein Ideal gezwungen, sondern frei berücksichtigt. Sie ermöglicht ferner, der Differenzierung unseres Lebens bzw. unserer Welt gerecht zu werden, nämlich zugleich die Gesetze, unter denen die Kräfte des Menschen und ihre Ausbildung stehen, und die Gesetze, unter denen die verschiedenen Zusammenhänge unserer Welt (Wissenschaft, Technik, Arbeitswelt, Freizeitwelt bzw. Geselligkeit usw.) stehen, zu berücksichtigen; hier braucht der Zögling nicht von vornherein und im ganzen in einem bestimmten Beruf oder Stand und in einer bestimmten Tradition oder einem bestimmten Horizont aufzugehen. Die Geschicklichkeiten des Kopfes gelten nicht mehr als die der Hand; allein der gute Wille verleiht dem Menschen einen (inneren) Wert. Jedermann kann, was immer er auch tut und wo immer er auch (in der Gesellschaft) lebt, zur Humanität erzogen werden und sich dann durch sie auszeichnen (s. Anm. 1).

Bemerkungen zur Textwiedergabe

Die in diesem Bande abgedruckten Texte sind nach der Ausgabe: Immanuel Kants Werke, hrsg. in Gemeinschaft mit Hermann Cohen u. a. von Ernst Cassirer, Berlin 1922/23 wiedergegeben. Diese Wahl empfahl sich, weil die Ausgabe von Cassirer im allgemeinen eher greifbar sein wird als die große Ausgabe der Preußischen Akademie der Wissenschaften (s. Bibl.), aber auch als die an sich zum Studium Kants sehr geeignete, weil reich kommentierte Ausgabe in der Philosophischen Bibliothek von Karl Vorländer (s. Bibl.), da diese nur erst bedingt wieder aufgelegt ist; außerdem hat sich das Zitieren nach der Cassirerschen Ausgabe weitgehend durchgesetzt. Cassirer hat die Orthographie der Erstausgaben der heute üblichen angeglichen — eine Veränderung, die nicht weiter ins Gewicht fällt, da der Sprachklang dadurch kein anderer wird. Zudem hätte man selbst bei strengster Beachtung der Orthographie der Originaldrucke nicht einmal die Schreibweise Kants wiedergegeben, sondern in den meisten Fällen, da Kant keinen nennenswerten Einfluß auf die äußere Gestaltung der Drucktexte ausgeübt hat, nur die Eigentümlichkeit der Setzer. Was dagegen die Eigentümlichkeiten der Sprachform Kants anbetrifft, so enthält dieser Text keine eigenwilligen Veränderungen.

Für einen ins einzelne gehenden Lesartenvergleich kann hier auf alle drei genannten Ausgaben verwiesen werden. Unsere Ausgabe verzichtet auf einen solchen Vergleich, da er sachlich keine nennenswerten Aufschlüsse gibt. Die Textüberlieferung geht im allgemeinen auf die von Kant selbst überwachten Originaldrucke zurück und läßt daher kaum wesentliche Fragen offen. Eine Ausnahme unter den hier vorgelegten Texten bildet allerdings die Abhandlung „Über Pädagogik". Da die Entstehungsgeschichte des Erstdruckes (s. Anm. 1 I), und der Verlust der Aufzeichnungen Kants die Frage aufgaben, ob und in welchem Maße Rink den ursprünglichen Entwurf Kants umgestaltet hat, haben zwei spätere Herausgeber versucht, zu einem „besseren" Text zu kommen. Obgleich wir der Meinung sind, daß dieser Versuch nicht geglückt ist, soll hier berichtet werden, in welcher Weise die beiden Herausgeber, Willmann und Vogt (s. Bibl.), den Text „verbessern" wollten.

Die Veränderungen Willmanns sind verhältnismäßig geringfügig. Er streicht wohl die drei Überschriften (S. 22 und 48), die den Text äußerlich gliedern, stellt im übrigen aber nur die beiden Sätze Seite 13 f. „Ob die Erziehung ..." und „Zwei Erfindungen ..." um (Willmann S. 66) und fügt auf S. 16 nach dem 2. Absatz die beiden Absätze von S. 17 f. über die Experimentalschulen ein (Willmann S. 69).

Vogt läßt nur die erste der ursprünglichen Überschriften weg, versucht dann aber durch Umstellung großer Textabschnitte zu einer systematischen Ordnung der Gedanken zu kommen, welche sich dann auch in einer Gliederung eines von ihm gegebenen Inhaltsverzeichnisses niederschlägt. Die Veränderungen des Textes im einzelnen:

Der vorletzte Absatz S. 18 ist hier gestrichen und in den Zusammenhang S. 19 vor den Abschnitt „Die Unterwürfigkeit ..." eingeordnet (Vogt,

S. 79 f.). Der Abschnitt S. 25 „Man kann ..." bis S. 25 „... entwöhnen." ist in den Zusammenhang von S. 30 eingeordnet und zwar hinter „... widerstanden hat". Der Abschnitt S. 25 „Kinder können ..." bis S. 26 „... Hand küßt." ist S. 29 hinter „... zu brechen." eingeordnet (Vogt, S. 92 u. 90). Die Abschnitte S. 40 „Es gehört hier her ..." bis S. 41 „... Hoffnung nicht auf." und S. 41 „Der Wille der Kinder ..." bis „... Lenksamkeit zuwege." sind von Vogt weiter oben eingeordnet und zwar im Anschluß an das Stück, das schon in den Zusammenhang S. 30 eingeschoben war, vor den Abschnitt „Alles dieses ..." (Vogt, S. 93 f.). Der Abschnitt S. 41 „Kinder müssen ..." bis „... unabänderlich anklebt." wird von Vogt als eine Wiederholung von S. 29, letzter Absatz, angesehen und dieser Stelle lediglich in der Fußnote beigefügt (Vogt, S. 91 f.).

Die Ausgabe von Cassirer folgt dem Erstdruck von Rink und gibt den Text mit dessen Anmerkungen wieder. Zur Begründung der Textauswahl unserer Ausgabe sei, was den Gesamtplan anbetrifft, auf den Abschnitt: Kants Leben und Werk und, was die einzelnen Texte anbetrifft, auf die jeweils erste Anmerkung zu diesen verwiesen. Allgemein ist zu bemerken, daß die Anmerkungen Kants unterm Strich nur mit abgedruckt wurden, wo sie dem besseren Verständnis der ausgewählten Abschnitte dienen konnten.

Die Texte unserer Auswahl finden sich bei Cassirer und Vorländer an folgenden Stellen:

Unsere Auswahl	Cassirer	Vorländer
A. 1.	Bd. VIII, S. 453—508	Bd. VIII, S. 191—251
2.	Bd. II, S. 461—468	Bd. VIII, S. 101—106
3.	Bd. II, S. 317—328	Bd. V, S. 151—161
B. 1.	Bd. VIII, S. 215—228	Bd. IV, S. 274—290
2.	Bd. IV, S. 325—339	Bd. VI, S. 49— 64
3.	Bd. VI, S. 164—178 und S. 184—192	Bd. IV, S. 25— 41 und S. 47— 57
C. 1. a.	Bd. V, S. 161—176	Bd. II, S. 171—185
b.	Bd. VII, S. 291—302	Bd. III, S. 341—355
2. a.	Bd. VIII, S. 129—138	Bd. IV, S. 167—178
b.	Bd. V, S. 271—279, S. 367—377 und S. 431—433	Bd. II, S. 39— 48, S. 144—155 und S. 215—217

Für den Anmerkungsapparat unserer Auswahl sind außer der genannten Sekundärliteratur alle drei genannten Ausgaben zu Rate gezogen.

Bibliographie

A. Vorbemerkung

Die Kantliteratur hat einen Umfang angenommen, der es verbietet, auch nur für Teilgebiete Vollständigkeit anstreben zu wollen. Die hier vorgelegte Bibliographie sieht zunächst von Aufsätzen und Broschüren weitgehend ab und konzentriert sich dann einerseits auf die klassische, andererseits auf die wichtigste neuere Literatur. Lediglich in Hinsicht auf die pädagogisch relevante Literatur werden ausführlichere Angaben gemacht. Im übrigen ist auf das Kant-Lexikon von R. Eisler (1930), ferner auf die Bibliographien in Überwegs Grundriß der Geschichte der Philosophie III. Teil, Tübingen 1953/13 und in Vorländer, Geschichte der Philosophie, II. Bd., Hamburg 1955/9 hinzuweisen. Von Bedeutung sind auch W. Ritzel, Studien zum Wandel der Kantauffassung, Meisenheim 1952, die Kantstudien (nebst Ergänzungs- bzw. Beiheften für größere Untersuchungen) seit 1896, s. daraus insbesondere das Erinnerungsheft aus Anlaß der 150. Wiederkehr von Kants Todestag, hrsg. von P. Menzer und G. Martin 1954 (Bd. 45), und Studium Generale Heft 9/1954, (hrsg. von M. Thiel, ebenfalls zum 150. Todestag). Eine sinnvolle Ergänzung dieser Auswahl durch eine entsprechende Auswahl philosophischer Schriften findet sich in dem Fischer-Bändchen Nr. 336 (hrsg. von H. G. Gadamer).

B. Ausgaben

a) Gesamtausgaben (soweit für Studienzwecke und zur Zitierung geeignet)

1. *Kants* gesammelte Schriften. Hrsg. v. d. Königlich Preuß. Akademie der Wissenschaften, 22 Bde. einschl. Briefwechsel und Nachlaß. Berlin und Leipzig 1900—1942 (de Gruyter).
2. *I. K.:* Sämtliche Werke in 9 Bden. Hrsg. v. K. Vorländer u. a. Leipzig 1921—22/1 (Meiner).
3. *I. K.s* Werke. Hrsg. v. E. Cassirer u. a., 11 Bde., Berlin 1922—23/1 (Cassirer).
4. *I. K.:* Werke in 6 Bänden. Hrsg. v. W. Weischedel, Wiesbaden 1958—61 (Insel).

b) Ausgaben der Vorlesung über Pädagogik

5. *I. K.* über Pädagogik. Hrsg v. Fr. Th. Rink, Königsberg 1803.
6. *I. K.:* Über Pädagogik. Hrsg. v. O. Willmann, Leipzig 1873/1 (Päd. Bibl. 10).
7. *I. K.:* Über Pädagogik. Hrsg. v. Th. Vogt, Langensalza 1878/1 (Bibl. Päd. Klassiker 56/57).
8. *I. K.:* Greßlers Klassiker der Päd. Bd.XI, bearb. v. G. Fröhlich u. Fr. Koerner, Langensalza 1899² (402 S.).
9. *Jünemann, F.:* Päd. Aussprüche K.s chronolog. zusammengestellt, eingeleit. u. erläut. In: Aus der Schule — für die Schule XVI, 1904 Nr. 8 u. 9.
10. *Kant* der Denker und Erzieher. Hrsg. v. Chr. Herrmann, Berlin o. J. (Dt. Buchgemeinschaft).

11. *I. K.* über Pädagogik. Hrsg v. Th. Dietrich, Heilbronn 1960 (Klinkhardts Päd. Quellentexte).
12. *I. K.* über Pädagogik. Hrsg. v. H. Holstein, Bochum o. J. (1961) (Kamps päd. Taschenbücher).

C. Zur Biographie Kants

13. *Borowski, L. E.:* Darstellung des Lebens und Charakters I. K.s. Königsberg 1804.
14. *Jachmann, R. B.:* I. K. geschildert in Briefen an einen Freund. Königsberg 1804.
15. *Wasianski, C. A. Ch.:* I. K. in seinen letzten Lebensjahren. Königsberg 1804. (Sämtlich in I. K. Ein Lebensbild v. H. Schwarz, Halle 1902/1 und I. K.s Leben in Darstellungen von Zeitgenossen, hrsg. v. F. Gross, 1912).
16. *Reicke, R.:* Kantiana. Königsberg 1860.
17. *Vorländer, K.:* I. K.s Leben. Leipzig 1911/1.
18. *Goedeckenmeyer, A.:* K.s Lebensanschauung in ihren Grundzügen. (Kantstudien Erg. Heft 54) 1921.
19. *Stavenhagen, K.:* K. und Königsberg. 1949.

D. Gesamtdarstellungen

20. *Kroner, R.:* Von Kant bis Hegel. 1. Bd. 1921, S. 35—302.
21. *Cassirer, E.:* K.s Leben und Lehre. Berlin 1918.
22. *Vorländer, K.:* K. der Mann und das Werk. 2 Bde., 1924.
23. *Paulsen, Fr.:* I. K. Stuttgart 1924/7.
24. *Fischer, K.:* I. K. und seine Lehre. 2 Bde., Heidelberg 1928/6.
25. *Knittermeyer, H.:* I. K. Bremen 1939.
26. *Jaspers, K.:* Die großen Philosophen. München 1957, S. 397—611.

E. Darstellungen zu Teilen der Kantischen Philosophie

a) Zur Metaphysik

27. *Cohen, H.:* K.s Theorie der Erfahrung. 1885/2.
28. *Wundt, M.:* K. als Metphysiker. Stuttgart 1924.
29. *Cassirer, E.:* K. und das Problem der Metaphysik. Kantstudien 36 (1931) S. 1—26.
30. *Reich, Kl.:* Die Vollständigkeit der K.schen Urteilstafel. Berlin 1932.
31. *Heidegger, M.:* K. und das Problem der Metaphysik. Frankfurt/M. 1951/2.
32. *Martin, G.:* I. K., Ontologie und Wissenschaftstheorie. Köln 1951.
33. *Ebbinghaus, J.:* Kantinterpretation und Kantkritik. In: Dt. Vierteljahrsschr. f. Lit.-wiss. u. Geistesgeschichte 1927.
34. *Henrich, D.:* Zur theoretischen Philosophie K.s. In: Philos. Rundschau 1953/54, S. 124 ff.

b) Zur Ethik

35. *Cohen, H.:* K.s Begründung der Ethik. Berlin 1877/1.
36. *Menzer, P.:* Die Entwicklung der K.schen Ethik. 1897.

37. *Bauch, B.:* Glückseligkeit und Persönlichkeit in der kritischen Ethik. Stuttgart 1902.
38. *Messer, A.:* K.s Ethik. Leipzig 1904.
39. *Scheler, M.:* Der Formalismus in der Ethik und die materiale Wertethik. Halle 1916/1.
40. *Ebbinghaus, J.:* Luther und Kant. In: Jahrbuch der Luthergesellschaft 9 (1927), S. 119—155.
41. *Barth, H.:* Philosophie der praktischen Vernunft. Tübingen 1927.
42. *Krüger, G.:* Philosophie und Moral in der K.schen Philosophie. Tübingen 1931.
43. *Diemer, A.:* Zum Problem des Materialen in der Ethik K.s. Kantstudien 45 (1953—54), S. 21—32.
44. *Henrich, D.:* Das Prinzip der K.schen Ethik. In: Philos. Rundschau 1954—55, S. 20 ff.
45. *Antonopoulos, G.:* Der Mensch als Bürger zweier Welten. Bonn 1958.

c) Zur Ästhetik

46. *Cohen, H.:* K.s Begründung der Ästhetik. Berlin 1889.
47. *Kühnemann, E.:* K.s und Schillers Begründung der Ästhetik. München 1895.
48. *Bäumler, A.:* K.s Kritik der Urteilskraft. Bd. I, 1923.
49. *Bröker, W.:* K.s Kritik der ästhetischen Urteilskraft. Marburg, Philos. Diss. 1928.

d) Zur Pädagogik

50. *Strümpell, L.:* Die Pädagogik der Philos. K., Fichte, Herbart. Braunschweig 1843.
51. *Ders.:* Die Pädagogik Kants und Fichtes. Leipzig 1894 (58 S.).
52. *Burger, A.:* Über die Gliederung der Pädagogik bei K. Jena, Phil. Diss. 1889.
53. *Böhmel:* Der prinzipielle Gegensatz i. d. päd. Ansch. K.s und Herbarts. Marburg 1892.
54. *Felsch, C.:* Das Verhältnis d. transz. Freiheit bei K. zur Mögl. moral. Erziehung. Hannover 1894 (Päd. Bibl. 17).
55. *Duproix, P.:* Kant et Fichte et problème de l'éducation, ouvrage couronné par l'Académie française, Paris 1897² (260 S.).
56. *Staudinger, F.:* K.s Bedeutung für die Päd. d. Geg. K.-studien 1904 S. 211—245.
57. *Bötte, W.:* I. Kants Erziehungslehre. (Diss. Jena), Langensalza 1899 (99 S.).
58. *Brauer, O.:* Die Beziehungen zwischen K.s Ethik u. s. Päd. Leipzig 1904.
59. *Wagner, R.:* K. u. Basedow. In: Die Dt. Schule, 1907, S. 16—27, 79—89.
60. *Schmidt, W.:* Der Begriff der Persönlichkeit bei Kant. Langensalza 1911, (Päd. Magazin H. 438).
61. *Schoen, Fr.:* Kant und die Kantianer in der Pädagogik. Langensalza 1911, (Päd. Magazin H. 434).
62. *Schwarz, W.:* Systematische Darstellung der päd. Anschauungen K.s. Langensalza 1915 — s. auch: *Ders.:* I. K. als Pädagoge. Langensalza 1915, (Päd. Magazin H. 607).
63. *Eigenmann, A.:* Die Pädagogik Kants im Lichte seiner Ethik. Diss. Fribourg (Schweiz), 1921 (VIII, 104 S.).
64. *Goedeckenmeyer, A.:* Die Ethik K.s und das Erziehungsproblem. Die Mittelschule 41 (1924), S. 333—337.
65. *Becker, K. H.:* K. und die Bildungskrise der Gegenwart. Leipzig 1924 (27 S.).

66. *Rausch, A.:* I. K. als Pädagoge. Annaberg 1924 (43 S.).
67. *Messer, A.:* K. als Erzieher. Langensalza 1924 (25 S.).
68. *Ders.:* K. als politischer Erzieher. Philos. und Leben 8 (1932).
69. *Rosenthal, G.:* K.s Bestimmung der Erziehungsziele. Archiv für Geschichte d. Philos. u. Soziologie 37 (1926), S. 65—74.
70. *Ellrich:* K. als Erzieher. Die Volksschule 22 (1926), S. 46—49.
71. *Breitinger, M.:* Das Gemeinschaftsproblem in der Philosophie K.s. Langensalza 1927 (Päd. Magazin H. 1147).
72. *Roettcher, F.:* Die Erziehungslehre K.s und Fichtes. Weimar 1927 (VIII, 121 S.).
73. *Schneider, P.:* Kant. In: P. Schneider, Deutsche Philosophen des 19. Jahrh. als Pädagogen, Berlin 1928, S. 9—41.
74. *Brachmann, W.:* K. und Hegel und die humanistische Tradition. Volk im Werden 1944/1—3, S. 2—39.
75. *Fischer, G.:* Johan Michael Sailer und I. K. Freiburg 1953 (259 S.).
76. *Holstein, H.:* Die Grundstruktur der Bildung bei K., Herbart und Fröbel. Köln, Philos. Diss. 1954 (Maschinenschrift).
77. *Ders.:* Ein Aufsatz gleichen Titels in: Beiträge zu Grundfragen gegenwärtiger Pädagogik. Aachen 1956.
78. *Bollnow, O. F.:* K. und die Pädagogik. Westermanns Päd. Beiträge 1954/2, S. 49—55.
79. *Hoffmann, E.:* Pädagogischer Humanismus. (Besonders hierin: „Kant als Pädagoge" S. 255—265, aber auch S. 55 ff., 60 f., 79 f. usw.). Zürich 1955 (364 S.).
80. *Ballauf, Th.:* Vernünftiger Wille und gläubige Liebe, Interpret. zu K.s und Pestalozzis Werk. Meisenheim 1957.

81. *Blankertz, H.:* Der Begriff der Pädagogik im Neukantianismus. Weinheim 1959.
82. *Hornstein, H.:* Bildsamkeit und Freiheit — Ein Grundproblem des Erziehungsgedankens bei K. u. Herbart. 1959.

Zeittafel

Jahr	Kants Leben und Werke	Geschichte der Pädagogik und der Bildung	Zeitgeschichte
1694		Gründung der Universität Halle, einer Univ. neuen Typs, der bis zur Gründung der Univ. Berlin führend war	
1711			Hume geb. (gest. 1776) Die engl. Wochenzeitschrift „The Spectator" erscheint und erreicht eine Auflage von 14000 Stück
1712		Rousseau geb. (gest. 1778)	
1716			Leibniz gest. (geb. 1646)
1719		Defoe, Robinson Crusoe	
1720			Balthasar Neumann beginnt den Bau der Würzburger Residenz
1723		Basedow geb. (gest. 1790)	
1724	22. April: Kant geb.	Felbiger geb. (gest. 1788)	
1727		A. H. Francke gest. (geb. 1663)	Zinzendorf gründet die Herrenhuter Brüdergemeinde Newton gest. (geb. 1643)
1728		Thomasius gest. (geb. 1655)	
1730			Hamann geb. (gest. 1788)
1732	Kant kommt auf das Fridericianum		
1733			Bach, h-moll-Messe
1737	Tod der Mutter	Gründung der Göttinger Universität. Deutsch als Unterrichtssprache setzt sich hier sofort, an den anderen Universitäten nach und nach durch	

Jahr	Kants Leben und Werke	Geschichte der Pädagogik und der Bildung	Zeitgeschichte
1740	Immatrikulation an der Königsberger Universität	Chr. Wolff entscheidet sich gegen die Wirksamkeit an Hof und Akademie in Berlin für die Universität Halle	Regierungsantritt Friedrich II. und Maria Theresias Erster Schlesischer Krieg
1744			Erste Baumwollmanufaktur in Berlin Zweiter Schlesischer Krieg
1746	Tod des Vaters		
1747	Erste Schrift: Gedanken von der wahren Schätzung der lebendigen Kräfte Hauslehrer in Judtschen, Arnsdorf und Rautenburg (?) bis 1754	Gründung der ökon.-math. Realschule durch Hecker	
1748			Lamettrie, Der Mensch eine Maschine Erste Seidenmanufaktur in Berlin
1750		Blütezeit der moralischen Wochenschriften in Deutschland, ihre Zahl wird auf 500 geschätzt Rousseaus Erster Discours	
1751			Diderot und d'Alembert beginnen mit der Enzyklopädie
1755	Allgemeine Naturgeschichte und Theorie des Himmels. Promotion zum Magister mit der Abhandlung De igne. Habilation mit der Schrift: Principiorum primorum cognitiones metaphysicae nova dilucidatio		Erdbeben in Lissabon
1756	Drei Abhandlungen über das Erdbeben von Lissabon. Bewerbung um die Professur Knutzens		Beginn des Siebenjährigen Krieges
1758	Bewerbung um die Professur Kypkes		Hume, Untersuchung über den menschlichen Verstand
1759		Schiller geb. (gest. 1805)	

Jahr	Kants Leben und Werke	Geschichte der Pädagogik und der Bildung	Zeitgeschichte
1762	Lektüre des Emile	Rousseau, Contrat social und Emile Herder (1744—1803) beginnt sein Studium in Königsberg	
1763		Generallandschulreglement (Schulpflicht)	Ende des Siebenjährigen Krieges
1764	Beobachtungen über das Gefühl des Schönen und Erhabenen		
1765	Nachricht von der Einrichtung seiner Vorlesungen in dem Winterhalbenjahre 1765/66		
1766	Träume eines Geistersehers, erläutert durch Träume der Metaphysik. Sub-Bibliothekar an der Schloßbibliothek		Erster Hochofen in England Cook erforscht auf drei Weltreisen Australien, Südsee und Alaska
1767		W. von Humboldt geb. (gest. 1835)	
1768			Linné: Systema naturae
1769	Ruf nach Erlangen		James Watt erfindet die Dampfmaschine
1770	Ruf nach Jena Ordentlicher Professor der Logik und Metaphysik in Königsberg	Basedow, Methodenbuch für Väter und Mütter der Familien und Völker	Hegel geb. (gest. 1831)
1771			K. A. v. Zedlitz (1731 bis 1793) übernimmt neben dem Justizministerium die Betreuung der Kirchen- u. Schulangelegenheiten
1772		v. Rochow (1734 bis 1805), Versuch eines Schulbuches	Herder, Über den Ursprung der Sprache
1774		Anordnung, daß an der Königsberger Universität Vorlesungen über Pädagogik zu halten seien. Gründung des Philanthropins in Dessau Basedow, Elementarwerk	Quebecakte (England gibt Kanada Religionsfreiheit) Goethe (1749—1832) Die Leiden d. jungen Werthers
1775			Nordamerikanischer Unabhängigkeitskrieg (bis 1783)

Jahr	Kants Leben und Werke	Geschichte der Pädagogik und der Bildung	Zeitgeschichte
1776	Erste Pädagogikvorlesung Zwei Aufsätze, das Philanthropin betreffend (1776 und 1777)	Herbart geb. (gest. 1841) Erfolgreiche öffentliche Besichtigung des Philanthropins v. Rochow, Kinderfreund	Unabhängigkeitserklärung der 13 Vereinigten Staaten Nordamerikas und Erklärung der Menschenrechte B. Franklin wird erster Botschafter der USA in Frankreich
1777	Kant schlägt Campe vor, sich um die Stelle des Generalsuperintendenten in Ost- und Westpreußen zu bemühen	Salzmann (1744—1811), Krebsbüchlein	
1788		Die Königsberger Professoren werden ermahnt, ihren Vorlesungen auch weiterhin fremde Lehrbücher zugrunde zu legen	Voltaire gest. (geb. 1694)
1779		Trapp (1745—1818) wird auf den ersten Lehrstuhl für Pädagogik berufen	
1780		Pestalozzi (1746 bis 1827), Abendstunde eines Einsiedlers	Lessing (1729—1781), Erziehung des Menschengeschlechts
1781	Kritik der reinen Vernunft	Pestalozzi, Lienhard und Gertrud	Schiller, Die Räuber
1783	Prolegomena zu einer jeden künftigen Metaphysik	Fr. A. Wolf (1759 bis 1824) wird durch v. Zedlitz nach Halle berufen	
1784	Idee zu einer allgemeinen Geschichte in weltbürgerlicher Absicht Beantwortung der Frage: Was ist Aufklärung?	Gründung der Erziehungsanstalt in Schnepfental durch Salzmann	Herder, Ideen zu einer Philosophie der Geschichte der Menschheit Erfindung des mechanischen Webstuhls
1785	Rezension über Herders Ideen Grundlegung der Metaphysik der Sitten	Campe (1746—1818) beginnt sein 16-bändiges Revisionswerk	
1786	Mutmaßlicher Anfang der Menschengeschichte Kants erstes Rektorat. Kant auswärtiges Mitglied der Berliner Akademie der Wissenschaften		Regierungswechsel in Preußen

Jahr	Kants Leben und Werke	Geschichte der Pädagogik und der Bildung	Zeitgeschichte
1787	Zweite Auflage der Kritik der reinen Vernunft	Einrichtung des preußischen Oberschulkollegiums, der ersten selbständigen obersten Schulbehörde Eröffnung des ersten philologischen Seminars in Halle durch Fr. A. Wolf	USA-Verfassung tritt in Kraft
1788	Kritik der praktischen Vernunft Kants zweites Rektorat		J. F. Wöllner wird Justizminister und Chef des „geistlichen Departements" Religionsedikt Frh. v. Knigge, Über den Umgang mit Menschen
1789			Beginn der französischen Revolution
1790	Kritik der Urteilskraft	Diesterweg geb. (gest. 1866)	
1791		Fichte bei Kant	Mozart (1756—91), Zauberflöte und Requiem
1792			Schreckensherrschaft der Jakobiner (Robespierre, Danton u. a.) Erster Koalitionskrieg gegen Frankreich bis 1797
1793	Religion innerhalb der Grenzen der bloßen Vernunft		Hinrichtung Ludwigs XVI
1794	Maßregelung Kants wegen „Entstellung und Herabwürdigung mancher Haupt- und Grundlehren der heiligen Schrift und des Christentums"	Das allgemeine Landrecht erklärt Schulen und Universitäten ausdrücklich zu Veranstaltungen des Staates	
1795	Zum ewigen Frieden	Schillers Briefe über ästhetische Erziehung	Neue französische Verfassung setzt Direktorium ein
1796	Kants letzte Vorlesung	Goethe, Wilhelm Meisters Lehrjahre	Erste Pockenimpfung durch Jenner
1797	Metaphysik der Sitten	Gründung des pädagogischen Seminars in Berlin durch Gedike (1754—1803) Pestalozzi, Meine Nachforschungen über den Gang der Natur in der Entwicklung des Menschengeschlechts	Napoleon stürzt das Direktorium und macht sich zum ersten Konsul

Jahr	Kants Leben und Werke	Geschichte der Pädagogik und der Bildung	Zeitgeschichte
1798	Der Streit der Fakultäten Anthropologie in pragmatischer Hinsicht		
1799		Pestalozzi, Stanser Brief	Zweiter Koalitionskrieg gegen Frankreich bis 1802
1800	Kants Handbuch der Logik, hrsg. von Jäsche		
1802	Physische Geographie, hrsg. von Rink		
1803	Über Pädagogik, hrsg. von Rink		Klopstock gest. (geb. 1724)
1804	Kant am 12. Februar gestorben		Napoleon krönt sich zum Kaiser
1805			Dritter Koalitionskrieg; Sieg der Franzosen über die Österreicher bei Austerlitz
1806		Herbart, Allgemeine Pädagogik	Napoleon siegt bei Jena und Auerstedt
1807		Fichte (1762—1814), Reden an die deutsche Nation	Tilsiter Friede
1809		Herbart nach Königsberg berufen	
1810		Gründung der Berliner Universität	

Namenregister

Sachregister

Inhaltsverzeichnis

Diese Ausgabe besorgte:
Professor Dr. Hans-Hermann Groothoff, Köln-Mülheim, Clostermannstr. 2,
unter Mitwirkung von Dr. Edgar Reimers, Hannover, Ehrlichweg 17